高职高专土建类专业教材编审委员会

"十四五"职业教育国家规划教材

"十四五"职业教育河南省规划教材

建设工程项目管理

第三版

潘炳玉　付国永　主　编

沈立森　李少旭　赵长歌　副主编

王全杰　主　审

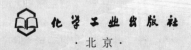

化学工业出版社

·北京·

内 容 简 介

　　本教材以党的二十大精神为指引，落实立德树人根本任务，根据《国家职业教育改革实施方案》的要求，结合项目管理的实际情况和信息化管理的前沿知识，推进思政元素和专业课程的有机融合，实现"为党育人、为国育才"。

　　教材包括四个模块，分为十个单元。主要介绍工程项目管理概述、流水施工原理、网络计划技术、施工组织设计、工程项目进度控制、工程项目成本控制、工程项目质量控制、工程项目职业健康安全与坏境管理、工程项目合同和竣工验收内容。教材体系新颖，知识全面，重点突出，每单元配套丰富的信息化教学资源，主要包括微课、动画、图片等，符合现代教育教学理念。

　　本教材可作为高等职业院校建筑工程技术、建设工程管理、工程造价等专业以及相关专业的教学用书，也可供广大工程管理人员和技术人员参考。

图书在版编目（CIP）数据

　　建设工程项目管理/潘炳玉，付国永主编. —3 版.
—北京：化学工业出版社，2020.7（2025.1重印）
　　"十二五"职业教育国家规划教材　经全国职业教育
教材审定委员会审定
　　ISBN 978-7-122-36610-8

　　Ⅰ.①建…　Ⅱ.①潘…②付…　Ⅲ.①基本建设项目-
工程项目管理-高等职业教育-教材　Ⅳ.①F284

　　中国版本图书馆 CIP 数据核字（2020）第 067987 号

责任编辑：李仙华　王文峡　　　　　　装帧设计：张　辉
责任校对：王佳伟

出版发行：化学工业出版社（北京市东城区青年湖南街 13 号　邮政编码 100011）
印　　刷：北京云浩印刷有限责任公司
装　　订：三河市振勇印装有限公司
787mm×1092mm　1/16　印张 16¾　字数 431 千字　　2025 年 1 月北京第 3 版第 6 次印刷

购书咨询：010-64518888　　　　　　　　售后服务：010-64518899
网　　址：http://www.cip.com.cn
凡购买本书，如有缺损质量问题，本社销售中心负责调换。

定　　价：48.00 元

前　言

　　本教材遵循党的二十大报告中"加强教材建设和管理"的要求，根据《国家职业教育改革实施方案》等文件精神，结合编者多年的工程项目管理实践经历和教学经验，由"双高计划"立项建设单位石家庄职业技术学院牵头，联合广联达科技股份有限公司，校企合作共同修订完成，在"十二五"职业教育国家规划教材基础上成功入选"十四五"职业教育国家规划教材。

　　教材第三版贯彻落实立德树人根本任务，从内容到形式，始终把握"坚持为党育人、为国育才""坚持以人民安全为宗旨""推进生态优先、节约集约、绿色低碳发展"等鲜明主题，扎实推动党的二十大精神融入教材建设，同时突出专业技能，推进信息技术与教育教学有机融合，强化实践环节，促进书证融通，为职业教育由规模扩张转向质量提高、由参照普通教育办学模式转向企业社会参与的专业特色鲜明的类型教育做出了有益探索，旨在提升新时代职业教育现代化水平。

　　本次修订的主要内容涉及所有单元，重点如下：

　　（1）构建新颖课程体系。为适应职业院校教学特点，将教材中传统的章节知识体系更改为模块化单元式教学，每单元前增加"案例导航"和"案例分析"，每单元后增加"单元总结"和"拓展案例"，注重管理理论和工程实践的结合与延伸，提升学习兴趣。

　　（2）完善更新教材内容。结合近年来我国建筑工程行业新推出的法律法规、规范规程，根据企业岗位和教育教学的新需求，以应用为目的，强化技能培养，将思政元素、职业精神和工匠精神融入教材内容，同时淘汰陈旧内容，补充新知识，特别是BIM5D信息化工程管理知识，保证教材的科学性和前沿性。

　　（3）紧密衔接1+X证书需求。建设工程项目管理是1+X建筑信息模型（BIM）证书制度的重要组成部分，本教材紧密衔接1+X证书需求，重点突出BIM5D在工程项目管理中的应用，同时对接国家注册建造师执业资格标准，提炼知识点进行真题解析，有效实现学历教育与岗位资格认证的双证融通。

　　（4）配套优秀的数字化教学资源。借助"互联网＋"平台，开启线上线下相结合的教学模式，开发出与教材内容紧密结合的数字化资源，资源类型以微课为主，动画和图片为辅，做到各单元均配有基于重点难点进行讲解的微课和揭示管理流程的图片。读者通过扫描教材中二维码标志，可获取全部教学资源，实现"以纸质化教材为载体，以信息化技术为支撑，两者相辅相成，为师生提供一流服务"的目的。

本教材是集体智慧的结晶，全书由河南工程学院潘炳玉、石家庄职业技术学院付国永担任主编并统稿、定稿；石家庄职业技术学院沈立森、李少旭和河南工程学院赵长歌担任副主编；湖北第二师范学院邓洋、山西工程技术学院耿晓华、西安航空学院刘晓宁和河南质量工程职业学院夏占国参与编写；广联达科技股份有限公司王全杰担任主审并提出宝贵建议。

教材在编写过程中，参考了许多专家、学者的相关书刊和资料，借鉴了很多国内外工程项目管理的成功经验和做法，也引用了一些专家学者的精辟论述和见解，在此表示衷心感谢。化学工业出版社的同志们为本书出版付出了辛勤劳动，在此一并表示诚挚谢意。

本书同时配套有电子课件，可登录 www.cipedu.com.cn 免费获取。

由于编写时间紧，水平有限，书中难免有不妥之处，敬请读者批评指正。

编者

第一版前言

随着国际建设工程项目管理模式在我国的推广及应用，我国建设工程项目管理模式、方法和理论也随之发生了相应的变化。因此，有必要对这一模式、方法和理论进行总结和完善并推广。

本书结合国内外建设工程项目管理新理论、新方法在我国工程项目管理中的实践，结合教学过程、实践经验和读者认知规律，力求系统、完整、实用、规范，做到由易至难，由浅渐深，突出重点。介绍了大量切合工程项目施工管理的实践案例和实例，介绍了现代化管理方面所必需的工程项目安全管理，工程项目风险管理以及建造师考试、文明施工、环境保护等相关内容。本书结构合理，知识全面，适合本、专科土木工程类工程技术、工程管理、工程造价、工程监理等相关专业，以及从事建设工程项目管理的各类技术管理人员学习使用。

本书由潘炳玉主编，邓洋副主编，在编写组的大力支持下完成，全书由主编统稿并定稿。编写分工如下：河南工程学院潘炳玉编写第二章、第三章；湖北第二师范学院邓洋编写第四章、第六章、第十一章；西安航空技术高等专科学校刘晓宁编写第一章、第七章；太原理工大学耿晓华编写第五章、第八章、第九章；河南质量工程职业学院夏占国编写第十章、第十二章。

在本书编写过程中，得到了编者所在院校和化学工业出版社的大力支持，并参考了许多专家、学者的相关书籍和资料，在此一并表示诚挚的谢意。

由于编者水平所限，本书不妥之处在所难免，敬请各位读者、同行不吝赐教，不胜感激。

本书同时提供有配套电子教案，可发信到 cipedu@ 163. com 邮箱免费索取。

潘炳玉
2009 年 5 月

第二版前言

《建设工程项目管理》（第一版）自 2009 年出版以来，得到了许多读者的垂青，不少学校选做教材使用，这对我们是鼓励，也是鞭策，同时也对我们提出了更高要求，需要我们再接再厉，继续努力。2014 年本书入选为"十二五"职业教育国家规划教材。

近几年来，随着国际建设工程项目管理模式在我国推广及应用，我国建设工程项目管理模式、方法和理论也随之发生了相应的变化，为了适应这一变化，使教材充分反映当前工程项目管理发展水平，我们在维持原书知识体系的基础上，对《建设工程项目管理》作了全方位的修订。

《建设工程项目管理》（第二版）结合国内外建设工程项目管理新理论、新方法在我国工程项目管理中的实践，结合教学过程、实践经验和读者认知规律，力求系统、完整、实用、规范，做到由易至难，由浅渐深，突出重点。在传统书籍的基础上，增加了大量切合工程项目施工管理的实践案例和例题，增加了现代化管理方面所必需的工程项目安全管理、建造师考试、文明施工、环境保护等相关内容，删减了有关风险管理和生产要素管理内容。进一步优化知识结构，适合职业类专科建筑工程技术、工程管理、工程造价、工程监理等相关专业，以及从事工程项目管理的各类技术管理人员学习使用。

本书由潘炳玉主编，赵长歌副主编，在编写组的大力支持下完成，全书由潘炳玉统稿并定稿，甘肃省长城建筑总公司总工程师常自昌对本书提出了宝贵建议。本书编写分工如下：河南工程学院潘炳玉编写第二章、第三章；河南工程学院赵长歌编写第一章、第八章；郑州华信学院李文霞、湖北第二师范学院邓洋编写第四章、第六章；太原理工大学阳泉学院耿晓华编写第五章、第九章；信阳职业技术学院黄波、西安航空技术高等专科学校刘晓宁编写第七章；信阳职业技术学院黄波、河南质量工程职业学院夏占国编写第十章。

在本书编写过程中，得到了一些公司和专家的支持和指导，并参考了许多专家、学者的相关书籍和资料，在此表示诚挚的谢意。

由于笔者水平所限，本书难免有不妥之处，敬请各位读者、同行不吝赐教，不胜感激。

本书提供有 PPT 电子课件，可登录 www.cipedu.com.cn 免费获取。

编者
2015 年 2 月

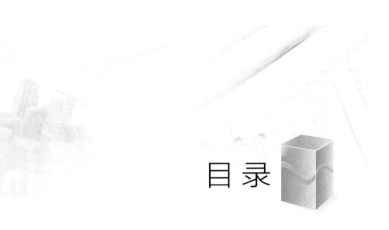

目 录

模块一 基础理论

模块二 应用控制

模块三 应用管理

模块四　竣工验收

二维码资源目录

模块一

基础理论

学习单元一

工程项目管理概述

 知识目标

- 掌握工程项目的含义和特点；
- 掌握建设项目的层次划分；
- 掌握工程项目管理的概念、类型和任务；
- 掌握工程项目目标的动态控制；
- 掌握项目结构及其编码、项目组织结构；
- 熟悉工程项目的建设程序、建设工程监理、项目管理责任制；
- 了解工程项目的分类。

1.1 工程建设项目
管理基本流程

 能力目标

- 能运用动态控制原理对项目目标进行控制；
- 能对工程项目进行结构分解并编码；
- 能选用并绘制项目管理组织结构图。

案例导航

某钢厂改造其烧结车间，由于工期紧张，刚确定施工单位的第二天，施工单位还未来得及任命项目经理和组建项目经理部，业主就要求施工单位提供项目管理规划，施工单位在不情愿的情况下提供了一份针对该项目的施工组织设计，其内容深度满足管理规划要求。试问建设单位的做法合适吗？

案例分析

首先，在项目经理未任命和项目经理部未建立时，就提交了施工组织设计，其建设程序肯定是不对的，只有符合建设程序才有利于实现项目管理目标，同时还应遵循项目管理的原则，落实工程监理和项目管理责任制，建立完善的项目部，并运用动态控制原理保证工程顺利进行。那么应该如何构建项目管理组织呢？

知识链接

任务一 工程项目

一、工程项目的含义和特点

1. 项目的含义和特点

工业和制造业中的生产活动通常是连续不断和周而复始的常规性、重复性作业活动，一般称之为作业，而非项目。项目是一种非常规性、非重复性的任务，强调其一次性，通常有确定的目标和确定的约束条件（时间、费用和质量等）。

以项目管理的角度而言，项目作为一个专门术语，它具有以下特点。

（1）项目的一次性　项目的一次性也称项目的单件性，是项目的最主要特征。项目的一次性主要表现在项目的功能、目标、环境、条件、过程、组织等诸方面的差异。项目的一次性是对项目整体而言，并不排斥项目实施过程中存在重复性工作。

项目的一次性从客观上揭示了项目总是互不相同，不断变化的，项目管理者不能用固定的组织方式和生产要素配置形式去管理项目，而必须根据项目任务的具体条件和特殊要求，采取针对性措施管理项目，以保证项目目标得以顺利实现。

（2）项目的目标性和约束性　项目的实施是一项社会经济活动，任何社会经济活动都有其特定的目标。所以，项目必须有明确的目标，即项目的功能性要求，它是完成项目的最终目的，也是项目产生、存在的依据。

目标本身即意味着约束条件的存在。任何项目都是在一定的约束条件下进行的，包括资源条件的约束（人力、财力和物力等）和人为的约束，其中质量（工作标准）、进度、费用目标是项目普遍存在的三个主要约束条件。项目的约束性为实现项目目标提供了最低的标准要求。

（3）项目的系统性　项目的成功实施需要各种要素的有机组合，这些要素主要包括人力、物资、技术、时间、空间、信息、管理等，它们均有其截然不同的形态和功能属性，从而决定了各要素有机组合过程中的系统性本质要求。缺乏系统性，将会给项目目标造成一定程度的损害。

（4）项目的过程性　项目是指一个过程，而不是指过程终结后所形成的成果，例如某个住宅小区的建设过程是一个项目，而建设完成后的住宅楼及其配套设施是这个项目完成后形成的产品。

（5）项目的寿命周期性　项目既然是一次性的任务，必有其明确的起点时间和终点时间，它是在一段有限的时间内存在的；任何项目都会经过启动、规划、实施、结束这样一个过程，通常把这一过程称为项目的"寿命周期"。

2. 建设项目的含义和特点

一般而言，建设项目是指为了特定目标而进行的投资建设活动，也称为投资建设项目，以下一律简称为工程项目，其内涵如下。

① 工程项目是一种既有投资行为又有建设行为的项目，其目标是形成固定资产。工程项目是将投资转化为固定资产的经济活动过程。

②"一次性事业"即一次性任务，表示项目的一次性特征。

　　③ "经济上实行统一核算，行政上实行统一管理"，表示项目是在一定的组织机构内进行，一般由一个组织或几个组织联合完成。

　　④ 认定一个工程项目范围的标准是具有一个总体设计或初步设计。凡是其有一个总体设计或初步设计的项目，不论是主体工程还是相应的附属配套工程，不论是由一个还是由几个施工单位施工，不论是同期建设还是分期建设，都视为一个工程项目。

　　工程项目除了具有一般项目的基本特点外，还有自身的特点。工程项目的特点表现在以下几个方面。

　　① 具有明确的建设任务，如建设一个住宅小区或建设一座发电厂等。

　　② 具有明确的质量、进度和费用目标。

　　③ 建设成果和建设过程固定在某一地点。

　　④ 建设产品具有唯一性的特点。

　　⑤ 建设产品具有整体性的特点。

　　⑥ 工程项目管理的复杂性主要表现在：工程项目涉及的单位多，各单位之间关系协调的难度和工作量大；工程技术的复杂性不断提高，出现了许多新技术、新材料和新工艺；大中型项目的建设规模大；社会、政治和经济环境对工程项目的影响，特别是对一些跨地区、跨行业的大型工程项目的影响，越来越复杂。

3. 建设项目层次划分

　　通常一个大中型建设项目可以分解为若干层次。例如，对于房屋建设项目按照国家标准可以分解为单位工程、分部工程、分项工程等层次；而对于诸如水利水电、港口交通、工业生产等基础设施和工业建设项目则可分解为单项工程、单位工程、分部工程、分项工程等层次。

　　(1) 单项工程　一般指具有独立设计文件的、建成后可以单独发挥生产能力或效益的一组配套齐全的工程项目。单项工程的施工条件往往具有相对的独立性，一般单独组织施工和竣工验收。如：工业建设项目中的各个生产车间、生产辅助办公楼、仓库等，民用建设项目中的某幢住宅楼等都是单项工程。

　　(2) 单位工程　是单项工程的组成部分。一般情况下指一个单体的建筑物或构筑物，民用住宅也可能包括一栋以上同类设计、位置相邻、同时施工的房屋建筑或一栋主体建筑以及附带辅助建筑物共同构成的单位工程。建筑物单位工程由建筑工程和设备工程组成，住宅小区或工业厂区的室外工程，按照施工质量评定统一标准划分，一般分为包括道路、围墙、零星建筑在内的室外建筑单位工程，电缆、线路、路灯等的室外电气单位工程，以及给水、排水、供热、燃气等的建筑采暖卫生与燃气单位工程。

　　(3) 分部工程　是按照工程结构的专业性质或部位划分的，亦即单位工程的进一步分解。当分部工程较大或较复杂时，可按材料种类、施工特点、施工程序、专业系统及类别等分为若干子分部工程。例如，土建工程可以分为基础、墙体、梁柱、楼板、地面等部分，其中每一部分都能成为分部工程。

　　(4) 分项工程　是按主要工种、材料、施工工艺、设备类别等进行划分，也是形成建筑产品基本构件的施工过程，例如钢筋工程、模板工程、混凝土工程、门窗制作等。分项工程是建筑施工生产活动的基础，也是计量工程用工用料和机械台班消耗的基本单元。一般而言，它没有独立存在的意义，只是建筑安装工程的一种基本构成要素，是为了确定建筑安装工程造价而设定的一种产品。如砖石工程中的标准砖基础，混凝土及钢筋混凝土工程中的现浇钢筋混凝土矩形梁等。

二、工程项目的分类

1. 按投资的再生产性质划分

可分为基本建设项目和更新改造项目。

（1）基本建设项目　包括新建和扩建项目。新建项目指从无到有、"平地起家"建设的项目；扩建项目指企事业单位在原有的基础上投资扩大建设的项目，主要是扩大原有产品的生产能力、效益或为增加新品种的生产而增建的车间和生产线等。

（2）更新改造项目　包括改建、恢复、迁建项目。改建项目指企事业单位对原有设施、工艺条件进行改造的项目；恢复项目指原有固定资产已经全部或部分报废，又投资重新建设的项目；迁建项目是由于改变生产布局、环境保护、安全生产以及其他需要，搬迁到另外地方进行建设的项目。

2. 按建设阶段划分

工程项目可分为预备工程项目、筹建工程项目、实施工程项目、建成投产工程项目、收尾工程项目。

（1）预备工程项目　指按照中长期计划拟建而又未立项、只做初步可行性研究或提出设想方案供决策参考、不进行建设的实际准备工作。

（2）筹建工程项目　指经批准立项，正在进行建设前期准备工作而尚未正式开始施工的项目。

（3）实施工程项目　包括设计项目、施工项目（新开工项目、续建项目）。

（4）建成投产工程项目　包括建成投产项目、部分投产项目和建成投产单项工程项目。

（5）收尾工程项目　指基本全部投产，只剩少量不影响正常生产或使用的辅助工程项目。

3. 按投资建设的用途划分

（1）生产性工程项目　包括工业工程项目和非工业工程项目，即用于物质产品生产的建设项目。

（2）非生产性工程项目　指满足人们物质文化生活需要的项目，可分为经营性项目和非经营性项目。

4. 按资金来源划分

可分为国家预算拨款项目、银行贷款项目、企业联合投资项目、企业自筹项目、利用外资项目等。

5. 按管理者划分

可分为建设项目、工程设计项目、工程监理项目、工程施工项目、开发工程项目等，它们的管理者分别是建设单位、设计单位、监理单位、施工单位、开发单位。

此外，按建设规模划分（设计生产能力或投资规模）可分为大、中、小型项目。划分标准根据行业、部门不同而不同。一般情况下，工业项目按设计生产能力或总投资规模，确定大、中、小型项目；非工业项目可分为大中型和小型两种，均按项目的经济效益或总投资额划分。

三、工程项目的建设程序

建设程序是指项目在建设过程中，各项工作必须遵循的先后顺序。建设程序是对基本建设工作的科学总结，是项目建设过程中客观规律的集中体现，具体内容如下。

1. 项目建议书阶段

项目建议书是拟建某一项目的建议文件，是投资决策前对拟建项目的轮廓设想和初步说明。建设单位通过项目建议书向国家推荐项目，供国家决策部门进行选择。项目建议书也是建设单位向有关部门报请立项的主要文件和依据。

项目建议书应根据国民经济发展规划和市场条件，结合矿藏、水利等资源条件和现有生产力布局状况，按照国家产业政策进行编制，主要论述建设的必要性、建设条件的可行性和获利的可能性，并按国家现行规定权限向主管部门申报审批。项目建议书被批准后，可开展下一阶段的工作，但项目建议书并不是项目的最终决策。

2. 可行性研究阶段

可行性研究是在投资决策之前，对拟建项目进行全面技术经济分析和论证，是投资前期工作的重要内容和基本建设程序的重要环节。项目建议书被批准后，可组织开展可行性研究工作，对项目有关的社会、技术和经济等方面的情况进行深入的调查研究，论证项目建设的必要性，并对各种可能的建设方案进行技术经济分析和比较，对项目建成后的经济效益进行科学的预测和评价。可行性研究是对建设项目能否成立进行决策的依据和基础。

可行性研究报告经批准后，不得随意修改和变更。如果在建设规模、产品方案、主要协作关系等方面有变动，以及突破投资控制数额时，应经原批准机关复审同意。可行性研究报告批准后，应正式成立项目法人，并按项目法人责任制实行项目管理。经过批准的可行性研究报告，是项目最终决策立项的标志，是据此进行初步设计的重要文件。

3. 设计阶段

可行性研究报告批准后，工程建设进入设计阶段。

我国大中型建设项目的设计阶段，一般采用两阶段设计，即初步设计和施工图设计。重大项目和特殊项目，根据行业特点，实行初步设计、技术设计、施工图设计三阶段设计，民用项目一般采用方案设计、初步设计、施工图设计三个阶段。

4. 列入年度固定资产投资计划

一个建设项目完成上述各阶段工作后，就可以报请国家有关部门列入国家年度固定资产投资计划。按国家现行政策规定，申请列入国家年度固定资产投资计划的大中型建设项目，由国家计委批准；小型项目则按隶属关系，在国家批准的投资总额内，由国务院各部门、各省、自治区、直辖市自行安排；用自筹资金建设的项目，也要在国家确定的控制指标内安排。

5. 设备订货和施工准备

组织好设备订货和施工前的准备工作，是保证建设项目顺利实施的基础。建设项目满足如下条件，就可以进行设备的订货和施工准备工作：

① 可行性研究报告或初步设计已经批准；

② 项目法人已经建立；

③ 项目已列入国家或地方固定资产投资计划，筹资方案已经确定；

④ 有关土地使用权已经批准；

⑤ 已办理报建手续。

6. 施工阶段

施工是设计意图的实现，也是整个投资意图的实现阶段。在施工准备就绪之后，项目法人必须按审批权限，向主管部门提出工程开工申请报告，经批准后，方能正式开工。国家对大中型项目的开工条件规定如下：

① 项目法人已经设立，项目组织机构和规章制度健全；

② 初步设计和总概算已经批复，施工图设计可以满足主体工程施工需要；

③ 建设项目已列入国家或地方建设投资年度计划，年度建设资金已落实，施工组织设计大纲已经编制完成；

④ 现场施工准备和征地移民等外部条件能够满足主体工程开工需要；

⑤ 建设管理模式已经确定，投资主体与项目主体的管理关系已经理顺；

⑥ 项目建设所需主要设备和材料已经订货，并已备好连续三个月施工的需要物资。

关于项目开工建设时间，一般规定：项目的任何一项永久性工程第一次正式破土开槽日期即为项目开工时间。不需要开槽的工程，以建筑物的基础打桩作为正式开工时间，建设工期从开工时算起。

7. 生产准备

生产准备是项目投产前所要进行的一项重要工作，是建设阶段转入生产经营的必要条件。建设单位在项目进入施工阶段以后，应加强施工管理，并适时做好有关生产准备工作，保证工程一旦竣工，即可投入生产。生产准备是从建设到生产的桥梁，是保证收回投资的重要环节，其主要内容有：生产组织人员准备、生产技术准备、生产物资准备、正常的生活福利设施准备等。

8. 竣工验收、交付使用

竣工验收是投资成果转入生产或使用的标志，是全面考核基本建设成果、检验设计和工程质量好坏的重要环节，合格的项目即从基本建设转入生产或使用。竣工验收对促进建设项目及时投产、发挥投资效果和总结建设经验都有重要作用。当建设项目的建设内容全部完成，并经过单位工程验收，符合设计要求，完成竣工报告、竣工决算等文件的编制后，项目法人可按规定，向验收主管部门提出申请，根据国家有关部门颁发的验收规程组织验收。国家对建设项目竣工验收的组织工作，一般按隶属关系和建设项目的重要性而定，大中型项目，由各部门、各地区组织验收；特别重要的项目，由国务院批准组织国家验收委员会验收；小型项目，由主管单位组织验收。验收合格的项目，写出工程验收报告，办理移交固定资产手续，交付生产使用。

9. 项目后评价

建设项目竣工投产后，一般经过 1～2 年生产运营后，要进行一次系统的项目后评价，主要内容包括：影响评价、经济效益评价、过程评价。项目后评价一般按三个层次组织实施，即项目法人的自我评价、项目行业的评价、计划部门（或主要投资方）的评价。

为规范建设活动，通过监督、检查、审批等措施加强工程项目建设程序的贯彻和执行力度。除了对项目建议书、可行性研究报告、初步设计等文件的审批外，对项目建设用地、工程规划等实行审批制度，对建筑抗震、环境保护、消防、绿化等实行专项审查制度。项目建设程序及其管理审批制度如图 1-1 所示。

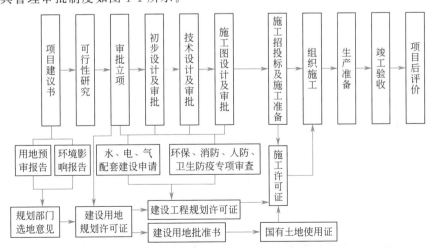

图 1-1　项目建设程序及其管理审批制度

任务二 建设工程项目全生命周期管理

一、建设工程项目全生命周期管理的概念

1. 建设工程项目全生命周期管理的内涵

建设工程项目的全生命周期包括项目的决策阶段、实施阶段和使用阶段（或称运营阶段，或称运行阶段）。从项目建设意图的酝酿开始，调查研究、编写和报批项目建议书、编制和报批项目的可行性研究等项目前期的组织、管理、经济和技术方面的论证都属于项目决策阶段的工作。项目立项（立项批准）是项目决策的标志。决策阶段管理工作的主要任务是确定项目的定义，一般包括如下内容：

① 确定项目实施的组织；

② 确定和落实建设地点；

③ 确定建设任务和建设原则；

④ 确定和落实项目建设的资金；

⑤ 确定建设项目的投资目标、进度目标和质量目标等。

"建设工程管理"作为一个专业术语，其内涵涉及工程项目全过程（工程项目全生命）的管理，如图1-2所示，它包括如下几方面：

① 决策阶段的管理 DM—development management（尚没有统一的中文术语，可译为项目前期的开发管理）；

② 实施阶段的管理，即项目管理 PM—project management；

③ 使用阶段的管理，即设施管理 FM—facility management。

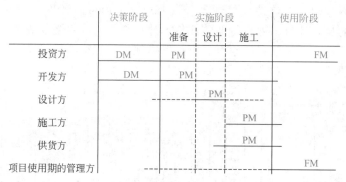

图 1-2　DM、PM 和 FM

建设工程管理涉及参与工程项目的各个单位的管理，即包括投资方、开发方、设计方、施工方、供货方和项目使用期的管理方的管理。

建设工程管理工作是一种增值服务工作，其核心任务是为工程的建设和使用增值，如图1-3所示。

在工程实践中人们往往重视通过管理为工程建设增值，而忽视通过管理为工程使用增值。如有些办公楼在设计时为节约投资，减少了必要的电梯的数量，这样就导致该办公楼在使用时等待电梯的时间太长。

2. 国外对建设工程项目全生命周期的定义

（1）国际标准化组织（ISO）对建设工程项目全生命周期的定义　建设工程项目全生命

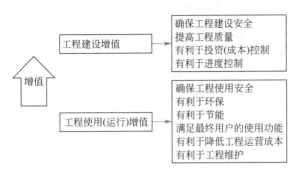

图 1-3　工程管理的增值

周期划分为建造阶段、使用阶段和废除阶段。其中，建造阶段又进一步细分为准备、设计和施工三个子阶段，如图 1-4 所示。

图 1-4　ISO 对建设工程项目全生命周期的阶段划分

（2）美国项目管理协会对建设工程项目全生命周期的定义　美国项目管理协会将项目定义为分阶段完成的一项独特性的任务，一个组织在完成一个项目时会将项目划分成一系列的项目阶段，以便更好地管理和控制项目，更好地将组织的日常运作与项目管理结合在一起，如图 1-5 所示。

图 1-5　美国项目管理协会对建设工程项目全生命周期的阶段划分

（3）英国皇家特许建造学会对建设工程项目全生命周期的定义　英国皇家特许建造学会对建设工程项目建设程序的划分基于图 1 6 的流程图。

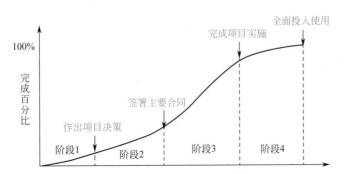

图 1-6　英国皇家特许建造学会对建设工程项目全生命周期的阶段划分

二、建设工程项目全生命周期管理的基本特点

全生命周期管理不是简单的建设工程项目管理时间段的延长，也不是简单地增加工程建造阶段的投入，而是一种将建设工程项目全生命周期作为一个系统进行考虑而成的管理创新。因此，建设工程项目全生命周期管理有如下几个特点。

（1）全生命周期管理需要整体预测和全面控制　建设工程项目全生命周期管理的出发点是全生命周期成本的控制。全生命周期管理有助于实现项目全生命周期的统一协调，达到控制项目生命周期成本的目标。

（2）全生命周期管理的本质是一种经营理念　全生命周期的经营理念是在项目策划和决策阶段，尤其是从具体的规划设计开始，就应从社会、环境、人性、经济的角度，考虑产品生命历程的所有环节间的相互影响和项目综合性能的发挥状况。它强调生命期内建设工程项目的可靠度、布局的合理性、功能的延展性，强调兼顾经济利益和环境效益，追求降低社会总成本。

（3）全生命周期管理是集成化的管理　它将传统工程管理模式中相对独立的决策阶段开发管理、实施阶段项目管理、运营维护阶段设施管理，运用管理集成思想，在管理理念、管理目标、管理组织、管理方法、管理手段等各方面进行有机集成。

（4）全生命周期管理需要管理知识和技术创新相结合　全生命周期管理系统要求将项目建设全过程的经济、社会、技术、环境等成本因素综合考虑，需要将新的管理知识和管理技术创新，对全过程、多层面的成本要素加以量化和综合。

（5）全生命周期管理需要组织管理模式的创新　相对于传统的工程管理而言，建设工程项目全生命周期管理系统是一种业主方、开发管理方、项目管理方和设施管理方等各阶段多方主体的集成化管理，为此在目标设定、信息协调、空间管理、时间管理等方面都需要有创新的沟通协调机制，需要管理模式的重构。

三、建设工程项目全生命周期各阶段的主要工作

1. 项目决策阶段的主要工作

（1）项目内部业主的决策——可行性研究　可行性研究是在初步可行性研究基础上进行的详细研究，通过对主要建设方案和建设条件的调查研究和分析比较，并对建成后可能带来的财务、经济效益及社会、环境影响进行预测，从而得出项目是否值得投资以及建设方案是否合理、可行的评价结论，为项目的最终决策提供依据。该工作是项目决策分析与评价的最重要工作，可行性研究的成果是可行性研究报告。可行性研究的主要内容有：①进一步研究项目建设的必要性，主要是从项目本身和国家经济和社会发展两个层次分析项目建设的必要性；②市场分析；③建设方案研究；④组织实施方案分析；⑤建设投资估算；⑥运营期财务效益与费用估算；⑦融资方案分析；⑧财务分析；⑨经济费用效益分析；⑩经济影响分析；⑪资源、环境评价；⑫土地利用及征地拆迁、移民安置方案分析；⑬社会评价；⑭不确定性和风险分析；⑮多方案比选；⑯研究结论与建议。

（2）项目外部的决策——政府方面对投资的许可　国家对企业投资项目的审批现在是核准或备案制，不再审批可行性研究报告，而是要求提交"项目申请报告"，以便站在较宏观的立场对项目进行评估和许可。主要是考虑产业布局、资源开发利用、能源、安全、环境等因素。大致流程是：企业委托咨询单位——咨询单位编制项目申请报告——企业上报相应政府部门——政府部门委托甲级咨询单位评估——核准。

对于项目申请报告，一定要委托有资质的工程咨询公司，要注意与可行性研究报告的区别。可行性研究报告是企业作为投资主体站在所有者的角度去审视项目从而进行决策的，而

项目申请报告是提交给政府让政府以社会管理者的角度审视项目从而进行许可的。

（3）项目决策策划　项目决策策划是指从项目投资主体的利益出发，根据客观条件和投资项目的特点，在掌握信息的基础上，运用科学手段，按照一定程度和标准，对投资项目作出的选择或决定，即拟订具体的投资方案。

项目决策策划一般包括：

① 环境调查与预测。包括政治环境、经济环境、市场需求分析、项目建设地点条件等。

② 项目定义和论证。包括地点、规模、项目组成、功能、标准、投资目标、进度目标、质量目标等。

③ 组织策划。确定项目管理的组织结构。

④ 管理、合同策划。确定管理方法，包括投资控制方案、质量控制方案、进度控制方案及合同结构。

⑤ 经济策划。投资估算和资金筹措，资源、原材料的来源情况和保证程度。

⑥ 技术策划。技术条件分析和技术的可靠性。

⑦ 风险策划。风险分析及风险分析管理方案。

2. 项目实施阶段的主要工作

（1）业主方的项目管理工作　业主方的项目管理工作涉及项目实施阶段的全过程，即在设计前的准备阶段、设计阶段、施工阶段、动用前准备阶段和保修期，主要工作内容包括：①安全管理；②投资控制；③进度控制；④质量控制；⑤合同管理；⑥信息管理；⑦组织和协调。

（2）设计方的项目管理工作　设计方作为项目建设的一个参与方，其项目管理主要服务于项目的整体利益和设计方本身的利益。其项目管理的目标包括设计的成本目标、设计的进度目标和设计的质量目标，以及项目的投资目标。项目的投资目标能否得以实现与设计工作密切相关。主要工作内容包括：①与设计工作有关的安全管理；②设计成本控制和与设计工作有关的工程造价控制；③设计进度控制；④设计质量控制；⑤设计合同管理；⑥设计信息管理；⑦与设计工作有关的组织和协调。

（3）施工方的项目管理工作　施工方作为项目建设的一个参与方，其项目管理主要服务于项目的整体利益和施工方本身的利益。其项目管理的目标包括施工的成本目标、施工的进度目标和施工的质量目标。施工方的项目管理工作主要在施工阶段进行，主要工作主要包括：①施工安全管理；②施工成本控制；③施工进度控制；④施工质量控制；⑤施工合同管理；⑥施工信息管理；⑦与施工有关的组织与协调。

3. 项目运营维护阶段的主要工作

建设工程项目运营维护阶段又称项目的使用阶段。建设工程项目投入运营后，能否达到设计的要求并实现其功能，关键就在运营期的管理。而建设工程项目运行和维护阶段管理的目的就是维持项目的使用功能，控制项目运营费用，提高建设工程项目运行的效率。项目运营维护阶段主要分为资产管理和运营管理。

（1）资产管理　资产管理包括财务管理、空间管理和用户管理。

① 财务管理的主要工作内容。包括从经济的角度分析增加物业收入的可能性，并予以实施；物业维护和更新的资金安排。

② 空间管理的主要工作内容。包括动态维护物业的基本数据，涉及室内空间、设备、公共设施和家具等固定资产空间利用的管理。

③ 用户管理的主要工作内容。包括了解用户对物业的使用需求和反映，与用户的沟通与联系。

（2）运营管理　运营管理包括维修和现代化管理。

① 维修的主要工作内容。包括确定设备维护的标准，分析设备维护的特点，制定设备维护手册，进行设备维护。

② 现代化管理的主要工作内容。包括考虑主要设施的功能扩展、改善和提高的可能性，提出设备更新改造的计划并予以实施。

任务三 工程项目管理

一、工程项目管理的概念

《建设工程项目管理规范》（GB/T 50326—2017）对建设工程项目管理作了如下的术语解释：运用系统的理论和方法，对建设工程项目进行的计划、组织、指挥、协调和控制等专业化活动，简称为项目管理。

工程项目管理的含义有多种表述，英国皇家特许建造学会（CIOB）对其作了如下的表述：自项目开始至项目完成，通过项目策划（project planning）和项目控制（project control），以使项目的费用目标、进度目标和质量目标得以实现。此解释得到许多国家建造师组织的认可，在工程管理业界有相当的权威性。

在上述表述中："自项目开始至项目完成"指的是项目的实施阶段；"项目策划"指的是目标控制前的一系列筹划和准备工作；"费用目标"对业主而言是投资目标，对施工方而言是成本目标。

项目管理的核心任务是项目的目标控制。按项目管理学的基本理论，没有明确目标的建设工程不是项目管理的对象。在工程实践意义上，如果一个建设项目没有明确的投资目标、进度目标和质量目标，就没有必要进行管理，也无法进行定量的目标控制。

近三十余年，建设领域逐步宣传和推广工程项目管理，一提到工程项目管理或建设工程管理，人们首先就想到其任务是项目的目标控制，包括：费用控制、进度控制和质量控制。这里应该指出：工程项目管理是建设工程管理中的一个组成部分，工程项目管理的工作仅限于在项目实施期的工作，而正如前述，建设工程管理则涉及项目全生命期。

二、工程项目管理的类型和任务

一个建设工程项目往往由许多参与单位承担不同的建设任务和管理任务（如勘察、土建设计、工艺设计、工程施工、设备安装、工程监理、建设物资供应、业主方管理、政府主管部门的管理和监督等），各参与单位的工作性质、工作任务和利益不尽相同，因此就形成了代表不同利益方的项目管理。

1.2 工程项目管理的目标和任务

按建设工程项目不同参与方的工作性质和组织特征划分，项目管理有如下几种类型：

① 业主方的项目管理（如投资方和开发方的项目管理，或由工程管理咨询公司提供的代表业主利益的项目管理服务）；

② 设计方的项目管理；

③ 施工方的项目管理（施工总承包方、施工总承包管理方和分包方的项目管理）；

④ 建设物资供货方的项目管理（材料和设备供应方的项目管理）；

⑤ 建设项目总承包（建设项目工程总承包）方的项目管理，如设计和施工任务综合的承包（简称 DB 承包），或设计、采购和施工任务综合的承包（简称 EPC 承包）的项目管理等。

1. 业主方项目管理的目标和任务

业主方项目管理也称建设方项目管理或甲方项目管理。由于业主方是建设工程项目实施过程（生产过程）的总集成者——人力资源、物质资源和知识的集成，业主方也是建设工程项目生产过程的总组织者。因此对于一个建设工程项目而言，业主方的项目管理往往是该项目的管理核心。

业主方项目管理服务于业主的利益，其项目管理的目标包括项目的投资目标、进度目标和质量目标。其中投资目标指的是项目的总投资目标；进度目标指的是项目动用的时间目标，也即项目交付使用的时间目标，如工厂建成可以投入生产、道路建成可以通车、办公楼可以启用、旅馆可以开业的时间目标等；项目的质量目标不仅涉及施工的质量，还包括设计质量、材料质量、设备质量和影响项目运行或运营的环境质量等。质量目标包括满足相应的技术规范和技术标准的规定，以及满足业主方相应的质量要求。

业主方的项目管理工作涉及项目实施阶段的全过程，即在设计前的准备阶段、设计阶段、施工阶段、动用前准备阶段和保修阶段，分别进行如下项目管理任务：①安全管理；②投资控制；③进度控制；④质量控制；⑤合同管理；⑥信息管理；⑦组织和协调。

其中安全管理是项目管理中最重要的任务，因为安全管理关系到人身的健康与安全，而投资控制、进度控制、质量控制和合同管理等则主要涉及物质的利益。

业主方在各阶段的工作内容如下。

① 准备阶段。筹集资金、项目建议书、可行性研究、项目决策、厂址选择、落实外部配套条件。

② 设计阶段。设计竞赛或设计招标、资质审查、评标定标、签设计合同、提供资料、设计三控、组织设计审查、上报设计文件和概算文件、审查资金筹措计划和用款计划等。

③ 施工招标阶段。施工和设备招标、资质审查评标定标、签订施工和设备合同、落实开工前准备工作。

④ 施工阶段。编制并组织实施各种计划、组织工程实施、建立报告制度，定期向主管部门报告建设情况，做好各项运营生产准备，及时验收并提出项目竣工验收申请报告，编制竣工决算报告。

以上各阶段，若委托监理，其职责还应包括监理招标、签订合同、合同管理等，同时监理承担的职责由合同明确。

⑤ 生产运营阶段。组织管理机构、生产运营管理、按时报送生产信息和统计资料、制定债务偿还计划按时偿还、资产保值按法人章程分配利润、组织后评价提出项目后评价报告。

由于建筑工程项目的实施是一次性的任务，故业主方自行进行项目管理往往有很大的局限性。首先在技术和管理方面，往往缺乏配套的力量，即使配备了管理班子，没有连续的工程任务也会造成技术资源的浪费。在市场经济体制下，建筑工程项目管理的业主方已经可以依靠社会咨询企业（如监理单位、咨询单位）为其提供项目管理服务，自身则偏重于重大问题的决策。咨询单位接受项目业主的委托，为项目业主服务，参与项目投资决策、立项和可行性研究、招投标及全过程管理工作。

2. 设计方项目管理的目标和任务

设计单位受项目建设单位委托承担工程项目的设计任务，按照设计合同进行设计，项目管理才能有效地贯彻业主的建设意图，实施设计阶段的投资、质量和进度控制。

尽管设计单位在项目建设中的地位、作用和利益追求与项目业主不同，但它也是建筑工程项目管理的重要参与者之一，其项目管理主要服务于项目的整体利益和设计方本身的利益。由于项目的投资目标能否得以实现与设计工作密切相关，因此，设计方项目管理的目标包括设计的成本目标、进度目标、质量目标、投资目标。

设计方的项目管理工作主要在设计阶段进行，但也涉及设计前的准备阶段、施工阶段、动用前准备阶段和保修阶段。因为在施工阶段，设计单位应根据施工过程中发现的问题，及时修改和变更设计；在竣工验收阶段需配合业主和施工单位进行项目的验收工作。

设计方项目管理的任务包括：①与设计工作有关的安全管理；②设计成本控制和与设计工作有关的工程造价控制；③设计进度控制；④设计质量控制；⑤设计合同管理；⑥设计信息管理；⑦与设计工作有关的组织和协调。

3. 施工方项目管理的目标和任务

施工企业的项目管理简称施工项目管理，即施工企业（承包商）站在自身的角度，从其利益出发，按与业主签订工程承包合同界定的工程范围进行管理，内容是对施工全过程进行计划、组织、指挥、协调和控制。

由于施工方是受业主方的委托承担工程建设任务，施工方必须树立服务观念，为项目建设服务，为业主提供建设服务；另外，合同也规定了施工方的任务和义务，因此施工方作为项目建设的一个重要参与方，其项目管理不仅应服务于施工方本身的利益，也必须服务于项目的整体利益。

施工方项目管理的目标应符合合同的要求，它包括施工的安全管理目标、施工的成本目标、施工的进度目标和施工的质量目标。

如果采用工程施工总承包或工程施工总承包管理模式，施工总承包方或施工总承包管理方必须按工程合同规定的工期目标和质量目标完成建设任务。而施工总承包方或施工总承包管理方的成本目标是由施工企业根据其生产和经营的情况自行确定的。分包方则必须按工程分包合同规定的工期目标和质量目标完成建设任务，分包方的成本目标是该施工企业内部自行确定的。

按国际工程的惯例，当采用指定分包商时，不论指定分包商与施工总承包方，或与施工总承包管理方，或与业主方签订合同，由于指定分包商合同在签约前必须得到施工总承包方或施工总承包管理方的认可，因此，施工总承包方或施工总承包管理方应对合同规定的工期目标和质量目标负责。

施工方项目管理的任务包括：①施工安全管理；②施工成本控制；③施工进度控制；④施工质量控制；⑤施工合同管理；⑥施工信息管理；⑦与施工有关的组织与协调等。

施工方的项目管理工作主要在施工阶段进行，但由于设计阶段和施工阶段在时间上往往是交叉的，因此，施工方的项目管理工作也会涉及设计阶段。在动用前准备阶段和保修阶段施工合同尚未终止，在这期间，还有可能出现涉及工程安全、费用、质量、合同和信息等方面的问题，因此，施工方的项目管理也涉及动用前准备阶段和保修阶段。

4. 建设物资供货方项目管理的目标和任务

供货方作为项目建设的一个参与方，其项目管理主要服务于项目的整体利益和供货方本身的利益，其项目管理的目标包括供货方的成本目标、供货的进度目标和供货的质量目标。

供货方的项目管理工作主要在施工阶段进行，但它也涉及设计准备阶段、设计阶段、动用前准备阶段和保修阶段。供货方项目管理的主要任务包括：①供货安全管理；②供货方的成本控制；③供货进度控制；④供货质量控制；⑤供货合同管理；⑥供货信息管理；⑦与供货有关的组织与协调。

5. 建设项目工程总承包方项目管理的目标和任务

由于建设工程项目总承包方是受业主方的委托而承担工程建设任务，建设项目工程总承包方必须树立服务观念，为项目建设服务，为业主提供建设服务。另外，合同也规定了建设项目工程总承包方的任务和义务，因此，建设项目工程总承包方作为项目建设的一个重要参与方，其项目管理主要服务于项目的整体利益和建设项目工程总承包方本身的利益，其项目管理的目标应符合合同的要求，包括：

① 工程建设的安全管理目标；

② 项目的总投资目标和建设项目工程总承包方的成本目标（前者是业主方的总投资目标，后者是建设项目工程总承包方本身的成本目标）；

③ 建设项目工程总承包方的进度目标；

④ 建设项目工程总承包方的质量目标。

建设项目工程总承包方项目管理工作涉及项目实施阶段的全过程，即设计准备阶段、设计阶段、施工阶段、动用前准备阶段和保修阶段。

建设项目工程总承包方项目管理的主要任务包括：①项目风险管理；②项目进度管理；③项目质量管理；④项目费用管理；⑤项目安全、职业健康与环境管理；⑥项目资源管理；⑦项目沟通与信息管理；⑧项目合同管理。

三、工程项目目标的动态控制

项目管理的核心任务是项目的目标控制，工程项目的目标主要包括投资目标（或成本目标）、进度目标和质量目标。这三大目标之间关系复杂，既对立又统一：要加快进度往往需要增加投资，欲提高质量往往也需要增加投资，过度地缩短进度会影响质量目标的实现，这都表现了目标之间关系对立的一面；但通过有效的管理，在不增加投资的前提下，也可缩短工期和提高工程质量，这反映了目标之间关系统一的一面。

项目管理三大目标的对立统一关系更反映出在相互制约、相互影响中的动态变化特性；再则，项目实施过程中主客观条件的变化是绝对的，不变则是相对的。因此在项目实施过程中必须随着情况的变化对项目目标进行动态控制。项目目标的动态控制是项目管理最基本的方法论。

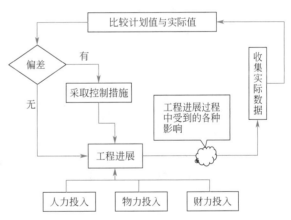

图 1-7　项目目标动态控制原理图

1. 项目目标动态控制的工作程序

项目目标动态控制原理图如图1-7所示。

第一步，项目目标动态控制的准备工作：将项目的目标进行分解，以确定用于目标控制的计划值。

第二步，在项目实施过程中项目目标的动态控制：收集项目目标的实际值，如实际投资、实际进度等；定期（如每两周或每月）进行项目目标的计划值和实际值的比较；通过项目目标的计划值和实际值的比较，如果发现没有偏差，则继续投入人力、物力、财力，进入下一项目目标的动态跟踪和控制；如有偏差，则采取控制措施进行纠偏或进行目标的调整。

第三步，采取控制措施纠偏或进行项目目标的调整：如果能用一般控制措施就能纠偏，则采用一般措施；如果一般措施不能纠偏，则说明原定的项目目标不合理，或原定的项目目标无法实现，就应该进行项目目标的调整；目标调整后再回复到第一步。

目标控制过程中关键一环是目标计划值和实际值的比较分析，以便发现问题，即项目实施情况与项目目标的偏离和偏离趋势。由于在项目目标动态控制时要进行大量数据的处理，当项目的规模比较大时，数据处理的量就相当可观。采用计算机辅助的手段可高效、及时而准确地生成许多项目目标动态控制所需要的报表，如计划成本与实际成本的比较报表，计划进度与实际进度的比较报表等，将有助于项目目标动态控制的数据处理。

2. 项目目标动态控制的纠偏措施

项目目标动态控制的纠偏措施主要包括组织措施、管理措施（包括合同措施）、经济措施、技术措施等。

（1）组织措施　分析由于组织的原因而影响项目目标实现的问题，并采取相应的措施。如调整项目组织结构、任务分工、管理职能分工、工作流程组织和项目管理班子人员等。

（2）管理措施（包括合同措施）　分析由于管理的原因而影响项目目标实现的问题，并采取相应的措施。如调整进度管理的方法和手段，改变施工管理和强化合同管理等。

（3）经济措施　分析由于经济的原因而影响项目目标实现的问题，并采取相应的措施。如落实加快工程施工进度所需的资金，制定节约投资的奖励措施等。

（4）技术措施　分析由于技术（包括设计和施工的技术）的原因而影响项目目标实现的问题，并采取相应的措施，如调整设计、优化施工方法和改变施工机具等。

四、建设工程监理

根据住房和城乡建设部发布的《建设工程监理规范》（GB/T 50319—2013），建设工程监理是指"工程监理单位受建设单位委托，根据法律法规、工程建设标准、勘察设计文件及合同，在施工阶段对建设工程质量、造价、进度进行控制，对合同、信息进行管理，对工程建设相关方的关系进行协调，并履行建设工程安全生产管理法定职责的服务活动。"

实施建设工程监理前，建设单位应委托具有相应资质的工程监理单位，并以书面形式与工程监理单位订立建设工程监理合同，合同中应包括监理工作的范围、内容、服务期限和酬金，以及双方的义务、违约责任等相关条款。

1. 监理的工作性质

建设工程监理是一种高智能的有偿管理和技术服务，属于业主方项目管理的范畴，国际上把这类服务归为工程咨询（工程顾问）服务。

工程监理单位在实施建设工程监理与相关服务时，应公平、独立、诚信、科学地开展建设工程监理与相关服务活动。要公平地处理工作中出现的问题，独立地进行判断和行使职权，科学地为建设单位提供专业化服务，既要维护建设单位的合法权益，也不能损害其他有关单位的合法权益。

由此可知，工程监理的工作性质有如下几个特点。

（1）服务性　工程监理单位受业主的委托进行工程建设的监理活动，它提供的是服务，工程监理单位将尽一切努力进行项目的目标控制，但它不可能保证项目的目标一定实现，它也不可能承担由于不是它的责任而导致项目目标的失控。

（2）科学性　工程监理单位拥有从事工程监理工作的专业人士——监理工程师，它将应用所掌握的工程监理科学的思想、组织、方法和手段从事工程监理活动。

（3）独立性　指的是不依附性，它在组织上和经济上不能依附于监理工作的对象（如承包商、材料和设备的供货商等），否则它就不可能自主地履行其义务。

（4）公平性　工程监理单位受业主的委托进行工程建设的监理活动，当业主方和承包商发生利益冲突或矛盾时，工程监理机构应以事实为依据，以法律和有关合同为准绳，在维护业主的合法权益时，不损害承包商的合法权益，这体现了工程监理的公平性。

2. 监理的工作任务

工程监理单位应根据建设工程监理合同约定，遵循动态控制原理，坚持预防为主的原则，制定和实施相应的监理措施，采用旁站、巡视和平行检验等方式对建设工程实施监理。

工程监理单位要依据法律法规、工程建设标准、勘察设计文件、建设工程监理合同及其他合同文件，代表建设单位在施工阶段对建设工程质量、进度、造价进行控制，对合同、信息进行管理，对工程建设相关方的关系进行协调，即"三控两管一协调"，同时还要依据《建设工程安全生产管理条例》等法规、政策，履行建设工程安全生产管理的法定职责。

工程监理单位在实施建设工程监理与相关服务时，对工程质量、造价、进度控制及安全生产管理的监理工作的主要任务如下。

（1）监理的工程质量控制工作

1）工程开工前，项目监理机构应审查施工单位现场的质量管理组织机构、管理制度及专职管理人员和特种作业人员的资格。

2）总监理工程师应组织专业监理工程师审查施工单位报审的施工方案，符合要求后应予以签认。

3）项目监理机构应审查施工单位报送的用于工程的材料、构配件、设备的质量证明文件，并应按有关规定、建设工程监理合同约定，对用于工程的材料进行见证取样、平行检验。

项目监理机构对已进场经检验不合格的工程材料、构配件、设备，应要求施工单位限期将其撤出施工现场。

4）项目监理机构应安排监理人员对工程施工质量进行巡视。巡视应包括下列主要内容。

① 施工单位是否按工程设计文件、工程建设标准和批准的施工组织设计、（专项）施工方案施工；

② 使用的工程材料、构配件和设备是否合格；

③ 施工现场管理人员，特别是施工质量管理人员是否到位；

④ 特种作业人员是否持证上岗。

5）项目监理机构应对施工单位报验的隐蔽工程、检验批、分项工程和分部工程进行验收，对验收合格的应给予签认；对验收不合格的应拒绝签认，同时应要求施工单位在指定的时间内整改并重新报验。

对已同意覆盖的工程隐蔽部位质量有疑问的，或发现施工单位私自覆盖工程隐蔽部位的，项目监理机构应要求施工单位对该隐蔽部位进行钻孔探测、剥离或其他方法进行重新检验。

6）项目监理机构发现施工存在质量问题的，或施工单位采用不适当的施工工艺，或施工不当，造成工程质量不合格的，应及时签发监理通知单，要求施工单位整改。整改完毕后，项目监理机构应根据施工单位报送的监理通知回复单对整改情况进行复查，提出复查意见。

7）对需要返工处理或加固补强的质量缺陷，项目监理机构应要求施工单位报送经设计等相关单位认可的处理方案，并应对质量缺陷的处理过程进行跟踪检查，同时应对处理结果进行验收。

8）对需要返工处理或加固补强的质量事故，项目监理机构应要求施工单位报送质量事故调查报告和经设计等相关单位认可的处理方案，并应对质量事故的处理过程进行跟踪检查，同时应对处理结果进行验收。

项目监理机构应及时向建设单位提交质量事故书面报告，并应将完整的质量事故处理记录整理归档。

9）项目监理机构应审查施工单位提交的单位工程竣工验收报审表及竣工资料，组织工程竣工预验收。存在问题的，应要求施工单位及时整改；合格的，总监理工程师应签认单位工程竣工验收报审表。

10）工程竣工预验收合格后，项目监理机构应编写工程质量评估报告，并应经总监理工程师和工程监理单位技术负责人审核签字后报建设单位。

11）项目监理机构应参加由建设单位组织的竣工验收，对验收中提出的整改问题，应督促施工单位及时整改。工程质量符合要求的，总监理工程师应在工程竣工验收报告中签署意见。

（2）监理的工程造价控制工作

1）项目监理机构应按下列程序进行工程计量和付款签证：

① 专业监理工程师对施工单位在工程款支付报审表中提交的工程量和支付金额进行复核，确定实际完成的工程量，提出到期应支付给施工单位的金额，并提出相应的支持性材料。

② 总监理工程师对专业监理工程师的审查意见进行审核，签认后报建设单位审批。

③ 总监理工程师根据建设单位的审批意见，向施工单位签发工程款支付证书。

2）项目监理机构应编制月完成工程量统计表，对实际完成量与计划完成量进行比较分析，发现偏差的，应提出调整建议，并应在监理月报中向建设单位报告。

3）项目监理机构应按下列程序进行竣工结算款审核。

① 专业监理工程师审查施工单位提交的竣工结算款支付申请，提出审查意见。

② 总监理工程师对专业监理工程师的审查意见进行审核，签认后报建设单位审批，同时抄送施工单位，并就工程竣工结算事宜与建设单位、施工单位协商。达成一致意见的，根据建设单位审批意见向施工单位签发竣工结算款支付证书；不能达成一致意见的，应按施工合同约定处理。

（3）监理的工程进度控制工作

1）项目监理机构应审查施工单位报审的施工总进度计划和阶段性施工进度计划，提出审查意见，并应由总监理工程师审核后报建设单位。

施工进度计划审查应包括下列基本内容。

① 施工进度计划应符合施工合同中工期的约定。

② 施工进度计划中主要工程项目无遗漏，应满足分批投入试运、分批动用的需要，阶段性施工进度计划应满足总进度控制目标的要求。

③ 施工顺序的安排应符合施工工艺要求。

④ 施工人员、工程材料、施工机械等资源供应计划应满足施工进度计划的需要。

⑤ 施工进度计划应符合建设单位提供的资金、施工图纸、施工场地、物资等施工条件。

2）项目监理机构应检查施工进度计划的实施情况，发现实际进度严重滞后于计划进度且影响合同工期时，应签发监理通知单，要求施工单位采取调整措施加快施工进度。总监理工程师应向建设单位报告工期延误风险。

3）项目监理机构应比较分析工程施工实际进度与计划进度，预测实际进度对工程总工期的影响，并应在监理月报中向建设单位报告工程实际进展情况。

（4）监理的安全生产管理工作

1）项目监理机构应根据法律法规、工程建设强制性标准，履行建设工程安全生产管理的监理职责，并应将安全生产管理的监理工作内容、方法和措施纳入监理规划及监理实施细则。

2）项目监理机构应审查施工单位现场安全生产规章制度的建立和实施情况，并应审查施工单位安全生产许可证及施工单位项目经理、专职安全生产管理人员和特种作业人员的资格，同时应核查施工机械和设施的安全许可验收手续。

3）项目监理机构应审查施工单位报审的专项施工方案，符合要求的，应由总监理工程师签认后报建设单位。超过一定规模的危险性较大的分部分项工程的专项施工方案，应检查施工单位组织专家进行论证、审查的情况，以及是否附具安全验算结果。项目监理机构应要求施工单位按已批准的专项施工方案组织施工。专项施工方案需要调整时，施工单位应按程序重新提交项目监理机构审查。

4）项目监理机构应巡视检查危险性较大的分部分项工程专项施工方案实施情况。发现未按专项施工方案实施时，应签发监理通知单，要求施工单位按专项施工方案实施。

5）项目监理机构在实施监理过程中，发现工程存在安全事故隐患时，应签发监理通知单，要求施工单位整改；情况严重时，应签发工程暂停令，并应及时报告建设单位。施工单位拒不整改或不停止施工时，项目监理机构应及时向有关主管部门报送监理报告。

3. 监理规划及监理实施细则

监理规划是在项目监理机构详细调查和充分研究建设工程的目标、技术、管理、环境以及工程参建各方等情况后制定的指导建设工程监理工作的实施方案。监理规划应起到指导项目监理机构实施建设工程监理工作的作用，因此，监理规划中应有明确、具体、切合工程实际的监理工作内容、程序、方法和措施，并制定完善的监理工作制度。

监理实施细则是指导项目监理机构具体开展专项监理工作的操作性文件，应体现项目监理机构对于建设工程在专业技术、目标控制方面的工作要点、方法和措施，做到详细、具体、明确。

（1）监理规划

① 监理规划可在签订建设工程监理合同及收到工程设计文件后由总监理工程师组织编制，并应在召开第一次工地会议前报送建设单位。

② 监理规划编审应遵循下列程序：总监理工程师组织专业监理工程师编制，总监理工程师签字后由工程监理单位技术负责人审批。

③ 监理规划应包括下列主要内容：工程概况，监理工作的范围、内容、目标，监理工作依据，监理组织形式、人员配备及进退场计划、监理人员岗位职责，监理工作制度，工程质量控制，工程造价控制，工程进度控制，安全生产管理的监理工作，合同与信息管理，组织协调，监理工作设施。

④ 在实施建设工程监理过程中，实际情况或条件发生变化而需要调整监理规划时，应由总监理工程师组织专业监理工程师修改，并应经工程监理单位技术负责人批准后报建设单位。

（2）监理实施细则

① 对专业性较强、危险性较大的分部分项工程，项目监理机构应编制监理实施细则。

② 监理实施细则应在相应工程施工开始前由专业监理工程师编制，并应报总监理工程师审批。

③ 监理实施细则的编制应依据下列资料：监理规划，工程建设标准、工程设计文件，施工组织设计、（专项）施工方案。

④ 监理实施细则应包括下列主要内容：专业工程特点、监理工作流程、监理工作要点、监理工作方法及措施。

⑤ 在实施建设工程监理过程中，监理实施细则可根据实际情况进行补充、修改，并应经总监理工程师批准后实施。

任务四 工程项目管理的组织理论

生物学和管理学中都有"组织"这一专业术语，但含义不同。管理学中的组织是指在一定的环境中，为实现某种共同的目标，按照一定的结构形式、活动规律结合起来的具有特定功能的系统。该定义强调了组织是以目的为导向的社会实体，具有特定结构化的活动系统。由此可以看出，系统的目标决定了系统的组织，而组织是目标能否实现的决定性因素，这是组织论的一个重要结论。

事实上，工程项目管理组织就是一种具有特定目标的活动系统，其目标决定了项目管理的组织，而项目管理的组织是项目管理的目标能否实现的决定性因素，由此可见项目管理的组织的重要性。

组织的构成要素有四个：人、共同目标、结构和管理。

① 人。最基本要素，唯一具有主观能动性的要素。组织由两个或两个以上的人组成，这些人为了共同的目标走到了一起。

② 共同目标。前提要素，组织拥有一个（经常更多）目的或目标。组织内的人员要认同，目标要分层次。

③ 结构。载体要素，由部门、岗位、职责、从属关系构成。它是分工协作、互相协调的手段，保证人们可以进行沟通、互动并交流工作。

④ 管理。维持要素，以计划、执行、监督、控制等手段保证目标的实现。为了实现目的，通常有一套计划、控制、组织和协调的工作流程。

控制项目目标的主要措施包括组织措施、管理措施、经济措施和技术措施，其中组织措施是最重要的措施。如果对一个建设工程的项目管理进行诊断，首先应分析其组织方面存在的问题。

组织论有三个重要的组织工具：项目结构、组织结构和合同结构。

一、项目结构

项目结构分解及编码是项目管理工作的第一步，是有效进行项目管理的基础和前提。

1. 项目结构含义

项目结构，或称工作分解结构（work breakdown structure，简称 WBS），是对项目范围的一种逐级分解的层次化结构，通常用图 1-8 的项目结构图表示。

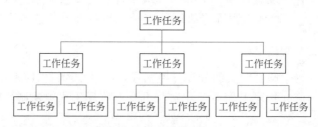

图 1-8　项目结构图示例

依据项目管理协会（PMI）在 PMBOK（项目管理知识体系）中的定义，工作分解结构指一种面向可交付成果的项目元素分组，这个分组组织并定义了全部的项目工作范围。每下降一级都表示一个更加详细的项目工作的定义。未列入项目结构的工作将排除在项目范围以外。在项目结构图中，矩形框表示工作任务（或第一层、第二层子项目等），矩形框之间的连接用连线表示。

项目结构分解的最低层次的可交付成果称为工作包，工作包具有以下特点：

① 工作包可以分配给另一位管理者进行计划和执行；

② 工作包可以通过子项目的方式进一步分解为子项目的 WBS；

③ 工作包可以在制定项目进度计划时，进一步分解为活动；

④ 工作包可以由唯一的一个部门或承包商负责；

⑤ 工作包的定义应考虑 80 小时法则或两周法则，即任何工作包的完成时间应当不超过 80 小时。在每个 80 小时或少于 80 小时结束时，只报告该工作包是否完成。通过这种定期检查的方法，可以控制项目的变化。

同一个建设工程项目可有不同的项目结构的分解方法，如按工程项目的物理结构分解，按产品或项目的功能分解，按照实施过程分解，按照项目的地域分布分解，按照项目的各个目标分解，按部门分解，按职能分解等。项目结构的分解应与整个工程实施的部署相结合，并与将采用的合同结构相结合。

图 1-9 是某房屋建筑工程的项目结构图的示例，它是按照实施的工作任务逐级分解的，共有三个层级结构。

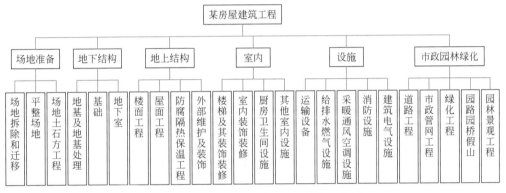

图 1-9　某房屋建筑工程的项目结构图示例

虽然项目结构分解没有固定的方法，但应结合项目的特点并参考以下原则进行。

① 确保能把完成每个底层工作包的职责明确地赋予一个成员、一组成员或者一个组织单元，同时考虑尽量使一个工作细目容易让具有相同技能的一类人承担。

② 根据 80 小时法则，工作包的时间跨度不要超过 2 周时间，否则会给项目控制带来一些困难；同时控制的力度不能太细，否则往往会影响项目成员的积极性。

③ 可以将项目生命周期的各个阶段作为第一层，将每个阶段的交付物作为第二层。如果有的交付物组成复杂，则将交付物的组成元素放在第三层。

④ 分解时要考虑项目管理本身也是工作范围的一部分，可以单独作为一个细目。

⑤ 对一些各个阶段中都存在的共性工作可以提取出来作为独立的细目。

⑥ 确保能够进行进度和成本估算。

2. 项目结构编码

一个建设工程项目有不同类型和不同用途的信息，为了有组织地存储信息、方便信息的检索和信息的加工整理，必须对项目的信息进行编码。编码工作是项目信息处理的一项重要的基础工作。

编码由一系列符号（如文字）和数字组成，项目的结构编码依据项目结构图，对项目结构的每一层的每一个组成部分进行编码，如图 1-10 所示。它和用于投资控制、进度控制、质量控制、合同管理和信息管理的编码有紧密的有机联系，但它们之间又有区别。项目结构图及其编码是编制上述其他编码的基础。

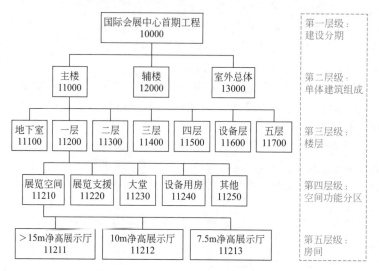

图 1-10　某国际会展中心首期工程项目结构图及其编码

二、组织结构

组织结构是组织的全体成员为实现组织目标而建立的管理系统框架，表明一个组织系统中各组成部门（组成元素）之间的排列顺序、空间位置、聚散状态、联系方式等组织关系（指令关系），通常用图 1-11 的组织结构图表示。在组织结构图中，矩形框表示工作部门，上级工作部门对其直接下属工作部门的指令关系用单向箭线表示。

1. 组织结构图设计要素

在进行组织结构图设计时，必须正确考虑 6 个关键因素：工作专业化、部门化、指令链、管理跨度、集权与分权、正规化。

（1）工作专业化　工作专业化是指把组织中工作任务分解成若干步骤来完成，每一步骤由一个人或一个专业化组来独立完成。生产领域的实践表明，工作专业化是提高生产效率的重要手段和保证。从组织角度来看，实行工作专业化，有利于提高组织的运行效率。

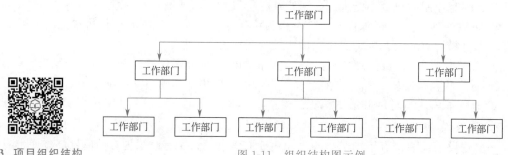

1.3　项目组织结构　　　　　　　　　　图 1-11　组织结构图示例

（2）部门化　部门化是工作分类的基础，一旦通过工作专业化完成任务细分之后，就需要按照类别对它们进行分组以便使共同的工作可以进行协调。

对工作任务进行分类主要是根据活动的职能，比如工程项目管理组织通常按照管理职能分为成本控制、质量控制、进度控制、合同管理、信息管理、安全管理等职能部门。

工作任务也可以根据组织生产的产品类型或生产过程或以顾客为基础进行部门化。

（3）指令链　指令链是一种不间断的权力路线，从组织最高层扩展到最基层，澄清谁向谁报告工作。

权威和指令统一性是指令链能够有效运行的基础保证。权威是指管理职位所固有的发布指令并期望指令被执行的权力。为了促进协作，每个管理职位在指令链中都有自己的位置，每位管理者为完成自己的职责任务都要被授予一定的权威。指令统一性原则有助于保持权威链条的连续性。它意味着，一个人应该对一个主管，且只对一个主管直接负责。如果指令链的统一性遭到破坏，一个下属可能就不得不应付多个主管不同指令之间的冲突或优先次序的选择。

（4）管理跨度　管理跨度是指一个上级直接指挥的下级数目。管理跨度与管理层次有如下关系：在最低层操作人员一定的情况下，管理的跨度越大，管理层次越少。反之，管理跨度越小，管理层次越多。因此管理跨度在很大程度上决定着组织要设置多少层次，配备多少管理人员。在其他条件相同时，管理跨度越宽，组织效率越高。

一个组织的各级管理者究竟选择多大的管理跨度，应视实际情况而定，影响管理跨度的因素主要有管理者的能力、下属对工作的熟练程度、工作的标准化程度、工作条件和工作环境等。

（5）集权与分权　集权就是把权力相对集中于最高管理层。分权与集权恰好相反，将部分权力交给下级掌握。

人的精力和能力都是有限的，为了保证有效的管理，必须实行集权与分权相结合的领导体制。该集中的权力集中起来，该下放的权力就应该分给下级。这样，才能使高层管理者从烦琐的事务性工作中解放出来，集中精力思考组织的有关战略性、方向性的大问题。高层管理者将与下属所承担的职责相应的权力授予他们，使他们有职、有责、有权、有利，充分发挥才干、积极性和创造性，以保证管理效率的提高。

（6）正规化　正规化是指组织中的工作实行标准化的程度。如果一种工作的正规化程度较高，就意味着做这项工作的人对工作内容、工作时间、工作手段没有多大自主权。人们总是期望员工以同样的方式投入工作，能够保证稳定一致的产出结果。在高度正规化的组织中，有明确的工作说明书，有繁杂的组织规章制度，对于工作过程有详尽的规定。而正规化程度较低的工作，相对来说，工作执行者和日程安排就不是那么僵硬，员工对自己工作的处理许可权就比较宽。

由于个人许可权与组织对员工行为的规定成反比，因此工作标准化程度越高，员工决定自己工作方式的权力就越小。工作标准化不仅减少了员工选择工作行为的可能性，而且使员工无须考虑其他行为选择。

2. 组织结构模式

常用的组织结构模式包括直线式组织结构、职能式组织结构和矩阵式组织结构等。这几种常用的组织结构模式既可以在企业管理中运用，也可在建设项目管理中运用。

（1）直线式组织结构　直线式组织结构是一种最简单的组织机构形式，其特点是：组织中各种职务按垂直体系直线排列，各级主管人员对所属下级拥有直接指挥权，组织中每一个人只能向一个直接上级报告。在项目管理组织机构中不再另设职能部门。

对于能够划分为若干相对独立子项目的大中型建筑工程，项目管理单位可以建立如图1-12的直线式组织结构。项目经理负责整个工程项目管理的策划、组织、指挥和协调工作，各子项目管理部分别负责各子项目的管理工作，具体指导其所属各专项管理组的工作。

如果受业主委托实施全过程项目管理服务时，项目管理单位还可以按项目周期的不同建设阶段设立直线式组织结构，如图1-13所示。

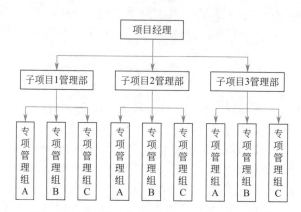

图 1-12　按子项目分解的直线式组织结构图示例

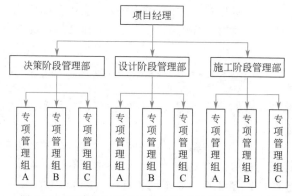

图 1-13　按建设阶段分解的直线式组织结构图示例

对于小型建筑工程项目，项目管理单位还可以按专业管理内容设立直线式组织结构，如图 1-14 所示。

图 1-14　按专业管理内容分解的直线式组织结构图示例

直线式组织结构的优点是机构比较简单，权力集中，职责分明，命令统一，联系简捷。其缺点是在组织规模较大的情况下，所有的管理职能都集中于一人承担，往往由于个人的知识及能力有限而感到难于应付，顾此失彼，可能会发生较多失误。此外，每个部门基本关心的是本部门的工作，因而部门间的协调比较困难。

（2）职能式组织结构　职能式组织结构中设有一些职能部门，分担某些职能管理的业务。其特点是：各职能部门有权在其业务范围内直接指挥下级，向下级单位下达命令和指示。因此，下级直线主管除接受上级直线主管的领导外，还必须接受上级各职能部门的领导和指示。职能式组织结构形式如图 1-15 所示。职能式组织结构的优点是能够适应组织技术比较复杂和管理分工较细的情况，能够发挥职能部门专业管理作用，减轻上层主管人员的负担。但其缺乏组织必要的集中领导和统一指挥，形成多头领导。如果上级指令相互矛盾，将使下级在工作中无所适从。

（3）矩阵式组织结构　矩阵式组织结构是将按职能划分的部门和按项目划分的部门结合

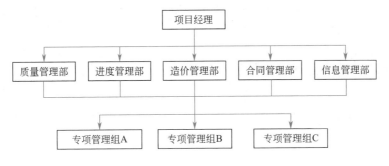

图 1-15　职能式组织结构图示例

起来组成一个矩阵，使同一名员工既同原职能部门保持组织与业务上的联系，又参加子项目管理组的工作。其特点是：打破了传统的"一个员工只有一个领导"的命令统一原则，使一个员工属于两个甚至两个以上的部门。矩阵式组织结构如图 1-16 所示。

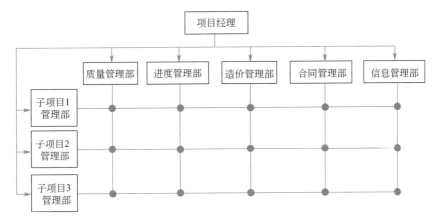

图 1-16　矩阵式组织结构图示例

矩阵式组织结构的优点是加强了各职能部门的横向联系，具有较大的机动性和适应性；使集权与分权得到有效的结合；有利于发挥专业人员的潜力；有利于各种人才的培养。其缺点是由于实行纵向、横向的双重领导，处理不当时，会由于意见分歧而造成工作中的扯皮现象和矛盾；组织关系较复杂，对项目负责人的要求较高。

三、合同结构

合同结构反映业主方和项目各参与方之间，以及项目各参与方之间的合同关系，通常用如图 1-17 所示的合同结构图表示。通过合同结构图可以非常清晰地了解一个项目有哪些，

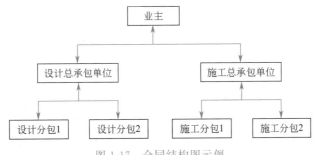

图 1-17　合同结构图示例

或将有哪些合同，以及了解项目各参与方的合同组织关系。如果两个单位之间有合同关系，在合同结构图中用双向箭线联系。

任务五 项目管理责任制

一、项目管理责任制含义

工程项目管理的最终目标是保证建设项目的成功，实现最终的建筑产品，建筑产品在其形成过程中体现出以下特点：

① 建筑材料品种繁多，市场价格随季节变动较大，难以控制；

② 许多建筑材料的用量，在计量时误差较大；

③ 建筑工地的用工种类较多（模板工、钢筋工、砌砖工等）、用工数量较大，要想有效地组织工程施工，做到不怠工、提高每个人的工作效率，是非常困难的；

④ 建筑工程的工期一般情况下都是比较紧张的，要想按期、保质、保量地完工，最后还得把工程成本降到最低，其难度是可想而知的。

由此可见，工程项目管理的影响因素很多，其成功的关键是推行和实施项目管理责任制。项目管理责任制是组织制定的、以项目负责人（项目经理）为主体，确保项目管理目标实现的责任制度。项目管理责任制是项目管理的基本制度，明确项目管理组织和人员分工，建立各方相互协调的管理机制，其核心是项目经理承担项目管理目标责任书确定的责任。

二、项目经理

项目经理是工程项目施工承包单位的法定代表人在工程项目上的授权委托代理人。一个项目经理只能担任一个施工项目的管理工作，当其负责管理的施工项目临近竣工阶段且经过建设单位同意时，才可以兼任另一项工程的项目管理工作。

1. 项目经理的特征

① 项目经理是企业任命的一个工程建设项目的项目管理班子的负责人，但它并不一定是企业法定代表人在工程项目上的代表人，因为企业法定代表人在工程项目上的代表人在法律上赋予其的权限范围太大。

② 项目经理的任务仅限于主持项目管理工作，其主要任务是项目目标的控制和组织协调。

③ 项目经理不是一个技术岗位，而是一个管理岗位。

④ 项目经理是一个组织系统中的管理者，至于是否有人权、财权和物资采购权等管理权限，则由其上级确定。

2. 项目经理的任务

项目经理的任务包括项目管理和行政管理两个方面。

在项目管理方面的主要任务是：①施工安全管理；②施工成本控制；③施工进度控制；④施工质量控制；⑤工程合同管理；⑥工程信息管理；⑦工程组织与协调等。

行政管理方面，在施工企业法定代表人授权范围内行使以下权力：

① 组织项目管理班子，即项目经理部。

② 以企业法定代表人的代表身份处理与所承担的工程项目有关的外部关系。

③ 指挥工程项目建设的生产经营活动，调配并管理进入工程项目的人力、资金、物资、机械设备等生产要素。

④ 选择施工作业队伍。

⑤ 进行合理的经济分配。

⑥ 企业法定代表人授予的其他管理权力。

项目经理所承担的管理任务不仅依靠所在的项目经理部的管理人员来完成，还依靠整个企业各职能管理部门的指导、协作、配合和支持。施工企业一般会设置合同管理、工程管理、技术管理、设备管理、财务管理等职能管理部门，项目经理不仅要考虑项目的利益，还应服从企业的整体利益。

3. 项目经理部

项目经理部是项目经理在施工企业支持下组建的进行项目管理的组织机构，承担项目实施的管理任务和目标实现的全面责任，在项目启动前建立，在项目完成后或按照合同约定解体。

① 成立项目经理部。项目经理部结构健全，包含项目管理的所有工作，需选择合适的成员，其能力和专业知识是互补的，从而形成一个完整的项目团队。

② 了解项目经理部的目标和任务。项目经理要使项目团队了解项目目标和项目组织规则，了解项目的工作范围、质量标准、预算及进度计划的标准和限制。

③ 明确各部门及成员的职责和权力。安排项目团队进行磋商，宣布对成员的授权，指出职权使用的限制和应注意问题，使团队成员都清楚自己的职责以及各岗位的责任等。

④ 组织团队成员执行任务。项目实际任务可能比预计更繁重、更困难，成本或进度计划也可能比预计更紧张。项目经理要与团队成员一起解决问题，共同做出决策并执行任务。

4. 项目管理目标责任书

项目管理目标责任书重点是明确项目经理工作内容，其核心是为了完成项目管理目标，是组织考核项目经理和项目经理部成员业绩的标准和依据。

项目管理目标责任书应在项目实施之前，由法定代表人或其授权人与项目经理协商制定并签订，具体明确项目经理及其管理成员在项目实施过程中的职责、权限、利益与奖罚，是规范和约束组织与项目经理部各自行为，考核项目管理目标完成情况的重要依据，属内部合同。

（1）项目管理目标责任书编制依据

① 项目合同文件。

② 组织管理制度。

③ 项目管理规划大纲。

④ 组织经营方针和目标。

⑤ 项目特点和实施条件与环境。

（2）项目管理目标责任书的内容

① 项目管理实施目标。

② 组织和项目管理机构职责、权限和利益的划分。

③ 项目现场质量、安全、环保、文明、职业健康和社会责任目标。

④ 项目设计、采购、施工、试运行管理的内容和要求。

⑤ 项目所需资源的获取和核算办法。

⑥ 法定代表人向项目管理机构负责人委托的相关事项。

⑦ 项目管理机构负责人和项目管理机构应承担的风险。

⑧ 项目应急事项和突发事件处理的原则和方法。

⑨ 项目管理效果和目标实现的评价原则、内容和方法。

⑩ 项目实施过程中相关责任和问题的认定和处理原则。

⑪ 项目完成后对项目管理机构负责人的奖惩依据、标准和办法。

⑫ 项目管理机构负责人解职和项目管理机构解体的条件及办法。

⑬ 缺陷责任期、质量保修期及之后对项目管理机构负责人的相关要求。

组织应对项目管理目标责任书的完成情况进行考核和认定，并依据考核结果和项目管理目标责任书的奖惩规定，对项目管理机构负责人和项目管理机构进行奖励或处罚。项目管理目标责任书应根据项目实施变化进行补充和完善。

三、建造师执业资格制度

根据《建造师执业资格制度暂行规定》（人发 ［2002］ 111 号），国家对建设工程项目总承包和施工管理关键岗位的专业技术人员实行执业资格制度，纳入全国专业技术人员执业资格制度统一规划。

根据《国务院关于取消第二批行政审批项目和改变一批行政审批项目管理方式的决定》（国发 ［2003］ 5 号）规定，从 2008 年 2 月 27 日起，我国正式全面实施建造师制度，要求大、中型工程项目施工的项目经理必须由取得建造师注册证书的人员担任；但取得建造师注册证书的人员是否担任工程项目施工的项目经理，由企业自主决定。

建造师是一种专业人士的名称，而项目经理是一个工作岗位的名称。取得建造师执业资格的人员表示其知识和能力符合建造师执业的要求，但其在企业中的工作岗位则由企业视工作需要和安排而定。在全面实施建造师执业资格制度后仍然要坚持落实项目经理岗位责任制。项目经理岗位是保证工程项目建设质量、安全、工期的重要岗位。

《建造师执业资格制度暂行规定》（人发 ［2002］ 111 号）规定，建造师须经统一考试合格，并正式注册后才能从事担任项目经理等相关活动，这是国家的强制性要求。建造师分为一级建造师和二级建造师。

一级建造师和二级建造师考试成绩实行 2 年为一个周期的滚动管理办法，参加考试的人员必须在连续的两个考试年度内通过相应的全部科目考试。

1. 一级建造师考试

一级建造师执业资格实行统一大纲、统一命题、统一组织的考试制度，由人事部、住建部共同组织实施，原则上每年举行一次考试。

凡遵守国家法律、法规，具备下列条件之一者，可以申请参加一级建造师执业资格考试。

① 取得工程类或工程经济类大学专科学历，工作满 6 年，其中从事建设工程项目施工管理工作满 4 年。

② 取得工程类或工程经济类大学本科学历，工作满 4 年，其中从事建设工程项目施工管理工作满 3 年。

③ 取得工程类或工程经济类双学士学位或研究生班毕业，工作满 3 年，其中从事建设工程项目施工管理工作满 2 年。

④ 取得工程类或工程经济类硕士学位，工作满 2 年，其中从事建设工程项目施工管理工作满 1 年。

⑤ 取得工程类或工程经济类博士学位，从事建设工程项目施工管理工作满 1 年。

一级建造师执业资格考试设《建设工程经济》《建设工程法规及相关知识》《建设工程项目管理》和《专业工程管理与实务》4 个科目。《专业工程管理与实务》科目分为：建筑工程、公路工程、铁路工程、民航机场工程、港口与航道工程、水利水电工程、市政公用工程、通信与广电工程、矿业工程和机电工程 10 个专业类别，考生在报名时可根据实际工作需要选择其一。

参加一级建造师执业资格考试合格，由各省、自治区、直辖市人事部门颁发人事部统一印制，人事部、住建部用印的《中华人民共和国一级建造师执业资格证书》。该证书在全国范围内有效。

2.二级建造师考试

凡遵纪守法并具备工程类或工程经济类中等专科以上学历并从事建设工程项目施工管理工作满 2 年，可报名参加二级建造师执业资格考试。

二级建造师执业资格考试设《建设工程施工管理》《建设工程法规及相关知识》《专业工程管理与实务》3 个科目，《专业工程管理与实务》科目分为：建筑工程、公路工程、水利水电工程、市政公用工程、矿业工程和机电工程 6 个专业类别。

二级建造师执业资格考试合格者，由省、自治区、直辖市人事部门颁发由人事部、住建部统一格式的《中华人民共和国二级建造师执业资格证书》。该证书在所在行政区域内有效。

单元总结

本单元主要阐述了工程项目的含义、特点和层次划分，可根据范围大小分解为单项工程、单位工程、分部工程和分项工程等层次。在项目实施阶段，众多参与单位形成了代表不同利益方的项目管理，需明确各方的管理目标和任务，其核心任务是成本、进度和质量。组织是工程项目管理能否实现的决定性因素，应根据具体情况在项目管理过程中灵活运用直线式、职能式和矩阵式组织结构形式。项目管理成功的关键是实施项目管理责任制，施工方由项目经理全面负责，并签订项目管理目标责任书。

拓展案例-BIM5D 概述

《建设工程项目管理》是国家注册一级建造师、二级建造师的考试科目之一，工程管理对于建筑工程的重要性不言而喻。

随着国家教育事业的发展，2019 年 4 月，教育部、国家发展改革委、财政部、市场监管总局联合印发了《关于在院校实施"学历证书＋若干职业技能等级证书"制度试点方案》，正式部署启动"学历证

1.4　BIM5D 概述

书＋若干职业技能等级证书"（简称 1＋X 证书）制度试点工作，重点围绕服务国家需要、市场需求、学生就业能力提升，从 10 个左右领域做起，其中就包括建筑信息模型（BIM）领域。试点工作开展后，2019 年 12 月，全国各地试点院校开展了两期建筑信息模型（BIM）职业技能等级证书考试，考评级别分为初级和中级，中级考评中还重点突出了 BIM5D 对工程项目管理的应用。由此可见，工程项目管理已经成为 1＋X 证书制度的重要组成部分。

那么，BIM5D 究竟是什么呢？BIM5D 是以 BIM 平台为核心，集成全专业模型，关联施工过程中的进度、合同、质量、安全、图纸、物料等信息，为项目提供数据支撑，实现有效决策和精细管理，从而达到减少施工变更、缩短工期、控制成本、提升质量的目的。

BIM5D 共包含三个中心，分别是模型中心、数据中心、应用中心，如图 1-18 所示。

模型中心主要包含建筑、结构、机电及其他部分，如图 1-19 所示。

数据中心由工程量信息、造价信息、合同信息、质量安全信息、模型信息和图纸信息等构成，如图 1-20 所示。

应用中心可分为项目投标应用、项目策划应用、竣工交付应用、实施组织应用，如图 1-21 所示。

BIM5D 在施工中的价值主要为：可视化、可比选、可分析。

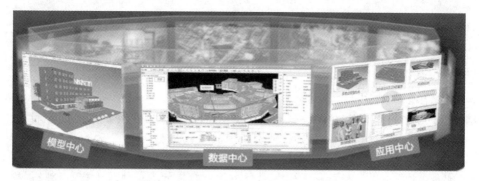

图 1-18　BIM5D 三个中心

图 1-19　模型中心

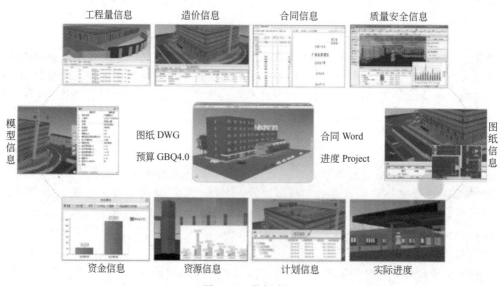

图 1-20　数据中心

项目投标

快速核算清单量，提高成标效率

动态模拟施工组织设计，展现技术实力

项目策划

数字化模拟进度计划，提高计划可行性

动态模拟整体施工部署，提高方案的可行性

技术
商务
生产

竣工交付

记录过程管理数据，提高可追溯性

实施组织

集成丰富业务信息，提高沟通效率

动态分析业务实际数据，提高决策效率

图 1-21　应用中心

（1）基于 BIM5D 的施工组织设计结合三维模型对施工进度相关控制节点进行施工模拟，直观展示不同的进度控制节点、工程各专业的施工进度。

（2）在对相关施工方案进行比选时，通过创建相应的三维模型对不同的施工方案进行三维模拟，并自动统计相应的工程量，为施工方案选择提供参考。

（3）基于 BIM5D 的施工组织设计为劳动力计算、材料、机械、加工预制品等统计提供了新的解决方法，在进行施工模拟的过程中，将资金以及相关材料资源数据录入到模型中，在进行施工模拟的同时也可查看在不同的进度节点相关资源的投入情况。

 思考题

1. 工程项目的含义和特点是什么？
2. 何谓建设项目？一个大中型建设项目可以分解为几个层次？
3. 何谓单项工程、单位工程、分部工程、分项工程？
4. 简述我国工程项目的建设程序。
5. 业主方、设计方、施工方、建设项目工程总承包方的项目管理的目标和任务分别是什么？
6. 工程项目目标的动态控制步骤和纠偏措施有哪些？
7. 建设工程监理的工作性质和任务有哪些？
8. 何谓项目工作分解结构？项目结构分解的原则有哪些？工作包的特点是什么？
9. 何谓组织结构？组织结构图的设计要素是什么？
10. 组织结构模式常用的有哪几种？其特点或优缺点分别是什么？
11. 什么是项目管理责任制？
12. 何谓项目经理？其特征是什么？

练习题

【2015 年二级建造师真题】 某建设项目业主采用如图 1-22 所示的组织结构模式。关于业主和各参与方之间组织关系的说法，正确的有（　　　）。

A. 业主代表必须通过业主方项目经理下达指令
B. 施工单位不可直接接受总经理指令
C. 设计单位可直接接受业主方项目经理的指令

D. 咨询单位的唯一指令来源是业主方项目经理

E. 总经理可直接向业主方项目经理下达指令

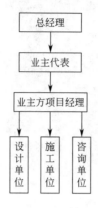

图 1-22　组织结构模式

1.5　二建真题解析之
项目组织结构

 教学实训

　　某建筑公司是一家二级企业，承接了某工厂的仓库建设项目，建筑面积 1500m^2，共 2 层。

　　实训任务如下：

　　1. 这家建筑公司选择哪种项目管理组织结构形式比较合理？并画出图示。

　　2. 如果你被委任项目经理，简述组建项目经理部的步骤。

学习单元二

流水施工原理

案例导航

现有 4 幢同类型房屋进行同样的装饰装修，每幢房屋基础分部共大致分为顶棚、墙面、地面、踢脚线 4 个分项工程，各分项所花时间均为 3 周，挖土施工班组的人数为 10 人，垫层施工班组的人数为 15 人，砖基础施工班组的人数为 10 人，回填土施工班组的人数为 5 人。试问你能在施工前知道此次装饰装修工程的工期吗？

案例分析

工期的计算与施工组织的方式密切相关，施工组织方式的选择应根据工程特点来定，合理的施工方式不仅有利于保证工程质量，也能保证施工进度。目前常见的施工组织方式主要有依次施工、平行施工和流水施工三种方式，那么应当选择哪种施工组织方式呢？

知识链接

任务一 施工组织基本方式

施工组织基本方式有依次施工、平行施工和流水施工。

一、依次施工

依次施工组织方式，是将拟建工程项目分解成若干个施工过程或施工段，按照规定的施工顺序，前一个施工过程或施工段完成后，方可进行下一个施工过程或施工段的施工组织方式，如图 2-1 中 a 所示。它是一种最基本的施工组织方式，其特点是：同一个时间段内，所有施工段和施工过程，只有一个工作队在作业。

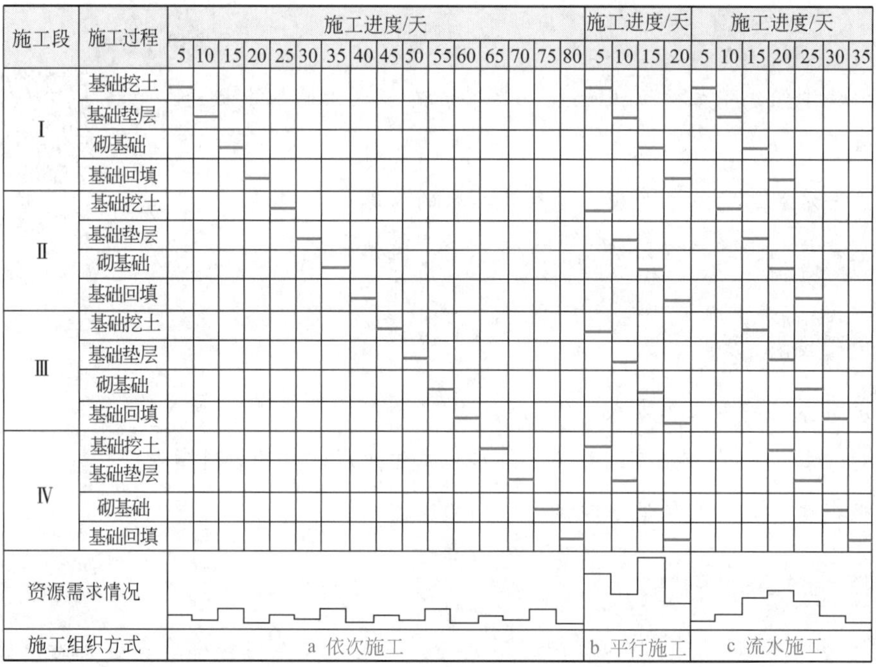

施工段	施工过程	施工进度/天	施工进度/天	施工进度/天
		5 10 15 20 25 30 35 40 45 50 55 60 65 70 75 80	5 10 15 20	5 10 15 20 25 30 35
I	基础挖土			
	基础垫层			
	砌基础			
	基础回填			
II	基础挖土			
	基础垫层			
	砌基础			
	基础回填			
III	基础挖土			
	基础垫层			
	砌基础			
	基础回填			
IV	基础挖土			
	基础垫层			
	砌基础			
	基础回填			
资源需求情况				
施工组织方式		a 依次施工	b 平行施工	c 流水施工

图 2-1 施工组织方式

依次施工组织方式的优缺点：

① 没有充分利用工作面，工期最长；

② 若由一个工作队来完成整个项目任务，能够实现连续作业，但不能实现专业化施工，不能确保施工质量和提高劳动效率；

③ 若由若干个专业队来完成整个项目任务，虽然实现了专业化施工，确保了工程质量，提高了劳动效率，但又不能实现连续作业；

④ 单位时间投入的资源量较少，有利于资源供应；

⑤ 现场管理和施工组织比较简单。

二、平行施工

将拟建工程项目，分解成工程量大致相等的几个施工段，由于这些施工段所处空间不同，所以可以同时组织施工。这种由几个相同工作队，在同一时间、不同空间上进行施工的组织方式称为平行施工组织方式，如图 2-1 中 b 所示。其特点是：相同的工作队，在不同空间内同时作业。

平行施工组织方式的优缺点：

① 充分利用了工作面，工期最短；

② 若采用专业工程队施工，能确保工程质量和劳动效率，但不能连续施工；

③ 若采用综合工程队能确保连续施工，却实现不了专业化施工，影响工程质量和劳动效率；

④ 单位时间投入的资源量成倍增加，资源有限时，难以组织供应；

⑤ 现场管理和施工组织相对复杂。

三、流水施工

流水施工组织方式，是将拟建工程项目分解成若干个施工过程，同时在平面上划分成若干个工程量大致相等的施工段，在竖向划分成若干个施工层，按施工过程分别建立相应的专业工作队，各专业工作队按照施工过程规定的施工顺序相继投入施工，每个专业队在完成第一个施工段上的施工任务后，基本不改变专业队的人数、机械等情况下，依次投入到第二、三……直到完成最后一个施工段的施工任务，如图 2-1 中 c 所示。其特点是：依据施工过程数建立专业队，依据施工过程各专业队相继开工；所以，前期参与工作的专业队依次增加，中期基本平衡，后期参与的专业队依次减少。

流水施工组织方式的优缺点：

① 科学地利用了工作面，工期较短；

② 实现了专业化施工，确保工程质量，提高劳动效率；

③ 实现了连续施工；

④ 单位时间投入的资源量成正态分布（均衡），有利于资源组织供应；

⑤ 施工组织和管理更加科学，有一定的节奏感。

2.2　认识流水施工

任务二 **流水施工原理**

一、流水施工的分级

根据流水施工的组织范围不同，流水施工可划分为：群体工程流水、单位工程流水、分部工程流水和分项工程流水（图 2-2）。

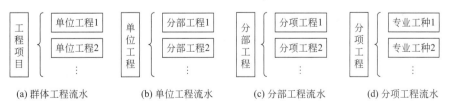

(a) 群体工程流水　　(b) 单位工程流水　　(c) 分部工程流水　　(d) 分项工程流水

图 2-2　流水施工分级示意图

（1）群体工程流水——大流水　指工程项目内部，各单位工程之间组织的流水施工 ［图

2-2(a)]。如：某学校的教学楼工程项目，一号教学楼、二号教学楼、三号教学楼等之间组织的流水施工。

（2）单位工程流水——综合流水　指单位工程内部，各分部工程之间组织的流水施工[图 2-2(b)]。如：一号教学楼工程，基础工程、砌筑工程、地面和楼面工程、屋面防水工程、门窗工程、电气设备安装工程、室内外装饰工程以及智能工程等之间组织的流水施工。

（3）分部工程流水——专业流水　指分部工程内部，各分项工程之间组织的流水施工[图 2-2(c)]。如：基础分部工程，基础挖土、基础垫层、砌筑基础、回填夯实等之间组织的流水施工。

（4）分项工程流水——细部流水　指分项工程内部，各专业工种之间组织的流水施工[图 2-2(d)]。如：钢筋分项工程，下料、加工、绑扎等之间组织的流水施工。

二、流水施工的表达方式

表达流水施工的方式有：横道图和网络图。横道图分为水平横道图和垂直横道图；网络图分为单代号网络图和双代号网络图（图 2-3）。

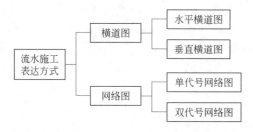

图 2-3　流水施工表达方式示意图　　　2.3　组织流水施工的条件

这里重点介绍水平横道图表达流水施工组织方式。

三、流水施工的主要参数

拟建工程项目在组织流水施工时，用以表达工艺流程、空间布置和时间安排方面开展状态的参数，称为流水参数。流水参数包括工艺参数、空间参数和时间参数。

1. 工艺参数

拟建工程项目在组织流水施工时，用以表达流水施工在工艺方面开展的顺序及其特征的参数称为工艺参数。也指将拟建项目整个建造过程分解为若干施工过程的种类、性质和数目的总称。工艺参数包括施工过程和流水强度。

（1）施工过程　施工过程是组织流水施工的基本参数之一，根据工艺性质不同可分为：制备类施工过程、运输类施工过程和建造类施工过程。

① 制备类施工过程。指为了提高建筑产品质量，降低成本，加快项目施工速度，缩短建设工期，使一些标准化建筑构配件、（半）成品（如：梁、板、柱以及门窗等），实现工厂工业化生产而形成的施工过程。这一类施工过程一般不占用施工对象的空间，也不影响施工对象的施工，所以建造类施工过程通常不列入，只是要按照施工进度表上的时间按期供应。

② 运输类施工过程。指将建筑材料、设备、构配件、（半）成品等运到项目施工使用地点而形成的施工过程。这一类施工过程也不占用施工对象的空间，不影响施工对象的施工，通常也不列入建造类施工过程，只是要按照施工进度表上的时间运抵使用地点。但是，如果占用施工对象的空间或有设备、构配件的安装、吊装时，必须列入建造类施工过程。

③ 建造类施工过程。指在施工对象的空间上，直接生产、加工，最终形成建筑产品的

施工过程。如：基础工程、主体工程、地面和楼面工程、屋面防水工程、门窗工程、电气设备安装工程、室内外装饰工程以及智能工程等施工过程；基础工程还可以分为土方工程、基础垫层、基础砌筑和基础回填夯实等施工过程。

建造类施工过程，既可以按单项工程、单位工程划分，也可以按分部工程、分项工程划分，范围可以大也可以小，可以详也可以略，划分大小和详略要依据流水施工组织的需要而定。施工过程数通常用"n"表示。

（2）流水强度　流水强度是指某一施工过程，在单位时间内完成的工程量。包括机械操作流水强度和人工操作流水强度。流水强度通常用"V_i"表示。

① 机械操作流水强度可以由式（2-1）求得：

$$V_i = \sum_{j=1}^{x} R_{ij}S_{ij} \tag{2-1}$$

式中　V_i——i 施工过程机械操作流水强度；

　　　x——i 施工过程投入的机械种类数；

　　　R_{ij}——i 施工过程的 j 种机械台数；

　　　S_{ij}——i 施工过程的 j 种机械产量定额。

② 人工操作流水强度可以由式（2-2）求得：

$$V_i = R_i S_i \tag{2-2}$$

式中　V_i——i 施工过程机械操作流水强度；

　　　R_i——i 施工过程的专业队工人人数；

　　　S_i——i 施工过程的专业队人员产量定额。

2. 空间参数

拟建工程项目在组织流水施工时，用以表达流水施工在空间布置上所处状态的参数，称为空间参数。空间参数包括工作面、施工层和施工段。

（1）工作面　工作面是指某专业工人或机械，在从事施工生产过程中的活动空间。

一般情况下，这一活动空间越小，单位空间内从事施工生产的专业工人或机械就越多，生产劳动效率就会越高；当这一活动空间小到一定程度时，各专业工人或机械就会相互影响，降低生产劳动效率。把这一最小活动空间，称最小工作面。最小工作面，可以根据相应工种单位时间内的产量定额、建筑安装操作规程和安全操作规程等要求确定。

（2）施工层　施工层是指为了满足各专业工种组织流水施工的需要，对多层和高层建筑在竖向划分的若干个操作层。施工层的划分一般是按多层或高层建筑的自然层来划分的。施工层数通常用"r"表示。

（3）施工段　施工段是指为了有效地组织流水施工，把拟建工程项目在平面上划分成若干个劳动量大致相等的施工段落，每个施工段落称为一个施工段。

施工段是流水施工的基本参数之一，划分施工段的目的就是为了组织流水施工，施工段数目划分的多少，根据流水施工组织的需要而定。施工段数通常用"m"表示。

施工段划分的原则：

① 各施工段上的劳动量要大致相等，相差不宜超过15%；

② 每个施工段上的专业队人员或机械，应有足够的工作面；

③ 施工段的分界线应尽可能与结构界线相一致（沉降缝、伸缩缝等）或设在对建筑结构整体性影响少的部位；

④ 对多层和高层建筑，既要划分施工段，又要划分施工层；同一层上的施工段应大于或等于施工过程数，即 $m \geqslant n$（平面作业无施工层时，不受此限制）。

说明：专业队数（n_1）是根据施工过程数（n）确定的，通常情况下，有多少施工过程就会有多少专业队或更多一些（$n_1 \geq n$）；当同一层上施工段小于施工过程数（$n > m$）时，可以得出，专业队数大于施工段数（$n_1 > m$）；如果同一时间同一空间只能有一个专业队施工（一个施工段只能有一个专业队），那么，同一层中总会有一些专业队间歇，或者说，总会有一些专业队不能连续作业，有窝工现象。所以，对于多层和高层建筑，同一层上的施工段小于施工过程数时（$n > m$），不利于组织流水施工。

3．时间参数

拟建工程项目在组织流水施工时，用以表达流水施工在时间排序方面的参数，称为时间参数。时间参数包括流水节拍、流水步距、平行搭接时间、工艺间歇时间、组织间歇时间和流水施工工期。

（1）**流水节拍**　流水节拍是指在组织流水施工时，某专业队完成某施工段上施工任务所需要的持续时间。流水节拍通常用"t_{ij}"表示，i表示某专业队或某施工过程，j表示i对应专业队或施工过程所在的施工段，单位可以是天、周、月、季、半年或年。图2-4为某砖混结构主体流水施工横道图，粗实线的长度表示流水节拍，流水节拍的单位是"天"，粗实线上方的编号是该施工过程上施工段的编号。如：$t_{12}=2$，即第一施工过程上第二施工段的流水节拍等于2天。

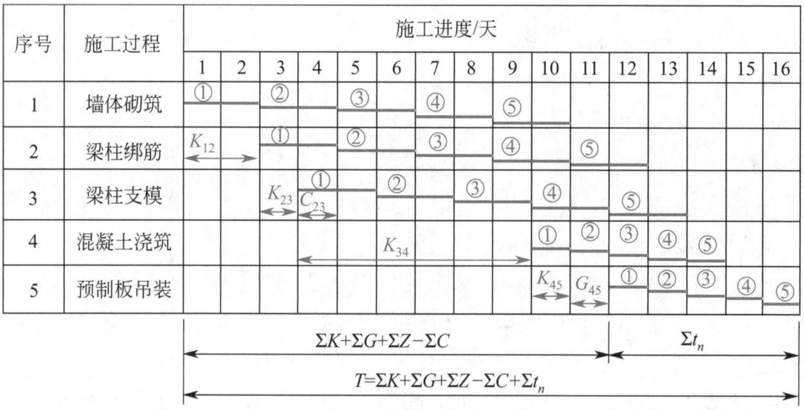

图2-4　时间参数示意（某砖混结构主体流水施工横道图）

影响流水节拍大小的因素主要有：该施工段的工程量，所采取的施工方法、施工机械以及工作面允许前提下投入的工人数、机械台班数和日工作班次等。

确定流水节拍的方法有定额计算法、经验估算法和工期计算法等。

① 定额计算法

$$t_{ij} = \frac{Q_{ij}}{S_{ij} R_{ij} N_{ij}} \tag{2-3}$$

$$S_{ij} = \frac{1}{H_{ij}}$$

式中　t_{ij}——i专业队在j施工段上的流水节拍；

　　　Q_{ij}——i专业队在j施工段上需要完成的工程量；

　　　S_{ij}——i专业队在j施工段上的计划产量定额；

　　　R_{ij}——i专业队在j施工段上需要的劳动人数或机械台班数；

　　　N_{ij}——i专业队在j施工段上的日工作班次；

H_{ij}——i 专业队在 j 施工段上的计划时间定额。

② 经验估算法

$$t_{ij} = \frac{a_{ij} + 4b_{ij} + c_{ij}}{6} \tag{2-4}$$

式中　t_{ij}——i 施工过程 j 施工段上的流水节拍；

　　　a_{ij}——i 施工过程 j 施工段上的工作最短估算时间；

　　　b_{ij}——i 施工过程 j 施工段上的工作正常估算时间；

　　　c_{ij}——i 施工过程 j 施工段上的工作最长估算时间。

③ 工期计算法。对规定时间必须完成的施工项目，往往采用工期倒推法。具体步骤是：根据项目要求工期倒推出分部分项工程持续的时间，若分部分项工程各施工过程持续时间大致相等，则流水节拍可以由式(2-5) 计算：

$$t = \frac{T}{m+n-1} \tag{2-5}$$

式中　t——某分部分项工程的流水节拍；

　　　m——某分部分项工程划分的施工段数；

　　　T——要求工期；

　　　n——某分部分项工程划分的施工过程数。

若各施工过程持续时间不等，同时也不能通过调整工人或机械数量达到一致，那么，只有估算施工过程的持续时间，除以划分的施工段数得到该施工过程上各施工段的流水节拍，即：

$$t_i = \frac{T_i}{m_i} \tag{2-6}$$

式中　t_i——i 施工过程各段的流水节拍；

　　　T_i——i 施工过程的持续时间；

　　　m_i——i 施工过程划分的施工段数。

(2) 流水步距　流水步距是指在组织流水施工时，相邻两个专业队在不改变施工顺序，保证工程质量安全生产，满足连续施工的条件下，相继开始工作的最小时间间隔。流水步距通常用 "$K_{i,i+1}$" 表示，单位和流水节拍相同。图 2-4 中，$K_{12}=2$，表示第一专业队和第二专业队相继开始工作的最小时间间隔，即流水步距等于 2 天。

(3) 平行搭接时间　在组织流水施工时，为了缩短工期，前一个专业队完成部分施工任务，后一个专业队提前进入，两个专业队同时在同一个施工段上平行作业，这个平行搭接的时间称为平行搭接时间，通常用 "$C_{i,i+1}$" 表示。图 2-4 中，$C_{23}=1$，表示第二个专业队（梁柱绑筋）完成部分（绑筋）任务，第三个（梁柱支模）专业队提前进入施工（支模），两专业队同时在同一个施工段上平行搭接作业一天时间。

(4) 工艺间歇时间　工艺间歇也称技术间歇，是指在组织流水施工时，由于材料性质或施工工艺的要求，必须等待一段时间，方可进入下道工序，这个等待时间称为技术间歇时间，常用 "$G_{i,i+1}$" 表示。图 2-4 中，$G_{45}=1$，表示第四个专业队混凝土浇筑完毕后必须有一天的养护时间，第五个专业队方可进行预制板的吊装。

(5) 组织间歇时间　在组织流水施工时，由于组织的原因造成的时间间歇称为组织间歇。如施工放线、设备转移、检查验收以及节日放假等，组织间歇时间常用 "$Z_{i,i+1}$" 表示。

(6) 流水施工工期　流水施工工期是指从第一个专业队开始投入施工，到最后一个专业队结束施工所持续的时间，常用 "T" 表示。图 2-4 中，$T=16$，即流水施工工期等于 16 天。

从图 2-4 中可以看出，流水施工工期可以用式(2-7) 计算（不分施工层）：

$$T = \sum K + \sum G + \sum Z - \sum C + \sum t_n \qquad (2\text{-}7)$$

式中 T——流水施工工期；

$\sum K$——同一层流水步距的和；

$\sum G$——同一层工艺间歇时间的和；

$\sum Z$——同一层组织间歇时间的和；

$\sum C$——同一层平行搭接时间的和；

$\sum t_n$——第 n 施工过程（最后一个专业队）各施工段上流水节拍的和。

四、流水施工的基本组织方式

流水施工的基本组织方式包括：有节奏流水施工和无节奏流水施工。有节奏流水施工又分为等节奏流水施工和异节奏流水施工；异节奏流水施工又分为等步距（成倍节拍）流水施工和异步距流水施工（图 2-5）。

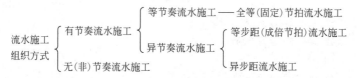

图 2-5　流水施工组织方式

流水施工的组织方式与各施工过程、施工段上的流水节拍有一定关系。如：某分部分项工程各施工过程、施工段上的流水节拍可能有表 2-1～表 2-4 四种情况。

（1）表 2-1　不同施工过程各个施工段上的流水节拍均相等，都等于一个常数。这是一种最理想的流水施工组织，往往组织全等节拍流水施工（或固定节拍流水施工）。

（2）表 2-2　同一施工过程各施工段上的流水节拍相等，不同施工过程施工段上的流水节拍不相等，但它们存着最大公约数（K_b）。这种情况也比较理想，往往组织等步距流水施工（或成倍节拍流水施工）。

表 2-1　某分部分项工程各施工过程、施工段上的流水节拍（一）

施工过程 \ 施工段	流水节拍			
	①	②	③	④
I	3	3	3	3
II	3	3	3	3
III	3	3	3	3
IV	3	3	3	3

表 2-2　某分部分项工程各施工过程、施工段上的流水节拍（二）

施工过程 \ 施工段	流水节拍			
	①	②	③	④
I	2	2	2	2
II	6	6	6	6
III	4	4	4	4
IV	2	2	2	2

表 2-3　某分部分项工程各施工过程、施工段上的流水节拍（三）

施工过程 \ 施工段	流水节拍			
	①	②	③	④
I	4	4	4	4
II	2	2	2	2
III	3	3	3	3
IV	5	5	5	5

表 2-4　某分部分项工程各施工过程、施工段上的流水节拍（四）

施工过程 \ 施工段	流水节拍			
	①	②	③	④
I	3	7	5	4
II	6	8	1	6
III	7	3	9	5
IV	5	1	3	2

（3）表 2-3 同一施工过程各施工段上的流水节拍相等，不同施工过程施工段上的流水节拍不相等，并且它们不存在最大公约数（K_b）。这种情况虽然不够理想，但还是有规律的，往往组织异步距流水施工。

（4）表 2-4 同一施工过程各施工段上的流水节拍不相等，不同施工过程施工段上的流水节拍也不相等，没有一定规律，属于最不理想的流水施工组织，只能组织无节奏流水施工（或非节奏流水施工）。

任务三 全等节拍流水施工

组织流水施工时，所有的施工过程在各施工段上的流水节拍彼此相等，这种流水施工组织方式称为全等节奏流水施工。全等节拍流水施工也称固定节拍流水施工，是流水施工组织中最理想的方式。

一、全等节拍流水施工的基本特点

① 不同施工过程各个施工段上的流水节拍均相等，都等于一个常数，即：$t_{11} = t_{12} = t_{13} = \cdots = t$（常数）；

② 流水步距彼此相等，等于流水节拍，即：$K_{12} = K_{23} = K_{34} = \cdots = K = t$（常数），流水步距数目等于施工过程数减 1；

③ 专业队数（n_1）等于施工过程数（n）；

④ 每个专业队都能够连续施工，施工段没有空闲。

2.4 全等节拍流水施工

二、全等节拍流水施工组织步骤

1. 不考虑施工层、各种间歇时间和搭接时间

【例 2-1】 某分部工程由 4 个分项工程组成，每个分项工程划分 4 个施工段，流水节拍均为 2 天，无分层、组织间歇、工艺间歇和搭接，试组织流水施工。

解 （1）流水施工组织方式判定

由题意可知，不同施工过程各个施工段上的流水节拍均相等，都等于一个常数，所以组织全等节拍流水施工（或固定节拍流水施工）。

（2）写出流水节拍（t）、流水步距（K）、施工过程数（n）和施工段数（m）

$t = t_{11} = t_{12} = t_{13} = \cdots = 2$（天）（由题意知）

$K = K_{12} = K_{23} = K_{34} = t = 2$（天）（由全等节奏流水施工特点确定）

$n = 4$（由题意知）

$m = 4$（由题意知。无分层、间歇组织、工艺间歇和搭接，不受 $m \geq n$ 限制）

（3）计算流水施工工期

流水施工工期由式（2-7）计算，由于不考虑分层、间歇和搭接，且 $\sum K = (n-1)t$，$\sum t_n = mt$；所以，全等节拍流水施工的工期可按式（2-8）计算：

$$T = (n + m - 1)t \tag{2-8}$$

本例流水施工工期 $T = (n + m - 1)t = (4 + 4 - 1) \times 2 = 14$（天）

（4）绘制全等节拍流水施工进度计划横道图（图 2-6）

2. 考虑施工层、各种间歇和搭接时间

施工层、各种间歇和搭接时间的考虑与不考虑，流水施工组织步骤基本相同。不过，为了保证专业队能够连续施工和正确计算流水施工工期，应考虑两点。

（1）在确定施工段时应满足：$m \geq n$ 设一个楼层内各种间歇时间和为 Z_1，楼层间的间

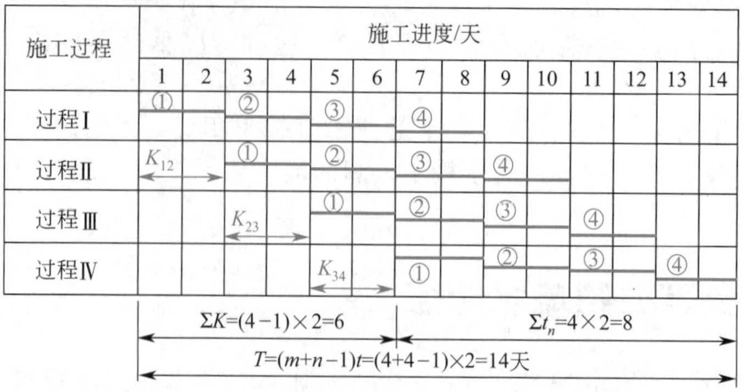

图 2-6 全等节拍流水施工进度计划横道图

歇时间为 Z_2 时，施工段（m）和流水步距（K）由式(2-9)关系确定

$$m \geqslant n + \frac{Z_1}{K} + \frac{Z_2}{K} \qquad (2-9)$$

说明：如果不同层内 Z_1 不完全相等，不同层间 Z_2 也不完全相等，应取各层中最大的 Z_1 和 Z_2。

（2）流水施工工期计算 图 2-7 是在图 2-6 基础上增加了一层。可以看出，每增加一层，相当于在每个施工过程后增加相应数量的施工段，施工段数就变成了施工层数（r）的倍数（rm），所以，流水施工工期可由式(2-10)计算

$$T = (n + rm - 1)t + \Sigma G + \Sigma Z - \Sigma C \qquad (2-10)$$

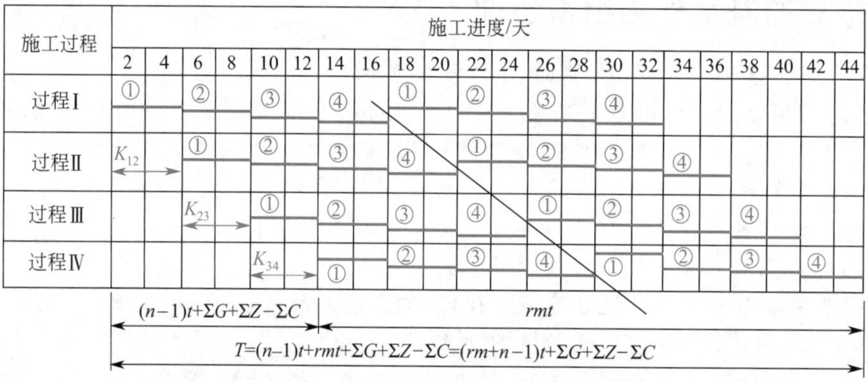

图 2-7 全等节拍流水分层施工进度计划横道图

注意：式(2-10)为全等节拍流水施工工期计算的通用式。当不考虑分层时（r 取 1），$T = (n + m - 1)t + \Sigma G + \Sigma Z - \Sigma C$；当不考虑间歇和搭接时，$T = (n + rm - 1)t$；当不考虑分层、间歇和搭接时，$T = (n + m - 1)t$，和式(2-8)相同。

三、应用举例

【例 2-2】 某主体工程分两层，每层都由墙体砌筑、梁柱绑筋、梁柱支模、混凝土浇筑和梁板吊装五个分项工程组成。由于工艺和组织需要，混凝土浇筑后必须养护 1 天方可进行梁板吊装，各层间要有不少于 1 天的间歇。假设各分项工程量均相等，且持续时间为 12 天，试组织全等节拍流水施工。

解 （1）依题意，组织全等节拍流水施工。

（2）由题意知，$n = 5$，$r = 2$，$T_i = 12$，$G_{45} = 1$，$Z_2 = 1$，$Z_1 = G_{45} = 1$，$\Sigma Z = 0$

m 与 K 应满足式(2-9)关系，即：$m \geqslant 5 + \dfrac{1}{K} + \dfrac{1}{K}$

若 K 取大于等于 2 的数时，则 $m=6$，$t=T_i/m=12/6=2$，$K=t=2$（全等节拍流水施工特点确定）。

(3) 流水施工期，由式(2-10)

$$T = (n+rm-1)t + \sum G + \sum Z - \sum C = (5+2\times 6-1)\times 2+1+0-0 = 33（天）$$

(4) 流水施工进度计划横道图如图 2-8 所示。

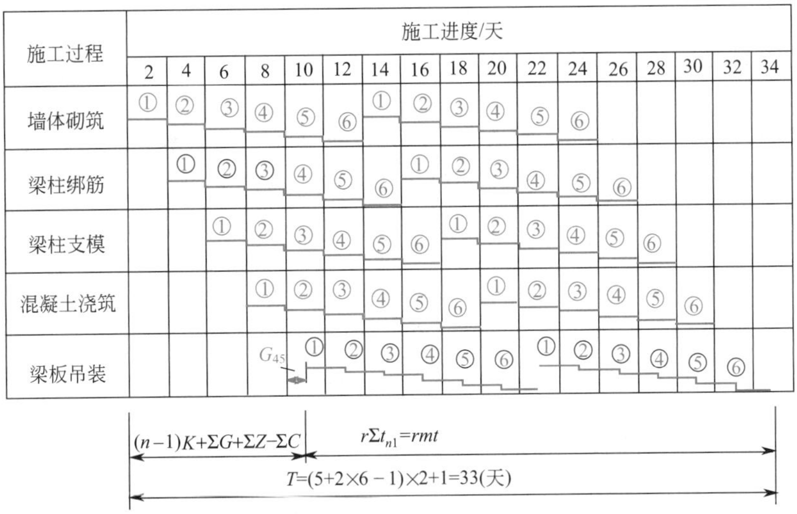

施工过程	施工进度/天																
	2	4	6	8	10	12	14	16	18	20	22	24	26	28	30	32	34
墙体砌筑	①	②	③	④	⑤		①	②	③	④	⑤		⑥				
梁柱绑筋		①	②	③	④	⑤	⑥	①	②	③	④	⑤	⑥				
梁柱支模			①	②	③	④	⑤	⑥	①	②	③	④	⑤	⑥			
混凝土浇筑				①	②	③	④	⑤	⑥	①	②	③	④	⑤	⑥		
梁板吊装				G_{45} ①	②	③	④	⑤	⑥		①	②	③	④	⑤	⑥	

图 2-8　某工程全等节拍流水分层施工进度计划横道图

任务四　等步距流水施工

实际施工过程中，全等节拍流水施工这样理想的组织方式是很难遇见的，有时会出现同一施工过程各施工段上的流水节拍相等，不同施工过程上各施工段上的流水节拍不等，并且存在着最大公约数，这种流水施工组织方式称等步距流水施工，也称成倍节拍流水施工。

一、等步距流水施工的基本特点

① 同一施工过程各施工段上的流水节拍相等，不同施工过程各施工段上的流水节拍不等，但存在着最大公约数（K_b）。

② 流水步距彼此相等，而且等于流水节拍的最大公约数（K_b）。

③ 各专业队能保证连续施工，施工段没有空闲。

④ 专业队数（n_1）大于施工过程数（n），即 $n_1 > n$。

二、等步距流水施工的组织步骤

1. 不考虑施工层、间歇和搭接时间

【例 2-3】　某分部工程分为四个施工过程，每个施工过程分为四个施工段，各施工段上的流水节拍见表 2-5，试组织流水施工。

解　(1) 流水施工组织方式判定

同一施工过程各施工段上的流水节拍相等，不同施工过程各施工段上的流水节拍不等，

表 2-5　某分部工程各施工段上的流水节拍

施工过程 ＼ 施工段	流水节拍/天			
	①	②	③	④
Ⅰ	2	2	2	2
Ⅱ	6	6	6	6
Ⅲ	4	4	4	4
Ⅳ	2	2	2	2

但存在着最大公约数（K_b），所以组织等步距流水施工。

（2）确定流水步距

流水步距（K）等于流水节拍的最大公约数（根据等步距流水施工特点）。

$$K = K_b = 最大公约数\{t_{11}, t_{21}, t_{31}, \cdots, t_{n1}\} = 最大公约数\{2, 6, 4, 2\} = 2$$

（3）确定专业队数（n_1）

专业队数可以由 $b_i = t_i / K_b$ 来确定。

施工过程 Ⅰ 所需专业队数：$b_1 = t_1 / K_b = 2/2 = 1$

施工过程 Ⅱ 所需专业队数：$b_2 = t_2 / K_b = 6/2 = 3$

施工过程 Ⅲ 所需专业队数：$b_3 = t_3 / K_b = 4/2 = 2$

施工过程 Ⅳ 所需专业队数：$b_4 = t_4 / K_b = 2/2 = 1$

所以：$n_1 = \sum b_i = 1 + 3 + 2 + 1 = 7$

（4）流水施工工期计算

流水施工工期由式(2-7)计算，由于不考虑分层、间歇和搭接时间，且 $\sum K = (n_1 - 1)K_b$，所以，等步距流水施工的工期可按式(2-11)计算

$$T = (n_1 - 1)K_b + \sum t_{n1} \tag{2-11}$$

式中，$\sum t_{n1}$ 表示最后一个专业队各施工段上的流水节拍的和，其他字母含义不变。

本例等步距流水施工工期 $T = (7-1) \times 2 + 4 \times 2 = 20$（天）

（5）绘制等步距流水施工进度计划横道图（图 2-9）

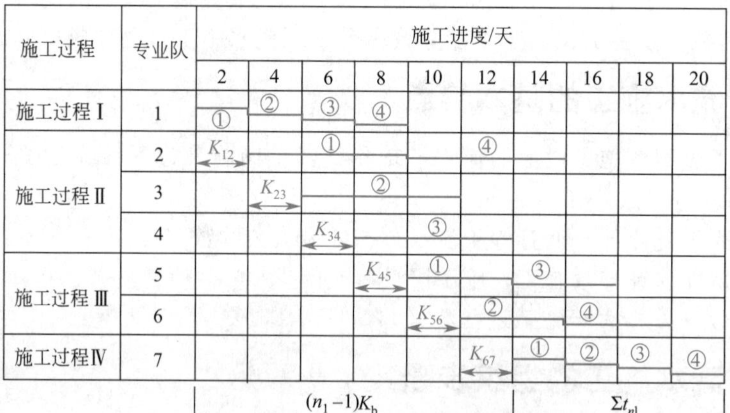

图 2-9　等步距流水施工进度计划横道图

2. 考虑施工层、间歇和搭接时间

考虑施工层、间歇时间和搭接时间的流水施工组织步骤和不考虑时基本相同。同样，为

了保证专业队能够连续施工，应满足式(2-9)施工段（m）和流水步距（K）的关系，不同的是，施工过程数（n）被专业队数（n_1）代换，即

$$m \geqslant n_1 + \frac{Z_1}{K} + \frac{Z_2}{K} \tag{2-12}$$

等步距流水施工的工期可以按下式计算

$$T = (n_1 - 1)K_b + r\sum t_{n1} + \sum G + \sum Z - \sum C \tag{2-13}$$

注意：式(2-13)为等步距施工工期计算通用式。当不考虑分层时（$r=1$），$T=(n_1-1)K_b + \sum t_{n1} + \sum G + \sum Z - \sum C$；当不考虑间歇和搭接时，$T=(n_1-1)K_b + r\sum t_{n1}$；当不考虑分层、间歇和搭接时，$T=(n_1-1)K_b + \sum t_{n1}$，和式(2-11)相同。

三、应用举例

【例 2-4】 某两层现浇混凝土工程分为绑扎钢筋、模板安装和混凝土浇筑三项分项工程。已知每层各施工过程、施工段上的流水节拍分别为 2 天、4 天和 2 天，每层混凝土浇筑结束后至少养护 2 天，层内没有间歇和搭接，在保证各专业工作队连续施工的条件下，每层最少的施工段数应为多少？并组织流水施工。

解 （1）根据题意知，组织等步距流水施工（或成倍节拍流水施工）。

（2）$t_1=2$，$t_2=4$，$t_3=2$，$Z_2=2$，$n=3$，$K=K_b=$ 最大公约数 $\{2,4,2\}=2$。

（3）确定专业队数（n_1）。各施工过程的专业队数为 $b_{\text{绑}}=2/2=1$，$b_{\text{模}}=4/2=2$，$b_{\text{混}}=2/2=1$，所以，$n_1=1+2+1=4$。

m 和 K 宜满足式(2-12)关系，即：

$$m \geqslant 4 + \frac{0}{2} + \frac{2}{2}$$

则施工段 $m=5$。

（4）工期计算。按式(2-13)

$$T = (n_1-1)K_b + r\sum t_{n1} + \sum G + \sum Z - \sum C = (4-1)\times 2 + 2\times 5\times 2 = 26 \text{（天）}$$

（5）等步距流水分层施工进度计划横道图（图 2-10）。

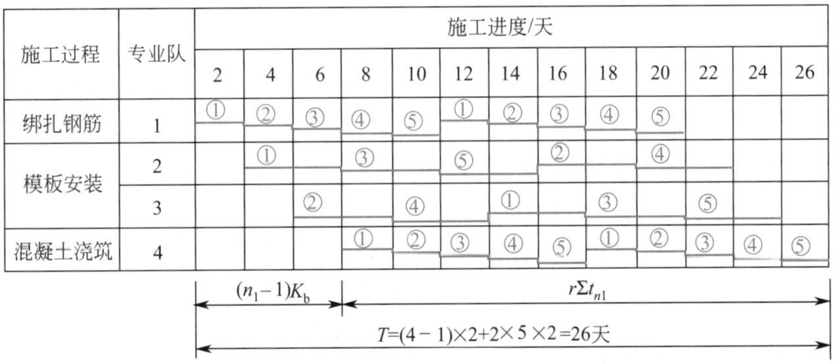

施工过程	专业队	施工进度/天												
		2	4	6	8	10	12	14	16	18	20	22	24	26
绑扎钢筋	1	①	②	③	④	⑤	①	②	③	④	⑤			
模板安装	2		①			⑤		②		④				
	3			②		④		①		③		⑤		
混凝土浇筑	4			①	②	③	④	⑤	①	②	③	④	⑤	

图 2-10　等步距流水分层施工进度计划横道图

任务五　无节奏流水施工

无节奏流水施工也称非节奏流水施工，是指在实际施工中，各施工过程在各施工段上的工程量彼此不等，且各专业队的生产效率相差也较大，导致大多数流水节拍彼此不相等，不可能组织等节拍或等步距流水施工。但是，又能够利用流水施工的基本概念，

在保证施工工艺、顺序和要求的前提下，按照一定的计算方法，确定相邻专业队之间的流水步距，使其在开工时间上最大限度、合理地搭接，形成各专业队都能连续作业的流水施工方式。

这种流水施工的组织方式是流水施工组织的普遍形式，也适用于异步距流水施工的组织。

一、无节奏流水施工特点

① 每个施工过程在各个施工段上的流水节拍不尽相等。

② 多数情况下，流水步距彼此不相等，而且流水步距与流水节拍之间存在着某种关系。

③ 各专业队都能够连续施工，个别施工段可能有空闲。

④ 专业队数等于施工过程数，即 $n_1=n$。

二、无节奏流水施工工期计算步骤

【**例 2-5**】 某工程的流水节拍见表 2-6，试组织流水施工。

表 2-6 某工程流水节拍

施工过程	施工进度/天			
	施工段①	施工段②	施工段③	施工段④
过程 I	3	3	4	5
过程 II	5	4	3	2
过程 III	2	5	4	1
过程 IV	4	3	2	1

解 （1）流水施工组织方式判定

各施工过程、施工段上的流水节拍不尽相等，所以组织无节奏流水施工。

（2）选择流水方向

选择流水方向是指对施工段的施工顺序选择（本任务单独以示例说明施工顺序的不同，对工期和经济效果的影响）。

本例先按照施工段①→②→③→④的施工顺序。

（3）计算流水步距

计算流水步距可用"累加数列错位相减取大差法"，由于它是苏联专家潘特考夫斯基提出的，所以也称"潘氏法"。具体步骤：①累加各施工过程的流水节拍，形成累加数列；②相邻两施工过程的累加数列错位相减；③取差值大者作为两施工过程的流水步距。

本例各施工过程的累加数列和流水步距计算如下

施工过程 I ： 3 6 10 15

施工过程 II ： 5 9 12 14　　　　　　$K_{12}=\max\{3,1,1,3,-14\}=3$

施工过程 III ： 2 7 11 12　　　　　　$K_{23}=\max\{5,7,5,3,-12\}=7$

施工过程 IV ： 4 7 9 10　　　　　　$K_{34}=\max\{2,3,4,3,-10\}=4$

（4）流水施工工期的计算

流水施工工期按式(2-7)计算，$\sum G$、$\sum Z$、$\sum C$ 分别为零，$\sum t_n=10$。

所以　　　　　　$T=\sum K+\sum t_n+\sum G+\sum Z-\sum C=3+7+4+10=24$（天）

（5）绘制无节奏流水施工进度计划横道图（图2-11）

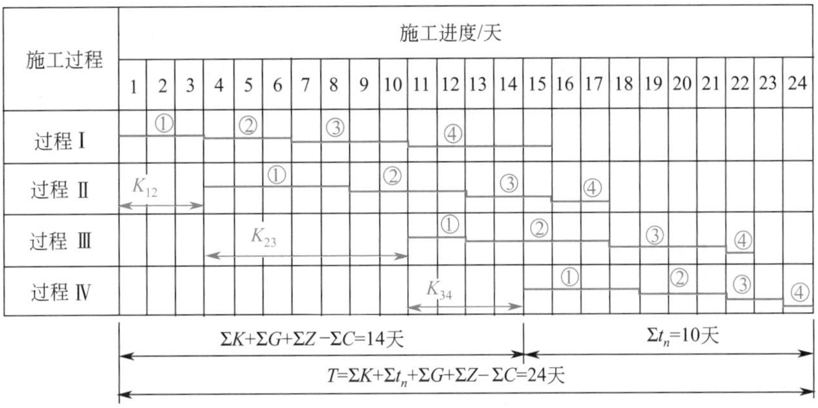

图 2-11 无节奏流水施工进度计划横道图

单元总结

本单元主要阐述了常用施工组织方式，包括依次施工、平行施工和流水施工，这些施工方式各有优缺点，其中流水施工应用最为广泛。流水施工的表达方式，可采用横道图和网络图，重点介绍水平横道图，工程应用时需要确定工艺类、空间类和时间类基本参数，全等节拍、等步距和无节奏流水施工方式，并通过应用举例进行实践训练，工程应用时应合理选用或组合使用。

拓展案例-BIM5D 横道图绘制

常用施工组织方式中流水施工应用最为广泛，流水施工可采用横道图的表达方式，但采用传统方法绘制横道图，不仅可视性弱，而且不易协同，无法实现进度的充分优化，在施工过程中，进度计划一旦出现问题，将会对项目产生非常严重的影响。

BIM5D平台可对现场施工进度与进度计划协调管理，获取构件工程量信息，使材料和

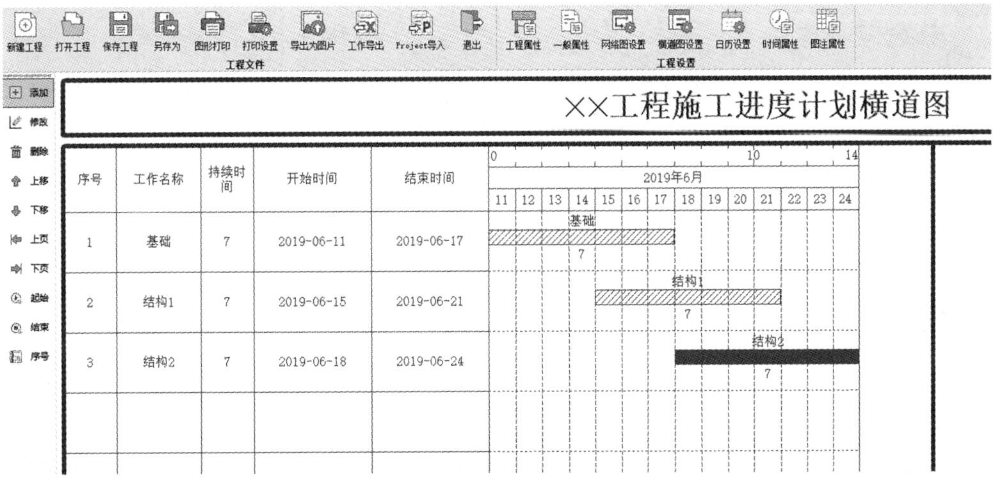

图 2-12 横道图编辑界面

资金需求信息相关联，全面考虑到外界影响因素，及时反馈现场施工进度偏差，分析出施工进度偏差原因。

在 BIM5D 中，直接利用鼠标拖拽即可画图，如图 2-12 所示，且无论先画网络图还是横道图，都能相互转化，特别适用于项目进度管理和控制，实时进度预测和调度。

输入工程各阶段信息，信息即可反映到横道图中，如图 2-13 所示。依次完成其他阶段信息，即可实现形象、规范的流水施工。

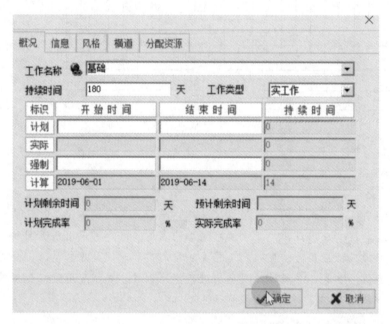

图 2-13　工程信息界面

2.5　BIM5D 横道图绘制

请大家观看二维码 2.5 微课后，试通过 BIM5D 完成下面案例。某项目需建 6 幢相同住宅楼，施工过程分为：基础、结构、装修、附属。每栋为一个施工段。各施工过程的流水节拍分别为 $t_{基础}=30$ 天、$t_{结构}=90$ 天、$t_{装修}=60$ 天、$t_{附属}=30$ 天，试用 BIM5D 绘制该流水施工。

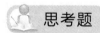 **思考题**

1. 工程项目的施工组织基本方式有哪些？各有什么优缺点？
2. 流水施工的基本组织方式有哪些？各有什么特点？
3. 流水施工的时间参数都有哪些？
4. 如何确定无节奏流水施工的流水步距？
5. 简述组织等步距流水施工的步骤。

练习题

1. 某公路工程需在某路段修建 4 个结构形式以及规模完全相同的涵洞，施工过程包括基础开挖、预制涵管、安装涵管和回填压实 4 个过程。如果合同规定工期不超过 50 天，则组织等节拍流水施工时的流水节拍和流水步距是多少？试绘制流水施工进度计划横道图（不考虑各种时间间歇）。

2. 某分部工程由 3 个分项工程组成，每分项工程划分为 5 个施工段。各分项工程在各个施工段上的持续时间依次为 2 天、4 天、6 天、2 天。试组织成倍节拍流水施工（不考虑各种时间间歇）。

3. 某工程平面尺寸为 17.4m×192.21m，沿长度方向每隔 48m 留设一道伸缩缝（缝宽 70mm），由支模、绑筋和混凝土灌注三个施工过程组成，其施工段上的流水节拍分别为 4 天、2 天、2 天，且每层混凝土浇筑完后要求养护不少于 2 天，试组织流水施工。

4. 某基础工程包括：开挖基槽、基础垫层、砌基础和回填土 4 个施工过程，每个施工过程均分 4 个施工段，其流水节拍见表 2-7。根据施工工艺要求，在砌基础与回填土之间的间歇时间不少于 2 天，试组织流水施工。

表 2-7　某基础工程流水节拍　　　　　　　　　　单位：天

施工过程	施工段			
	①	②	③	④
开挖基槽	2	2	3	3
基础垫层	1	2	3	2
砌基础	2	3	4	1
回填土	1	4	3	2

5.【**2013 年二级建造师真题**】某建设工程施工横道图进度计划如表 2-8 所示，则关于该工程施工组织说法正确的是（　　　）。

表 2-8　某建设工程施工横道图进度计划

施工过程	施工进度								
	3日	6日	9日	12日	15日	18日	21日	24日	27日
支模板	Ⅰ-1	Ⅰ-2	Ⅰ-3	Ⅰ-4	Ⅱ-1	Ⅱ-2	Ⅱ-3	Ⅱ-4	
绑扎钢筋		Ⅰ-1	Ⅰ-2	Ⅰ-3	Ⅰ-4	Ⅱ-1	Ⅱ-2	Ⅱ-3	Ⅱ-4
浇混凝土			Ⅰ-1	Ⅰ-2	Ⅰ-3	Ⅰ-4	Ⅱ-1	Ⅱ-2	Ⅱ-3

A. 各层内施工过程间不存在技术间歇和组织间歇

B. 所有施工过程由于施工楼层的影响，均可能造成施工不连续

C. 由于存在两个施工楼层，每一施工过程均可安排 2 个施工队伍

D. 在施工高峰期（9 日～24 日），所有施工段上均有工人在施工

教学实训

某装饰公司承接了某院校五栋楼的装饰装修工程（崇德楼、崇文楼、崇智楼、善学楼、善思楼）。公司经过调查研究后决定：每栋楼视为一个施工段，施工过程分解为内墙抹灰、门窗安装、内墙面砖和楼地面工程四个施工过程，每个施工过程在各施工段的流水节拍见表 2-9。

实训任务如下：

2.6　二建真题解析之流水施工

表 2-9 每个施工过程在各施工段的流水节拍 单位：天

施工过程＼施工段	崇德楼	崇文楼	崇智楼	善学楼	善思楼
内墙抹灰	7	7	7	6	5
门窗安装	2	3	3	2	2
内墙面砖	3	2	3	3	2
楼地面工程	6	6	6	5	4

1. 分析说明应采用哪种施工组织方式。
2. 绘制出完整的横道图进度计划。

学习单元三

网络计划技术

知识目标

- 了解网络技术的产生、分类以及相对于横道图的优点；
- 熟悉时标网络、搭接网络以及网络优化方法和步骤；
- 掌握网络图绘制技巧和时间参数计算。

能力目标

- 能根据工作间逻辑关系绘制网络图并计算时间参数；
- 能编制时标网络，并根据时标网络判定各工作时间参数；
- 能进行简单的网络计划优化和编制简单的搭接网络计划。

3.1 单位工程施工
网络进度计划编制程序

案例导航

现有 3 幢居民楼进行施工，施工单位与建设单位签订了施工总承包合同，合同工期 500 天。合同约定，工期每提前 1 天，奖励 1 万元，每延误 1 天，赔偿损失 2 万元。每幢居民楼大致包括地基基础（90 天）、结构主体（150 天）、二次结构（90 天）、屋面工程（30 天）、装饰装修（30 天）。试问，施工单位如何在保证质量的前提下，使获得奖励最大化？

案例分析

奖励最大化必须通过工期优化，而工期的优化依赖于网络计划技术，其中网络计划的绘制必须遵循施工过程的逻辑关系，同时还应符合网络图的绘制规则，另外根据合同要求，必须按期完成建设工程，所以，还应按照工期优化方法对网络计划进行优化。那么如何绘制网络计划并进行优化呢？

知识链接

任务一 概述

一、网络计划技术的产生

19 世纪中叶，美国人甘特（Gantt）发明了横道图计划技术；1956 年，美国杜邦公司在国家通用电子计算机研究中心的协助下，研究出关键线路（CPM）计划方法；1958 年，美国海军部武器局在编制"北极星导弹"研制计划时，又创造出了一种新的计划方法——计划审评技术（PERT 法）。由于 CPM 和 PERT 计划方法都是用由箭线、节点组成的网络图来表达进度计划的管理方法，因此，将用网络图表达进度计划的技术称为网络计划技术。

网络计划技术的产生和应用在项目管理方面起到了明显的效果，从而引起世界各国对网络计划技术的浓厚兴趣和关注。许多国家规定了推广和应用网络计划技术的政策法规，同时，投入了大量的人力物力来研究网络计划技术，所以，在 CPM 和 PERT 计划方法之后，又出现了许多其他的网络计划技术。

20 世纪 60 年代中期，我国著名数学家华罗庚教授将网络计划技术引入我国。由于网络计划技术具有统筹兼顾、合理安排的思想，所以华罗庚教授称其为"统筹法"。目前，网络计划技术在我国各行各业项目管理中发挥着重要作用。

二、网络计划技术与横道图计划技术比较

横道图计划技术具有形象直观、容易理解和编制等优点，因而长期以来被广泛应用于建设工程进度控制中。但是它在表现内容上还存在着以下缺点。

① 不能明确反映各工作之间的逻辑关系。当计划执行过程中，某工作由于某种原因提前或拖延时，不便于分析出对其他工作及总工期的影响，不利于建设工程进度的动态控制。

② 不能反映出影响工期的关键工作和关键线路，不便于管理人员抓住主要矛盾。

③ 不能反映出各工作的机动时间，无法最合理地组织和指挥。

④ 不能反映工程费用与工期之间的关系，不便缩短工期和降低成本。

网络计划技术弥补了横道图计划技术许多不足，具有以下优点。

① 能够明确表达各工作之间的逻辑关系，有利于建设工程进度的动态控制。

② 通过网络时间参数计算，能够找出关键线路和关键工作，便于控制人员抓住主要矛盾。

③ 能够明确各工作的机动时间，有利于合理地组织和指挥。

④ 可以利用计算机进行工期、费用、资源的计算、优化和调整。

但是，网络计划技术相对于横道图计划技术来说，具有抽象、难以理解和掌握等缺点。所以，横道图计划技术适应于高层、宏观性管理，网络计划技术宜用于基层、微观性管理。

三、网络计划的分类

网络计划划分方法很多，常见的有以下几种。

1. 按网络计划的编制对象划分

（1）总体网络计划 是以整个建设项目为对象编制的网络计划。如一座新建的工厂、学校、建筑群等网络计划。

（2）单位工程网络计划 是以一个单位工程为对象编制的网络计划。如一幢办公楼、运动场、住宅楼等网络计划。

（3）局部网络计划 是以某分部工程或某一建设阶段为对象编制的网络计划。如基础、主体、装饰等网络计划。

3.2 网络计划的分类

2. 按网络计划的性质和作用划分

（1）控制性网络计划 主要作用是控制工程建设总体进度，是决策层或管理机构指导、检查和控制工程进度的依据。其特点是：工作和过程的划分比较粗略。

（2）实施性网络计划 主要作用是具体指导现场施工作业，编制的依据是控制性网络计划。其特点是：工作和过程的划分比较细。

3. 按工作的逻辑关系和持续时间是否确定划分

（1）肯定（确定）型网络计划 指网络计划中，各项工作的持续时间和逻辑关系都是确定的网络计划。

（2）非肯定（非确定）型网络计划 指网络计划中，各项工作的持续时间和逻辑关系不确定的网络计划。

4. 按表示工作的方法不同划分

（1）双代号网络计划 是以箭线及其两端节点的编号表示工作的一种网络计划，两端节点表示工作的开始与结束，箭线表示工作流向和工作间的连接状态（图3-1）。

（2）单代号网络计划 是以节点及节点上的编号表示工作（图3-2），箭线表示各工作逻辑关系的一种网络计划。

图 3-1 双代号网络计划中工作的表示方法　图 3-2 单代号网络计划中工作的表示方法

5. 按工作的持续时间表达方式不同划分

（1）时标网络计划 是以横坐标为时间坐标，箭线在时间坐标上的投影长度反映各项工作持续时间的网络计划。

（2）无时标网络计划 是以数字形式将各项工作持续时间标注在工作箭线（或节点）的下边，箭线的长短与持续时间无关的网络计划。

另外，还有搭接网络、多级网络、时限网络、流水网络和多目标网络计划等。这里重点介绍单代号网络、双代号网络以及时标网络、搭接网络等。

四、工作间的逻辑关系

工作间的逻辑关系是指各工作之间的先后顺序关系，包括工艺关系和组织关系。

1. 工艺关系

工艺关系是指由工艺过程或工作程序所决定的先后顺序关系，这种顺序关系是由工艺的客观性决定的，所以不能随意调整或改变。如图3-3所示，基础开挖Ⅰ→做垫层Ⅰ→砌基础Ⅰ→回填夯实Ⅰ之间的关系或基础开挖Ⅱ→做垫层Ⅱ→砌基础Ⅱ→回填夯实Ⅱ之间的关系为工艺关系。

2. 组织关系

组织关系是指由组织安排或资源需要而规定的先后顺序关系，这种关系是由于工作需要

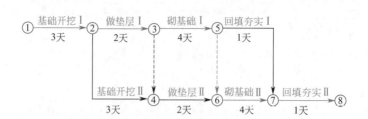

图 3-3　某基础工程双代号网络图

而决定的，所以可以根据工作需要进行改变或调整。如图 3-3 所示，基础开挖Ⅰ和基础开挖Ⅱ，做垫层Ⅰ和做垫层Ⅱ，砌基础Ⅰ和砌基础Ⅱ，回填夯实Ⅰ和回填夯实Ⅱ之间的关系为组织关系。

五、网络计划中几个相关概念

1. 实工作和虚工作

网络计划图中，既消耗时间又占用资源的工作称为实工作，实工作用实箭线表示。如图 3-3 所示，基础开挖、做垫层、砌基础、回填夯实等工作为实工作。既不消耗时间也不占用资源，仅表示工作间逻辑关系的工作称为虚工作。双代号网络图中，虚工作用虚箭线（或实箭线下边的持续时间为 0）表示，仅发生在网络的中间（图 3-3）；单代号网络图中，虚工作名称以"ST"或"FIN"表示，仅发生在网络的始节点或终节点。

2. 紧前工作和紧后工作

网络计划图中，相对于某一工作而言，紧排在该工作前面的工作称为该工作的紧前工作；紧排在该工作后面的工作称为该工作的紧后工作。如图 3-3 所示，基础开挖Ⅰ是做垫层Ⅰ和基础开挖Ⅱ的紧前工作；砌基础Ⅰ和做垫层Ⅱ是做垫层Ⅰ的紧后工作。

3.3　虚箭线含义和作用

3. 平行工作、先行工作和后续工作

网络计划图中，相对于某一工作而言，与该工作同时进行的工作称为该工作的平行工作；沿箭线的逆方向查找，排在该工作之前的工作称为先行工作；顺着箭线方向查找，排在该工作之后的工作称为后续工作。如图 3-3 所示，基础开挖Ⅱ和做垫层Ⅰ为平行工作；做垫层Ⅱ的先行工作有基础开挖Ⅰ、基础开挖Ⅱ和做垫层Ⅰ；做垫层Ⅱ的后续工作有砌基础Ⅱ和回填夯实Ⅱ。

4. 线路、关键线路和关键工作

网络计划图中，从网络始节点开始，沿着箭线方向到达网络终节点而形成的通路称为线路，如图 3-3 所示，①→②→③→⑤→⑦→⑧或①→②→③→④→⑥→⑦→⑧等。可以看出，网络计划图中的线路不只一条，其中持续时间总和最长的线路称为关键线路，如①→②→③→⑤→⑥→⑦→⑧的线路持续时间最长（14 天），所以为该网络图的关键线路。网络线路中，关键线路至少有一条，把关键线路上的工作称为关键工作，关键工作的提前或拖后，对总工期有着直接影响，应作为控制工作的重点，如基础开挖Ⅰ、做垫层Ⅰ、砌基础Ⅰ、砌基础Ⅱ和回填夯实Ⅱ均为关键工作。

任务二 **网络图的绘制**

箭线、节点和线路是构成网络图的基本要素。

一、双代号网络图的绘制

1. 双代号网络图绘制规则

① 严格按照工作之间的逻辑关系绘制。网络图是有向、有序的网状图形，不仅表示各工作之间进展的先后顺序，还表示了确保工程质量和资源配置的必要组织要求，所以网络图绘制必须按照各工作之间的逻辑关系进行绘制。

为了正确地表达各项工作之间的逻辑关系，可充分发挥虚工作的作用。表 3-1 列出了双代号网络中常见的几种逻辑关系表达方式。

3.4　常见的逻辑
关系和表示方法

表 3-1　双代号网络中常见的逻辑关系表达方式

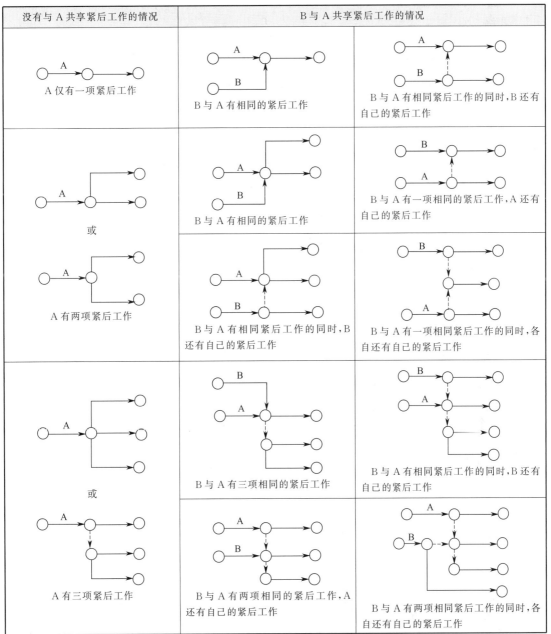

续表

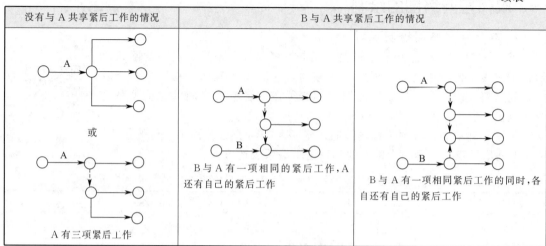

没有与 A 共享紧后工作的情况	B 与 A 共享紧后工作的情况

② 箭线必须是小节点编号指向大节点编号，禁止出现重号或相同编号表示多项工作，如图 3-4(a) 所示，编号④→⑤表示工作 A 和工作 B。

③ 禁止出现无箭头、双箭头，无箭尾节点、无箭头节点或从工作中引入、引出的箭线，如图 3-4 (b)～(g) 所示。

④ 网络图中不得出现循环回路，如图 3-5 中③→⑤→⑥→④→③为循环回路。为了避免出现循环回路，绘图时水平方向的箭线均由左指向右。

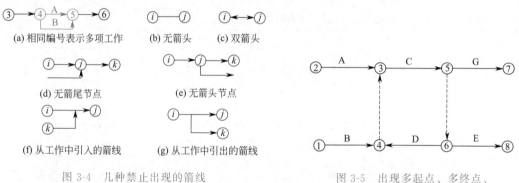

图 3-4　几种禁止出现的箭线

图 3-5　出现多起点、多终点、循环回路的网络图

⑤ 一个网络图中只能有一个起点和一个终点，禁止出现两个或两个以上的起点和终点（图 3-5）。

⑥ 尽量避免工作箭线交叉，当交叉不可避免时，可采用过桥法或指向法（图 3-6）。

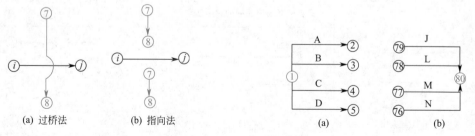

图 3-6　箭线交叉时的表示方法

图 3-7　多项没有紧前（或紧后）工作的表示方法

2. 双代号网络图绘制方法

当已知每项工作的紧前工作时，可按下述步骤绘制双代号网络图。

（1）绘制没有紧前工作的工作箭线 为保证网络图只有一个起始节点，当出现多项工作没有紧前工作时，应使它们具有相同的开始节点［图3-7(a)］。

（2）依次绘制出其他工作箭线 绘制的主要依据是已知的逻辑关系，参考双代号网络中常见几种逻辑关系的表达方式(表3-1)，并遵循以下原则。

① 当所要绘制的工作只有一项紧前工作时，将所要绘制的工作直接画在其紧前工作箭线之后。如图3-8所示，工作C、E均只有一项紧前工作，分别是工作A和B，所以C工作直接画在A工作之后，E工作直接画在B工作之后。

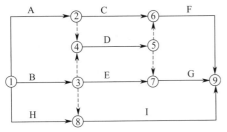

图 3-8 双代号网络图示意

② 当所要绘制的工作为某项工作的唯一紧后工作时，将所要绘制的工作直接画在该项工作箭线之后。如图3-8所示，I工作有两项紧前工作B和H，但I工作是H工作唯一紧后工作，所以I工作直接画在H工作之后。

③ 当所要绘制的工作有多项紧前工作，也不是某项工作的唯一紧后工作时，将所要绘制的工作画在其紧前工作箭线之后中部，然后用虚箭线将各紧前工作的箭头节点与本工作的箭尾节点分别相连，以表达它们之间的逻辑关系。如图3-8所示，D工作有两项紧前工作A和B，但D工作不是其中一项工作的唯一紧后工作，所以画在两工作之后中部，并用虚箭线将A和B箭头节点与D工作的箭尾节点分别相连。

（3）绘制没有紧后工作的工作箭线 为保证网络图只有一个终节点，当出现多项工作没有紧后工作时，应使它们具有相同的终节点［图3-7(b)］。

（4）检查网络图绘制的正确性 依据已知逻辑关系进行检查修正，合并多余节点。

（5）网络节点编号 网络节点编号可采用连续编号的方法，也可采用不连续的编号方法，如5、10、15等，避免以后增加工作时而改动整个网络图的节点编号。

3.5 双代号网络图的绘制

3. 双代号网络图绘制示例

【例3-1】 已知各工作之间的逻辑关系见表3-2，试绘制双代号网络图。

表 3-2 逻辑关系（一）

工作名称	A	B	C	D	E
紧前工作	—	—	A	A,B	B

解 从表3-2可以看出各工作间的逻辑关系，绘图步骤如下。

（1）A、B没有紧前工作［图3-9(a)］；

（2）C工作紧前只有A，E工作紧前只有B［图3-9(b)］；

（3）D工作紧前有A也有B，也不是A、B工作的唯一紧后工作［图3-9(c)］；

（4）检查修正，合并多余节点［图3-9(d)］，网络节点编号［图3-9(e)］。

【例3-2】 已知各工作之间的逻辑关系见表3-3，试绘制双代号网络图。

解 依据表3-3各工作的紧前关系判定各工作的紧后关系。

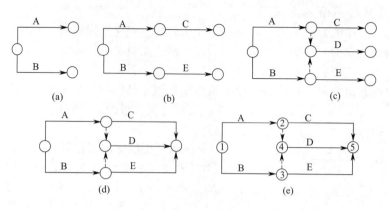

图 3-9　双代号网络图绘制过程（一）

表 3-3　逻辑关系（二）

工作名称	A	B	C	D	E	G
紧前工作	—	—	—	A,B	A,B,C	D,E

以 A 工作为例，D、E 的紧前工作有 A，则 A 紧后工作就有 D 和 E。其他类同（表 3-4），网络图绘制过程如图 3-10 所示。

表 3-4　逻辑关系（三）

工作名称	A	B	C	D	E	G
紧前工作	—	—	—	A,B	A,B,C	D,E
紧后工作	D,E	D,E	E	G	G	—

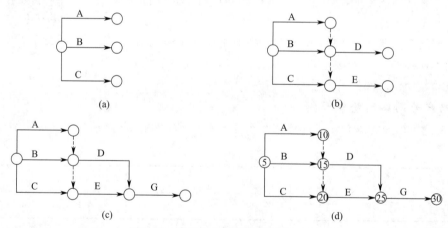

图 3-10　双代号网络图绘制过程（二）

二、单代号网络图的绘制

单代号网络图的绘制规则与双代号网络图的绘制规则基本相同，绘制过程相对比较简单。

以表 3-3 为例，简述单代号网络图绘制过程。首先，按照各工作进展的先后顺序绘出表示工作的节点［图 3-11(a)］，然后，根据逻辑关系将紧前紧后关系的工作节点用箭线连接起来［图 3-11(b)］。当网络图中有多项工作作为起点节点和终点节点时，应在网络图两端设置虚拟起点节点和虚拟终点节点（即虚工作）［图 3-11(c)］，最后进行节点编号［图 3-11(d)］。

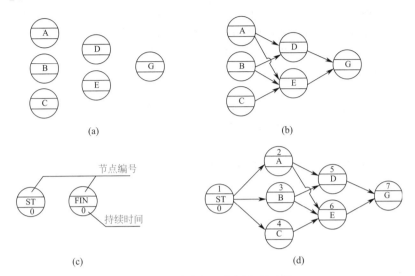

图 3-11 单代号网络图绘制过程

任务三 网络计划时间参数的计算

网络计划是指在网络图上加注时间参数而编制的进度计划，网络计划时间参数是在各项工作的持续时间确定之后进行的。

一、网络计划时间参数的概念

网络计划时间参数是指网络计划、工作和节点所具有的各种时间值，可分为三大类。

1. 工作持续时间和工期

（1）工作持续时间 是指某项工作从开始到完成所经历的时间，用"D"表示。为了区别不同工作的持续时间，通常在"D"后加以工作名称或编号作为下标，如：双代号网络计划中"$D_{i,j}$"或"D_A"，单代号网络计划中"D_i"或"D_B"。

（2）工期 泛指完成某项任务所需要的时间，网络计划工期有计算工期、要求工期和计划工期之分。计算工期是根据网络计划时间参数计算而得到的工期，用"T_c"表示；要求工期是任务委托人提出的指令性工期，用"T_r"表示；计划工期是根据计算工期和要求工期而确定的实施目标工期，用"T_p"表示。它们之间的关系如下。

① 当规定了要求工期时，计划工期不应超过要求工期（即 $T_p \leqslant T_r$）；

② 当没有规定要求工期时，可令计划工期等于计算工期（即 $T_p = T_c$）。

2. 工作的时间参数

工作的时间参数有：最早开始时间、最早完成时间、最迟开始时间、最迟完成时间、总时差和自由时差等六个时间参数。

（1）最早开始时间和最早完成时间 最早开始时间是指在其所有紧前工作全部完成后，本工作可能开始的最早时刻，用"ES"表示；最早完成时间是指在其所有紧前工作全部完成后，本工作可能完成的最早时刻，用"EF"表示。

最早完成时间等于最早开始时间与其持续时间之和，即

$$EF_{i,j} = ES_{i,j} + D_{i,j} \tag{3-1}$$

式中　i,j——某工作名称或编号。

（2）最迟完成时间和最迟开始时间　最迟完成时间是指在不影响整个任务按期完成的前提下，本工作必须完成的最迟时刻，用"LF"表示；最迟开始时间是指在不影响整个任务按期完成的前提下，本工作必须开始的最迟时刻，用"LS"表示。

最迟开始时间等于最迟完成时间与本工作持续时间的差，即

$$LS_{i,j} = LF_{i,j} - D_{i,j} \tag{3-2}$$

（3）总时差和自由时差　总时差是指在不影响总工期的前提下，本工作可以利用的机动时间，用"TF"表示；自由时差是指在不影响其紧后工作最早开始时间的前提下，本工作可以利用的机动时间，用"FF"表示。

总时差等于最迟开始时间与最早开始时间之差，或等于最迟完成时间与最早完成时间之差，即

$$TF_{i,j} = LS_{i,j} - ES_{i,j} \quad 或 \quad TF_{i,j} = LF_{i,j} - EF_{i,j} \tag{3-3}$$

该工作的自由时差等于紧后工作最早开始时间与该工作最早完成时间之差（相邻工作之间的时间间隔 LAG）的最小值，即

$$FF_{i,j} = \min\{ES_{\text{紧后工作}} - EF_{i,j}\} \tag{3-4}$$

从总时差和自由时差定义可知，对于同一项工作而言，自由时差不会超过总时差，当工作的总时差为零时，其自由时差必然为零。

3. 节点的时间参数

节点的时间参数有：节点最早时间和节点最迟时间。

（1）节点最早时间　是指在双代号网络计划中，以该节点为开始节点的各项工作的最早开始时间，用"ET"表示，并加以节点编号作为下标以示区别。

（2）节点最迟时间　是指在双代号网络计划中，以该节点为完成节点的各项工作的最迟完成时间，用"LT"表示。

二、时间参数计算方法和标注方法

时间参数计算方法常见的有公式法、图示法和表格法等。公式法是利用式（3-1）～式（3-4）一步一步计算出各工作时间参数的方法，是各种计算方法的最基本方法；图示法是在网络图上计算并图示标注的一种方法；表格法是利用表格形式列表计算的一种方法。这里重点介绍以公式为基础的图示法。

时间参数的标注方法有六时标注法、四时标注法、二时标注法、节点标注法和标号标注法等。

（1）六时标注法、四时标注法、二时标注法　六时标注法是将工作的最早开始时间、最早完成时间、最迟开始时间、最迟完成时间、总时差和自由时差六个时间参数按规定的位置标注在网络图上，如图 3-12(a)、(b) 所示；四时标注法是将工作的最早开始时间、最迟开始时间、总时差和自由时差四个时间参数按规定的位置标注网络在图上，如图 3-12(c) 所示；二时标注法是将工作的最早开始时间和最迟开始时间两个时间参数按规定的位置标注在网络图上，如图 3-12(d) 所示。

（2）节点标注法　节点标注法是在各节点上标注出节点的最早开始时间（ET）和最迟完成时间（LT），如图 3-13(a) 所示。

（3）标号标注法　标号标注法是在节点上标注出该节点的标号值（节点最早时间）和得到该节点最早时间源于何节点的编号，如图 3-13(b) 所示。

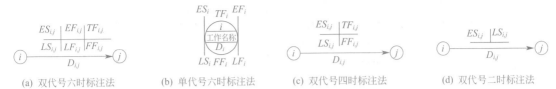

图 3-12 六时标注法、四时标注法和二时标注法的图上表示方法

图 3-13 节点标注法和标号标注法的图上表示方法

三、时间参数的计算

1. 双代号网络计划六时参数的计算

【例 3-3】 已知某网络计划图和各工作持续时间（图 3-14），试计算各工作的时间参数并标注。

解 先在各工作上方画上表示各时间参数的符号 [图 3-15(a)]，然后按以下步骤进行计算。

（1）最早开始时间和最早完成时间（最早时间）计算

计算最早开始时间和最早完成时间时，应从网络起始节点开始，顺着箭线方向依次由左向右进行。计算步骤如下。

① 以网络起始节点为开始节点的工作，当未规

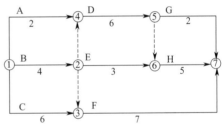

图 3-14 某双代号网络计划图（单位：天）

定其最早开始时间时，其最早开始时间为零，那么，最早完成时间 $EF_{i,j}=ES_{i,j}+D_{i,j}$。

本例 $ES_{1,4}=0$ $ES_{1,2}=0$ $ES_{1,3}=0$

$EF_{1,4}=2$ $EF_{1,2}=4$ $EF_{1,3}=6$

② 网络中间的工作，最早开始时间等于其所有紧前工作最早完成时间的最大值，即

$$ES_{i,j}=\max\{EF_{紧前工作}\} \tag{3-5}$$

最早完成时间 $EF_{i,j}=ES_{i,j}+D_{i,j}$

本例 $ES_{4,5}=\max\{EF_{1,4}, EF_{1,2}\}=\max\{2,4\}=4$ $EF_{4,5}=4+6=10$

$ES_{2,6}=\max\{EF_{1,2}\}=\max\{4\}=4$ $EF_{2,6}=4+3=7$

$ES_{3,7}=\max\{EF_{1,2}, EF_{1,3}\}=\max\{4,6\}=6$ $EF_{3,7}=6+7=13$

其他工作最早开始时间和最早完成时间计算类同，计算结果如图 3-15(b) 所示。

（2）确定网络计划工期

当规定了要求工期时，计划工期不应超过要求工期（即 $T_p\leqslant T_r$）；当没有规定要求工期时，可令计划工期等于计算工期（即 $T_p=T_c$）。而计算工期等于以网络计划终点为完成节点工作最早完成时间的最大值，即

$$T_p=T_c=\max\{EF_{网络终点工作}\} \tag{3-6}$$

本例未规定要求工期，所以，有

$$T_p=T_c=\max\{EF_{5,7}, EF_{6,7}, EF_{3,7}\}=\max\{12,15,13\}=15$$

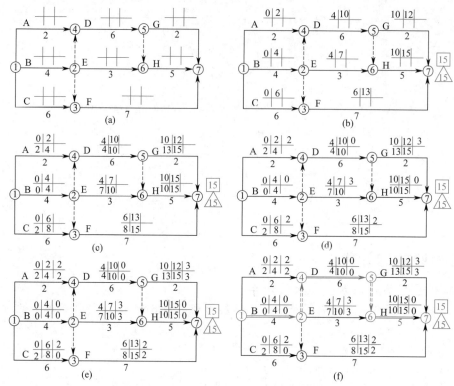

图 3-15 双代号网络图六时参数计算过程图解

如图 3-15（b）所示，方框内的数字为计算工期，三角形内的数字为计划工期。

（3）最迟开始时间和最迟完成时间（最迟时间）计算

计算最迟开始时间和最迟完成时间时，应从网络终节点开始，逆着箭线方向依次由右向左进行。计算步骤如下。

① 以网络终节点为完成节点的工作，最迟完成时间 $LF_{ij}=T_p$，那么，最迟开始时间 $LS_{i,j}=LF_{i,j}-D_{i,j}$

本例 $LF_{5,7}=15$ $LF_{6,7}=15$ $LF_{3,7}=15$

       $LS_{5,7}=15-2=13$ $LS_{6,7}=15-5=10$ $LS_{3,7}=15-7=8$

② 网络中间的工作，最迟完成时间等于其所有紧后工作最迟开始时间的最小值，即

$$LF_{i,j}=\min\{LS_{紧后工作}\} \tag{3-7}$$

最迟开始时间 $LS_{i,j}=LF_{i,j}-D_{i,j}$

本例 $LF_{4,5}=\min\{LS_{5,7}, LS_{6,7}\}=\min\{13,10\}=10$ $LS_{4,5}=10-6=4$

       $LF_{2,6}=\min\{LS_{6,7}\}=\min\{10\}=10$ $LS_{2,6}=10-3=7$

其他工作最迟完成时间和最迟开始时间计算类同，计算结果如图 3-15（c）所示。

（4）总时差计算

各工作的总时差可由式（3-3），即 $TF_{i,j}=LS_{i,j}-ES_{i,j}$ 或 $TF_{i,j}=LF_{i,j}-EF_{i,j}$ 计算而得。

本例 $TF_{1,4}=LS_{1,4}-ES_{1,4}=2-0=2$ $TF_{1,2}=LF_{1,2}-EF_{1,2}=4-4=0$

       $TF_{4,5}=LS_{4,5}-ES_{4,5}=4-4=0$ $TF_{2,6}=LF_{2,6}-EF_{2,6}=10-7=3$

其他工作总时差计算类同，计算结果如图 3-15（d）所示。

（5）计算自由时差

各工作的自由时差可由式（3-4），即 $FF_{i,j}=\min\{ES_{紧后工作}-EF_{i,j}\}$ 计算而得。

本例　$FF_{1,4}=\min\{ES_{4,5}-EF_{1,4}\}=\min\{4-2\}=2$

$FF_{1,2}=\min\{ES_{4,5}-EF_{1,2},ES_{2,6}-EF_{1,2},ES_{3,7}-EF_{1,2}\}=\min\{4-4,4-4,6-4\}=0$

$FF_{1,3}=\min\{ES_{3,7}-EF_{1,3}\}=\min\{6-6\}=0$

其他工作自由差计算类同，计算结果如图 3-15(e) 所示。

（6）确定关键线路和关键工作

关键线路和关键工作可由其概念确定。但是，在双代号网络图中，总时差最小的工作是关键工作。当计划工期与计算工期相等时，这个"最小值"为零；当计划工期大于计算工期时，这个"最小值"为正；当计划工期大于计算工期时，这个"最小值"为负。由关键工作自左向右依次首尾相连而形成的线路是关键线路。

本例 B、D、H 工作的总时差最小，为关键工作；由 B、D、H 工作首尾相连而形成的①→②→④→⑤→⑥→⑦线路为关键线路［图 3-15(f)］。

2. 双代号网络计划四时、二时参数计算与标注

双代号网络计划四时和二时参数的计算方法、步骤和六时参数的计算方法、步骤基本相同，只是有选择地进行标注，如图 3-16、图 3-17 所示。

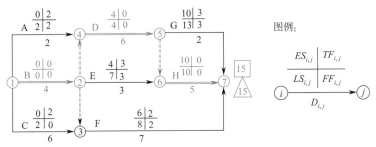

图 3-16　双代号网络计划四时标注示意

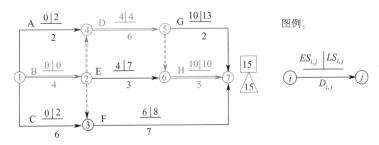

图 3-17　双代号网络计划二时标注示意

（1）二时标注的时间参数计算过程（图 3-17）

1）工作的最早开始时间（ES）计算　计算各工作最早开始时间时，应从网络起始节点开始，顺着箭线方向依次由左向右进行。计算步骤如下。

① 以网络起始节点为开始节点的工作，当未明确规定其最早开始时间时，均以零计算。本例　$ES_{1,4}=0$　$ES_{1,2}=0$　$ES_{1,3}=0$

② 网络中间的工作，最早开始时间等于其所有紧前工作最早开始时间与其持续时间和的最大值，即

$$ES_{i,j}=\max\{ES_{\text{紧前}}+D_{\text{紧前}}\} \tag{3-8}$$

本例　$ES_{4,5}=\max\{ES_{1,4}+D_{1,4},ES_{1,2}+D_{1,2}\}=\max\{0+2,0+4\}=4$

$ES_{2,6}=\max\{ES_{1,2}+D_{1,2}\}=\max\{0+4\}=4$

$ES_{3,7}=\max\{ES_{1,2}+D_{1,2},ES_{1,3}+D_{1,3}\}=\max\{0+4,0+6\}=6$

其他工作最早开始时间计算类同，计算结果如图 3-17 所示。

2）网络计划工期的确定　当没有规定要求工期时，可令计划工期等于计算工期，而计算工期等于以网络计划终点为完成节点工作最早开始时间与其持续时间和的最大值。

$$T_p = T_c = \max\{ES_{网络终点工作} + D_{网络终点工作}\} \tag{3-9}$$

本例　$T_p = T_c = \max\{ES_{5,7} + D_{5,7}, ES_{6,7} + D_{6,7}, ES_{3,7} + D_{3,7}\} = \max\{12,15,13\} = 15$

3）各工作最迟开始时间（LS）计算　计算最迟开始时间应从网络终节点开始，逆着箭线方向依次由右向左进行。计算步骤如下。

① 以网络终节点为完成节点的工作，最迟开始时间为

$$LS_{i,j} = T_p - D_{i,j} \tag{3-10}$$

本例　$LS_{5,7} = 15 - 2 = 13$；$LS_{6,7} = 15 - 5 = 10$；$LS_{3,7} = 15 - 7 = 8$

② 网络中间的工作，最迟开始时间等于其所有紧后工作最迟开始时间与该工作持续时间差的最小值，即

$$LS_{i,j} = \min\{LS_{紧后工作} - D_{i,j}\} \tag{3-11}$$

本例　$LS_{4,5} = \min\{LS_{5,7} - D_{4,5}, LS_{6,7} - D_{4,5}\} = \min\{13-6, 10-6\} = 4$

$LS_{2,6} = \min\{LS_{6,7} - D_{2,6}\} = \min\{10-3\} = 7$

其他工作最迟开始时间计算类同，计算结果如图 3-17 所示。

4）确定关键工作及关键线路　二时标注的网络计划图中，$ES_{i,j} = LS_{i,j}$ 的工作为关键工作。关键工作首尾相连形成的线路为关键线路，即：①→②→④→⑤→⑥→⑦线路为关键线路。

（2）其他时间参数按下式判定

最早完成时间　$EF_{i,j} = ES_{i,j} + D_{i,j}$

最迟完成时间　$LF_{i,j} = LS_{i,j} + D_{i,j}$

总时差　　　　$TF_{i,j} = LS_{i,j} - ES_{i,j}$

自由时差　　　$FF_{i,j} = \min\{ES_{紧后} - (ES_{i,j} + D_{i,j})\}$ 　　　　(3-12)

本例　$FF_{1,2} = \min\{ES_{4,5} - (ES_{1,2} + D_{1,2}), ES_{2,6} - (ES_{1,2} + D_{1,2}), ES_{3,7} - (ES_{1,2} + D_{1,2})\}$

$= \min\{4-(0+4), 4-(0+4), 6-(0+4)\} = 0$

3. 双代号网络计划节点标注

节点标注是在各节点上标出节点的最早时间（ET）和最迟时间（LT）。仍以图 3-14 为例，简述节点时间参数的计算过程（图 3-18）。

（1）节点的最早时间计算　节点的最早时间应从网络始节点开始，顺着箭线方向从左向右依次进行计算，其步骤如下。

① 网络始节点的最早时间，如未明确规定均按零计算。

② 网络中间节点的最早时间，为前一个节点最早时间与两节点之间工作的持续时间和的最大值，即

$$ET_j = \max\{ET_i + D_{i,j}\} \tag{3-13}$$

式中　j——计算节点的编号；

　　　i——j 节点的前一个节点编号，其他字母和符号含义不变。

本例　$ET_2 = \max\{ET_1 + D_{1,2}\} = \max\{0+4\} = 4$

$ET_4 = \max\{ET_1 + D_{1,4}, ET_2 + D_{2,4}\} = \max\{0+2, 4+0\} = 4$

$ET_3 = \max\{ET_1 + D_{1,3}, ET_2 + D_{2,3}\} = \max\{0+6, 4+0\} = 6$

其他节点最早开始时间计算类同，计算结果如图 3-18（a）所示。

（2）确定网络计划工期　终节点的最早时间为网络的计算工期，若没有明确规定时，计划工期等于计算工期。

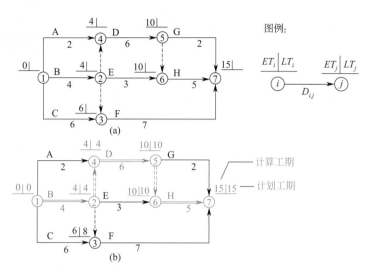

图 3-18 节点时间参数计算及标注示意

（3）节点最迟时间的计算 节点最迟时间应从网络终节点开始，逆着箭线方向依次由右向左进行。计算步骤如下。

① 网络终节点的最迟时间等于网络计划工期，即 $LT_j = T_p$。

② 网络中间节点的最迟时间，为后一个节点最迟时间与两节点之间工作的持续时间差的最小值，即

$$LT_i = \min\{LT_j - D_{i,j}\} \tag{3-14}$$

式中　i——计算节点的编号；

　　　j——i 节点的后一个节点编号，其他字母和符号含义不变。

本例　$LT_6 = \min\{LT_7 - D_{6,7}\} = \min\{15 - 5\} = 10$

　　　$LT_5 = \min\{LT_7 - D_{5,7}, LT_6 - D_{5,6}\} = \min\{15 - 2, 10 - 0\} = 10$

　　　$LT_3 = \min\{LT_7 - D_{3,7}\} = \min\{15 - 7\} = 8$

　　　$LT_4 = \min\{LT_5 - D_{4,5}\} = \min\{10 - 6\} = 4$

　　　$LT_2 = \min\{LT_4 - D_{2,4}, LT_6 - D_{2,6}, LT_3 - D_{2,3}\} = \min\{4 - 0, 10 - 3, 8 - 0\} = 4$

　　　$LT_1 = \min\{LT_4 - D_{1,4}, LT_2 - D_{1,2}, LT_3 - D_{1,3}\} = \min\{4 - 2, 4 - 4, 8 - 6\} = 0$

其他节点最迟时间计算类同，计算结果如图 3-18（b）所示。

（4）根据节点的最早时间和最迟时间判定工作的六时参数

① 最早开始时间，等于该工作开始节点的最早时间，即

$$ES_{i,j} = ET_i \tag{3-15}$$

② 最早完成时间，等于该工作开始节点的最早时间与该工作持续时间之和，即

$$EF_{i,j} = ES_{i,j} + D_{i,j} = ET_i + D_{i,j}$$

③ 最迟完成时间，等于该工作完成节点的最迟时间，即

$$LF_{i,j} = LT_j \tag{3-16}$$

④ 最迟开始时间，等于该工作完成节点的最迟时间与该工作持续时间之差，即

$$LS_{i,j} = LF_{i,j} - D_{i,j} = LT_j - D_{i,j}$$

⑤ 总时差，等于该工作完成节点的最迟时间减去该工作开始节点的最早时间以及该工作的持续时间的差，即

$$TF_{i,j}=LS_{i,j}-ES_{i,j}=LT_j-ET_i-D_{i,j} \tag{3-17}$$

⑥ 自由时差，等于该工作完成节点的最早时间减去该工作开始节点的最早时间以及该工作的持续时间的差，即

$$FF_{i,j}=\min\{ES_{紧后}-(ES_{i,j}+D_{i,j})\}=ET_j-ET_i-D_{i,j} \tag{3-18}$$

根据节点的最早时间和最迟时间判定工作六时参数的图解法，如图 3-19 所示。

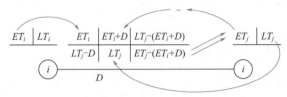

图 3-19　六时参数判定的图解示意

4. 双代号网络计划标号标注

标号标注是一种快速寻求网络关键线路的方法。它利用节点计算法的基本原理，对网络计划的每一个节点进行标注，标注出该节点的标号值（节点最早时间）和得到该节点标号值源于何节点的编号（源节点），从而可以快速地找出网络计划的关键线路。

仍然以图 3-14 为例，说明标号标注的计算过程（图 3-20）。

① 网络计划始节点的标号值为零。

② 其他节点的标号值应按节点编号从小到大的顺序，按式(3-13)，即 $ET_j=\max\{ET_i+D_{i,j}\}$ 进行计算，如图 3-20 所示。

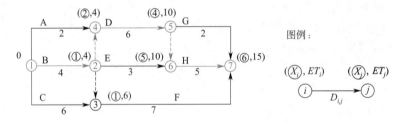

图 3-20　双代号网络标号标注图

2 号节点的标号值 $ET_2=\max\{ET_1+D_{1,2}\}=\max\{0+4\}=4$，由于标号值源于 1 号节点，所以用"（①，4）"表示；

3 号节点的标号值 $ET_3=\max\{ET_1+D_{1,3}, ET_2+D_{2,3}\}=\max\{0+6, 4+0\}=6$，由于标号值源于 1 号节点，所以用"（①，6）"表示；

4 号节点的标号值 $ET_4=\max\{ET_1+D_{1,4}, ET_2+D_{2,4}\}=\max\{0+2, 4+0\}=4$，由于标号值源于 2 号节点，所以用"（②，4）"表示；

5 号节点的标号值 $ET_5=\max\{ET_4+D_{4,5}\}=\max\{4+6\}=10$，由于标号值源于 4 号节点，所以用"（④，10）"表示；

6 号节点的标号值 $ET_6=\max\{ET_5+D_{5,6}, ET_2+D_{2,6}\}=\max\{10+0, 4+3\}=10$，由于标号值源于 5 号节点，所以用"（⑤，10）"表示；

7 号节点的标号值 $ET_7=\max\{ET_5+D_{5,7}, ET_6+D_{6,7}, ET_3+D_{3,7}\}=\max\{10+2, 10+5, 6+7\}=15$，由于标号值源于 6 号节点，所以用"（⑥，15）"表示。

③ 网络计划的计算工期等于网络计划终点的标号值，本例 $T_c=15$。

④ 关键线路的确定应从网络计划的终节点开始,按源节点编号逆着箭线方向确定。

本例 7 号节点标号值源于 6 号节点,6 号节点标号值源于 5 号节点,5 号节点标号值源于 4 号节点,4 号节点标号值源于 2 号节点,2 号节点标号值源于 1 号节点,所以①→②→④→⑤→⑥→⑦为关键线路。

5. 单代号网络计划时间参数计算

【**例 3-4**】 已知某单代号网络计划(图 3-21)各工作之间的逻辑关系和持续时间,试计算时间参数。

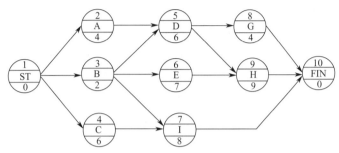

图 3-21　某单代号网络计划

解　(1) 工作最早开始时间、最早完成时间、最迟开始时间、最迟完成时间以及总时差的计算

工作最早开始时间、最早完成时间、最迟开始时间、最迟完成时间以及总时差的计算方法、过程与双代号时间参数计算相同,只是表达形式不同,如图 3-22(a) 所示,这里不再赘述。

(2) 相邻两项工作之间的时间间隔计算

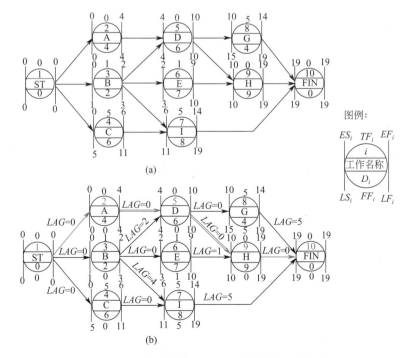

图 3-22　单代号网络计划时间参数计算过程示意

相邻两项工作之间的时间间隔是指紧后工作的最早开始时间与本工作最早完成时间的差值，即

$$LAG_{i,j} = ES_j - EF_i \tag{3-19}$$

式中　$LAG_{i,j}$——i 工作与其紧后工作 j 之间的时间间隔；

　　　　ES_j——i 工作的紧后工作 j 的最早开始时间；

　　　　EF_i——i 工作的最早完成时间。

本例中，工作 B 和工作 E、工作 G 和工作 FIN 的时间间隔分别为

$$LAG_{3,6} = ES_6 - EF_3 = 2 - 2 = 0$$
$$LAG_{8,10} = ES_{10} - EF_8 = 19 - 14 = 5$$

其他相邻两工作之间的时间间隔计算类同，如图 3-22(b) 所示。

（3）工作自由时差计算

工作自由时差等于本工作与其紧后工作之间的时间间隔最小值，即

$$FF_i = \min\{LAG_{i,j}\} \tag{3-20}$$

本例中，$FF_1 = \min\{LAG_{1,2}, LAG_{1,3}, LAG_{1,4}\} = \min\{0, 0, 0\} = 0$

　　　　$FF_3 = \min\{LAG_{3,5}, LAG_{3,6}, LAG_{3,7}\} = \min\{2, 0, 4\} = 0$

其他工作自由时差计算类同，如图 3-22(b) 所示。

（4）关键线路的确定

① 可以利用关键线路的概念确定，即持续时间最长的线路为关键线路。

② 网络计划中，总时差最小的工作为关键工作，由关键工作首尾相连并确保相邻两工作之间的时间间隔为零的线路为关键线路。

③ 单代号网络计划，从网络计划的终节点开始，逆着箭线方向依次找出相邻两项工作之间的时间间隔为零的线路就是关键线路。本例中⑩→⑨→⑤→②→①工作之间的时间间隔均为零，所以线路①→②→⑤→⑨→⑩为关键线路。

任务四　双代号时标网络计划

双代号时标网络计划简称时标网络计划，是以实箭线表示工作，实箭线的水平投影长度表示工作的持续时间；以虚箭线表示虚工作（由于虚工作的持续时间为零，故只能垂直画）；以波形线表示工作与其紧后工作的时间间隔（当计划工期等于计算工期时，工作箭线中波形线水平投影的长度表示该工作的自由时差）。具有形象、直观等优点，可以在图上直接分析出各种时间参数和关键线路，便于编制资源需求计划，是建设工程项目管理中应用广泛的一种计划表达形式。

时标网络计划由时间坐标体系和网络图组成。

一、时标网络计划时间坐标体系

时标网络计划的时间坐标有计算坐标、工作日坐标和日历坐标三种。

1. 计算坐标体系

时标网络计划的计算坐标体系是将网络计划任务开始时间定为零，即零作为网络计划工作的开始时间。采用计算坐标体系主要用于网络计划时间参数的计算，但是，与第一天开始网络计划任务在理解上有一定的难度。

2. 工作日坐标体系

时标网络计划的工作日坐标体系也称绝对坐标体系，是将网络计划任务开始时间定为 1（单位：天、周、月、季等）。采用工作日坐标体系可明确表示各项工作在整个项目开工后第几天开始或完成，但不能表示出各项工作开始日期、完成日期以及整个项目开工日期和竣工日期。

3. 日历坐标体系

时标网络计划的日历坐标体系是将网络计划任务开始时间直接定位在某一日期上。采用日历坐标体系能够明确表示出各项工作开始日期、完成日期以及整个项目开工日期和竣工日期，同时还可以考虑扣除节假日休息时间。

三种时间坐标体系表示方法见表 3-5，日历坐标体系假定 4 月 24 日（星期三）为整个项目的开工日期，星期六、日和"五一"休息。

表 3-5　三种时间坐标体系的表示方法

计算坐标体系	0	1	2	3	4	5	6	7	8	9	10
工作日坐标体系	1	2	3	4	5	6	7	8	9	10	
日历坐标体系 （星期）	24/4	25/4	26/4	29/4	30/4	6/5	7/5	8/5	9/5	10/5	
	三	四	五	一	二	一	二	三	四	五	

二、时标网络的绘制

1. 时标网络绘制的一般规定

① 绘制时标网络计划之前，应先按已确定的时间单位绘出时间坐标。时间坐标可绘制在时标网络图的上方或下方（有时也可上下同时绘制），单位必须注明。

3.6　双代号时标网络计划的绘制

② 时标网络计划宜按最早时间编制。在绘制时标网络图时，应按工作的最早开始时间和最早完成时间进行绘制（即各项工作和虚工作尽量向左靠，但不得出现逆向虚箭线），这样，各项工作的自由时差、时间间隔等将出现在最早完成时间之后，给时差的应用带来灵活性。

③ 实箭线表示实工作，虚箭线表示虚工作，波形线表示两相邻工作的时间间隔（工作箭线中的波形线表示该工作的自由时差）。实箭线、波形线尽量水平绘制，虚箭线垂直绘制。无论哪一种箭线，均应在其末端绘出箭头，且不得出现逆向箭线。

④ 当实工作中有时差时，按图 3-23（a）方式表达；当虚工作有时差时，按图 3-23（b）方式表达。不得在波形线之后画实线。

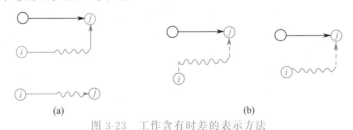

图 3-23　工作含有时差的表示方法

2. 时标网络绘制的方法步骤

时标网络绘制的方法有两种：间接绘制法和直接绘制法。

（1）间接绘制法　指先根据无时标网络计划草图，计算各工作的时间参数并确定出关键

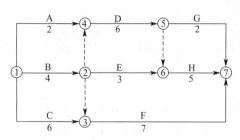

图 3-24 双代号网络计划

线路，然后在时间坐标里进行绘制。绘制时应先将所有节点按其最早时间定位在时间坐标中的相应位置，再用规定的线型（实箭线和虚箭线）按比例绘出实工作和虚工作，当某些工作箭线的长度不足以到达该工作完成节点时，用波形线补足，箭头应画在与该工作完成节点的连接处。

（2）直接绘制法 指在不计算各工作时间参数的条件下直接进行绘制的方法。初学者可采用间接绘制法，但必须计算工作的时间参数。

下面以图 3-24（单位：天）为例，说明直接绘制时标网络计划的方法步骤，具体如下。

1）绘制时间坐标。当对采用何种时间坐标没有规定时，可以采用三种坐标中的一种，本例为了说明三种坐标的用法，将三种坐标同时绘出。假设网络计划开工日期为 2019 年 3 月 4 日（星期一），星期六和星期日休息。

2）将网络起始节点定位在坐标的起始刻度线上，按工作的持续时间绘制以网络起始节点为开始节点的工作箭线。如图 3-25 所示，分别绘出 A、B、C 三项工作。

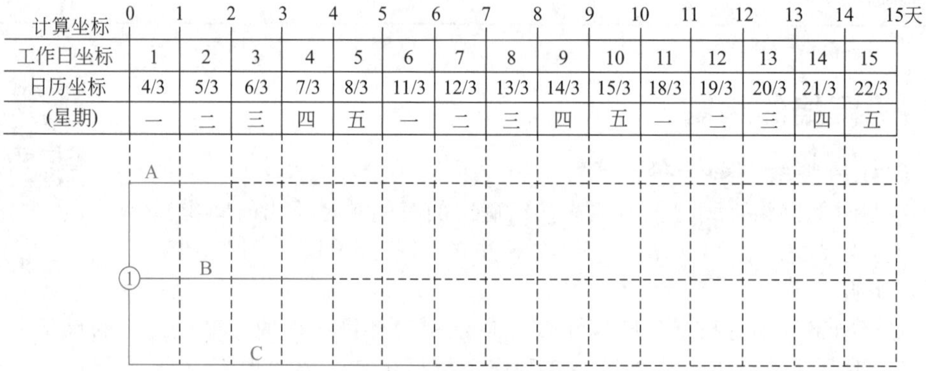

计算坐标	0	1	2	3	4	5	6	7	8	9	10	11	12	13	14	15天
工作日坐标	1	2	3	4	5	6	7	8	9	10	11	12	13	14	15	
日历坐标	4/3	5/3	6/3	7/3	8/3	11/3	12/3	13/3	14/3	15/3	18/3	19/3	20/3	21/3	22/3	
（星期）	一	二	三	四	五	一	二	三	四	五	一	二	三	四	五	

图 3-25 时标网络计划绘制步骤（一）

3）定位其他节点的位置，并绘制出以此节点为开始节点表示持续时间长度的工作箭线，直至网络计划的终点。

其他节点位置的定位原则如下。

① 按节点编号从小到大的顺序进行定位；

② 仅有一项工作以此节点为完成节点时，该节点直接画在该工作箭线末端；

③ 若有多项工作（含虚工作）以此节点为完成节点时，该节点应定位在这些工作中最迟的箭线末端。当某些工作箭线的长度不足以到达该节点时，用波形线补足。

本例（图 3-24）中，B 工作仅以 2 号节点为完成节点，所以 2 号节点直接画在 B 工作的箭线末端；C 工作和②→③虚工作（或 B 工作）以 3 号节点为完成节点，3 号节点应定位在这些工作中最迟的箭线末端，即 C 工作的末端；A 工作和②→④虚工作（或 B 工作）以 4 号节点为完成节点，4 号节点应定位在这些工作中最迟的箭线末端，即②→④虚工作（或 B 工作）的末端（图 3-26）。

三、时标网络计划中时间参数的判定

1. 计算工期和关键线路的判定

（1）计算工期的判定 网络计划的计算工期应等于终节点所对应的时间坐标值；起始节

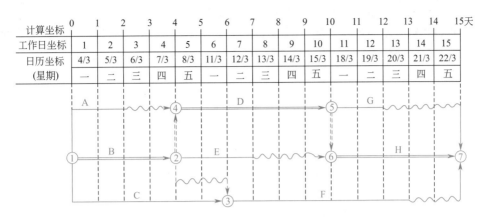

图 3-26 时标网络计划绘制步骤（二）

点对应的日历坐标值为网络开工日期，终节点对应的日历坐标值为竣工日期。

本例（图 3-24）中，计算工期 15 天，开工日期为 2019 年 3 月 4 日，竣工日期为 2019 年 3 月 22 日。

（2）关键线路的判定　时标网络计划中的关键线路，是从网络计划的终点开始，逆着箭线方法，自始至终不出现波形线的线路为关键线路。如图 3-26 中①→②→④→⑤→⑥→⑦ 为关键线路。

2.时间参数的判定

（1）最早开始时间和最早完成时间判定　工作箭线左端节点中心所对应的时间坐标值为该工作的最早开始时间（最早开始日期）。当工作箭线右端不存在波形线时，其右端节点中心所对应的时间坐标值为该工作的最早完成时间（最早完成日期）；当工作箭线右端存在波形线时，工作箭线实线部分右端对应的时间坐标值为该工作的最早完成时间（最早完成日期）。

如图 3-26 所示，D 工作的最早开始时间为第 5 天（3 月 8 日），最早完成时间为第 10 天（3 月 15 日）；G 工作的最早开始时间为第 11 天（3 月 18 日），最早完成时间为第 12 天（3 月 19 日）。

（2）时间间隔与自由时差判定　除终节点为完成节点的工作外，波形线水平投影的长度表示两相邻工作之间的时间间隔；工作箭线中的波形线长度表示该工作的自由时差。

如图 3-26 所示，A、D 两工作之间的时间间隔为 2 天，A 工作的自由时差为 2 天；B、D 两工作之间的时间间隔为 0，B 工作的自由时差为 0；B、F 两工作之间的时间间隔为 2 天，但 B、E 两工作的时间间隔为 0；G 工作的自由时差为 3 天。

（3）总时差的判定　工作总时差的判定应从网络计划终点开始，逆着箭线方向依次进行。

① 以终节点为完成节点的工作，总时差等于其工作箭线中波形线长度，且该工作的总时间和自由时差相等。如：G 工作的总时差和自由时差均等于 3；F 工作的总时差和自由时差均等于 2；H 工作的总时差和自由时差均等于 0。

② 其他工作的总时差等于紧后工作总时差与其时间间隔之和的最小值，即

$$TF_{i,j} = \min\{TF_{紧后} + LAG_{紧后}\} \tag{3-21}$$

本例　$TF_D = \min\{TF_G + LAG_{DG}, \ TF_H + LAG_{DH}\} = \min\{3+0, \ 0+0\} = 0$

$TF_C = \min\{TF_F + LAG_{CF}\} = \min\{2+0\} = 2$

可以看出：关键工作两端的节点为关键节点，以关键节点为完成节点的工作，其总时差

等于自由时差；关键工作的总时差和自由时差均等于零。

（4）最迟开始时间和最迟完成时间判定　工作的最迟开始（完成）时间等于该工作的最早开始（完成）时间与其总时差的和，即

$$LS_{i,j}=ES_{i,j}+TF_{i,j} \tag{3-22}$$

$$LF_{i,j}=EF_{i,j}+TF_{i,j} \tag{3-23}$$

图 3-24 中

$$LS_E=ES_E+TF_E=4+3=7$$

$$LF_E=EF_E+TF_E=7+3=10$$

$$LS_F=ES_F+TF_F=6+2=8$$

$$LF_F=EF_F+TF_F=13+2=15$$

任务五　网络计划的优化

网络计划的优化是指在一定约束条件下，按既定目标对网络计划进行调整和改进，以寻求满意方案的过程。

网络计划优化的目标有：工期目标、费用目标和资源目标。根据既定目标，网络计划的优化内容分为：工期优化、费用优化和资源优化三方面。

一、工期优化

工期优化是指网络计划的计算工期不能满足要求工期时，通过压缩关键工作的持续时间以满足工期目标的过程。

1. 工期优化的方法

网络计划工期优化的基本方法是在不改变网络计划中各项工作之间逻辑关系的前提下，通过压缩关键工作的持续时间来达到优化目标的。在工期优化过程中，当网络计划出现多条关键线路时，必须将各条关键线路的总持续时间同时压缩一个相同的数值，否则不能有效地缩短工期；不能将关键工作压缩成非关键工作。优化过程中应遵循"经济合理"的原则。

2. 工期优化的步骤

（1）确定初始网络计划的计算工期和关键线路。

（2）计算初始网络计划应缩短的时间。初始网络计划应缩短的时间等于网络计划的计算工期与要求工期的差，即

$$\Delta T=T_c-T_r \tag{3-24}$$

（3）选择应缩短持续时间的关键工作。选择压缩对象时，宜在关键工作中考虑下列因素。

① 缩短持续时间的工作应是对质量和安全影响不大的工作；

② 有充足备用资源的工作；

③ 缩短持续时间所需增加的费用最少的工作。

（4）将所选定关键工作的持续时间压缩至最短，并重新确定计算工期和关键线路。若被压缩的工作变成非关键工作，则相应延长其持续时间，使之仍为关键工作。

（5）当计算工期仍超过要求工期，则重复（2）至（4）步骤，直至计算工期满足要求工期或不能再缩短为止。

（6）当所有关键工作的持续时间都已压缩到最短极限，但是仍不能满足要求工期时，应对网络计划的原技术或组织方案进行调整，或对要求工期重新审定。

【例 3-5】 已知某分部工程双代号网络计划如图 3-27 所示。图中箭线上方括号内数字为优选系数；箭线下方括号外数字为工作正常状态下的持续时间（天），括号内数字为最短持

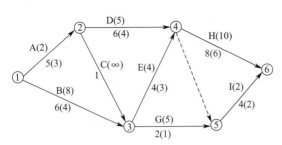

图 3-27 某分部工程初始网络计划

续时间（天）。假设要求工期为 15 天，试对其进行工期优化。

优选系数是综合考虑质量、安全和费用情况而确定的，该系数越小，说明对质量和安全的影响程度就越小，每缩短单位时间所需增加的费用就越小。所以，缩短工期应优先选择优选系数（或组合优选系数）最小的关键工作作为压缩对象。若某工作的优选系数为无穷大，说明不可压缩。

解 （1）确定初始网络计划的计算工期和关键线路

计算工期和关键线路可以采用六时标注、节点标注、标号标注等方法计算来确定。本例采用标号标注法确定关键线路和计算工期（图 3-28），$T_c = 19$ 天。

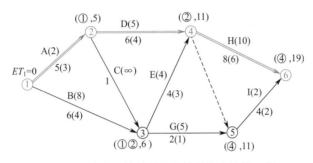

图 3-28 确定网络计划的关键线路和计算工期

（2）计算初始网络计划应缩短的时间

因为要求工期 $T_r = 15$ 天，所以，初始网络计划应缩短的时间为

$$\Delta T = T_c - T_r = 19 - 15 = 4 \text{（天）}$$

（3）选择应缩短持续时间的关键工作，并进行压缩，具体如下。

1）第一次压缩 关键工作 A、D、H 中，工作 A 的优选系数最小，故应将工作 A 作为优先压缩的对象。

假设将工作 A 的持续时间由 5 天压缩至 3 天（方框里的数字表示已是最短持续时间，不可再压缩了）。此时，关键线路发生了改变，关键工作 A、D 变为非关键工作，同时计算工期应该缩短 2 天，但实质上只缩短了 1 天（图 3-29），故将工作 A 的持续时间改为压缩至 4 天。

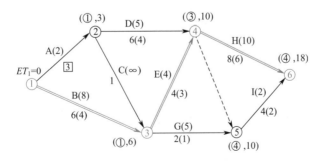

图 3-29 工作 A 压缩最短时的关键线路

工作 A 的持续时间改为压缩至 4 天时，工作 A、D 恢复为关键工作，关键线路变为两条，计算工期 $T_c = 18$ 天（图 3-30），仍满足不了 $T_r = 15$ 天的要求，还需进行第二次压缩。

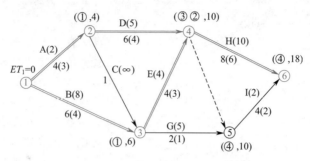

图 3-30　第一次压缩后的网络计划

2）第二次压缩　由图 3-30 可以看出，有以下五种压缩方案。

① 同时压缩工作 A、B，组合优选系数为 2＋8＝10；

② 同时压缩工作 A、E，组合优选系数为 2＋4＝6；

③ 同时压缩工作 D、E，组合优选系数为 5＋4＝9；

④ 同时压缩工作 D、B，组合优选系数为 5＋8＝13；

⑤ 压缩工作 H，优选系数为 10。

由于工作 A、E 的组合优选系数为最小，故应选择同时压缩工作 A、E 的方案。选择工作 A、E 同时压缩 1 天（A、E 工作都至最短持续时间），压缩后的网络计划如图 3-31 所示。由于计算工期 T_c＝17 天，仍满足不了 T_r＝15 天的要求，所以还需进行第三次压缩。

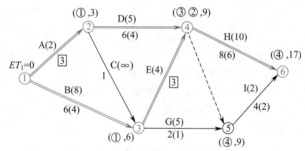

图 3-31　第二次压缩后的网络计划

3）第三次压缩　由于工作 A、E 的持续时间已经压缩为最短，所以只有两种压缩的方案。

① 同时压缩工作 D、B，组合优选系数为 5＋8＝13；

② 压缩工作 H，优选系数为 10。

由于工作 H 的优选系数最小，故应选择压缩工作 H 的方案。选择工作 H 压缩 2 天（最短持续时间），压缩后的网络计划如图 3-32 所示。此时，计算工期与要求工期相同（T_c＝

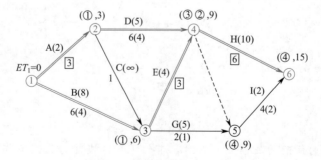

图 3-32　工期优化后的网络计划

$T_r=15$ 天），故图 3-32 所示的网络计划为最优方案。

二、费用优化

费用优化也称工期成本优化，是指寻求总成本最低时的工期安排，或按要求工期寻求最低成本计划安排的过程。

1. 工期与费用的关系

总费用主要包括间接费和直接费。

（1）间接费 指计划执行过程中，用于工程经营管理方面的费用，与实施条件、组织措施、管理水平等有很大关系。通常情况下，一项工程的实施条件、组织措施、管理水平一定时，间接费随工期的缩短而减少（图 3-33 中 a 曲线）。

（2）直接费 指计划执行过程中，用于支付每项工作的人工费、材料费、机械台班等方面的费用。通常情况下，缩短工作的持续时间必然增加直接费，而缩短工期往往是通过压缩关键工作的持续时间来实现的，所以缩短工期，同样要增加直接费，如图 3-33 中 b 曲线所示。

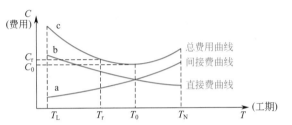

T_N—正常情况下工期；T_L—最短工期；
T_0—费用最低时工期；T_r—要求工期；
C_0—最低费用；C_r—要求工期对应的费用

图 3-33 工期与费用的关系

费用优化则是寻求费用最低时（C_0）的工期（T_0），或按要求工期（T_r）寻求最低成本（C_r）的计划安排。

2. 费用优化的方法

费用优化的基本思路：不断地在网络计划中找出直接费用率或组合直接费用率（直接费用率是指每缩短单位时间需增加的直接费）最小的关键工作，压缩工作的持续时间，同时考虑间接费随工期缩短而减小的数值，最后求得工程总成本最低时的工期安排，或按要求工期寻求最低成本的计划安排。

3. 费用优化的步骤

（1）按工作的正常持续时间确定计算工期和关键线路。

（2）计算工程总费用以及各项工作的直接费用率。将直接费曲线和间接费曲线近似地认为是一条直线，各项工作的直接费用率可按下式计算

$$\Delta C = \frac{C_L - C_N}{D_N - D_L} \tag{3-25}$$

式中 ΔC——某工作的直接费用率；

$\quad\quad D_N$——正常情况下某工作的持续时间；

$\quad\quad D_L$——某工作最短持续时间；

$\quad\quad C_N$——按正常情况下的持续时间完成某工作所需的直接费；

$\quad\quad C_L$——按最短持续时间完成某工作所需的直接费。

（3）选择作为压缩持续时间对象的关键工作。当只有一条关键线路时，应找出直接费用率最小的关键工作作为压缩持续时间的对象；当有多条关键线路时，应找出组合直接费用率最小的一组关键工作，作为压缩持续时间的对象。

压缩关键工作的持续时间时，必须符合下列两条原则。

① 压缩关键工作的持续时间不能小于该工作的最小持续时间；

② 缩短持续时间的关键工作不能变成非关键工作。

（4）计算关键工作的持续时间被压缩后相应增加的总费用。

（5）重复（3）至（4）步骤，直至计算工期满足要求工期或关键线路上各项工作的直接费用率（或组合直接费用率）均大于工程间接费用率（间接费用率是指每缩短单位时间所需减少的间接费）时止。

（6）计算优化后的总费用。

【例 3-6】 某工程项目双代号网络计划如图 3-34 所示，图中箭线下方括号外数字为工作的正常持续时间，括号内数字为最短持续时间（单位：天）；箭线上方括号外数字为工作按正常持续时间完成时所需的直接费，括号内数字为工作按最短持续时间完成时所需的直接费（单位：万元）。该工程的间接费率为 0.8 万元/大，试对其进行费用优化。

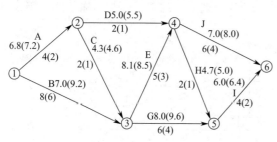

图 3-34　某工程项目初始网络计划

解　（1）按工作的正常持续时间确定计算工期和关键线路

根据各项工作的正常持续时间，用标号法确定网络计划的计算工期和关键线路，如图 3-35 所示，计算工期为 19 天。

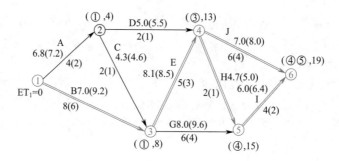

图 3-35　初始网络计划中的计算工期和关键线路

（2）计算工程总费用以及各项工作的直接费用率

① 工程总费用计算

直接费总和等于所有在正常持续时间完成该工作所需直接费用的和，即

$$C_d = \sum C_N = 6.8 + 7.0 + 5.0 + 4.3 + 8.1 + 8.0 + 7.0 + 4.7 + 6.0 = 56.9 \text{（万元）}$$

间接费总和等于间接费用率乘以计算工期，即

$$C_i = 0.8 \times 19 = 15.2 \text{（万元）}$$

工程总费用 $C_t = C_i + C_d = 15.2 + 56.9 = 72.1$（万元）

② 各项工作的直接费用率计算

根据式（3-25）进行计算，所以

$$\Delta C_{1,2} = \frac{C_{L_{1,2}} - C_{N_{1,2}}}{D_{N_{1,2}} - D_{L_{1,2}}} = \frac{7.2 - 6.8}{4 - 2} = 0.2 \text{（万元/天）}$$

$$\Delta C_{1,3} = \frac{C_{L_{1,3}} - C_{N_{1,3}}}{D_{N_{1,3}} - D_{L_{1,3}}} = \frac{9.2 - 7.0}{8 - 6} = 1.1 \text{（万元/天）}$$

其他工作的直接费用率计算方法相同，如图 3-36 所示。

（3）选择作为压缩持续时间对象的关键工作，进行费用优化

1）第一次压缩　从图 3-36 可知，该网络计划中有两条关键线路，为了同时压缩两条线路的总持续时间，有以下四种压缩方案。

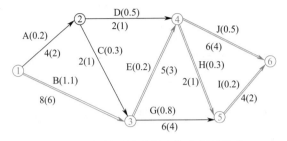

图 3-36　初始网络计划直接费用率示意

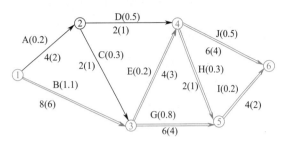

图 3-37　第一次压缩后的网络计划

① 压缩工作 B，直接费用率为 1.1 万元/天（即每压缩一天增加直接费 1.1 万元）。

② 压缩工作 E，直接费用率为 0.2 万元/天。

③ 同时压缩工作 J、H，组合直接费用率为 0.8 万元/天。

④ 同时压缩工作 J、I，组合直接费用率为 0.7 万元/天。

由于工作 E 的直接费用率最小，所以选择工作 E 作为压缩对象。如果工作 E 压缩 2 天，可能改变关键线路，所以选择工作 E 压缩 1 天，此时，工作 G 变为关键工作，如图 3-37 所示。

工作 E 压缩后，直接费增加 0.2 万元，工期缩短 1 天（工期为 18 天），间接费减少 0.8 万元，所以工程总费用减少了 0.6 万元，即

$$C_t = 72.1 - 0.6 = 71.5（万元）$$

2）第二次压缩　由图 3-37 可知，第一次压缩后的网络计划中有三条关键线路，有以下四种压缩方案。

① 压缩工作 B，直接费用率为 1.1 万元/天（即每压缩一天增加直接费 1.1 万元）；

② 同时压缩工作 E、G，组合直接费用率为 1.0 万元/天；

③ 同时压缩工作 J、H、G，组合直接费用率为 1.6；

④ 同时压缩工作 J、I，组合直接费用率为 0.7。

由于工作 J、I 组合直接费用率为最小，所以选择工作 J、I 组合作为压缩对象，并且选择同时压缩 2 天，第二次压缩后的网络计划如图 3-38 所示。

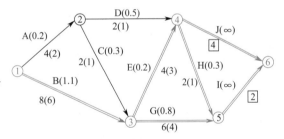

图 3-38　第二次压缩后的网络计划

工作 J、I 组合压缩后，直接费增加 1.4 万元（2 天×0.7 万元/天＝1.4 万元），工期减少 2 天（工期为 16 天），间接费减少了 1.6 万元（2 天×0.8 万元/天＝1.6 万元），所以工程总费用减少了 0.2 万元，即：

$$C_t = 71.5 - 0.2 = 71.3（万元）$$

3）第三次压缩　从图 3-38 可知，J、I 工作不可再压缩，所以只有两种方案。

① 压缩工作 B，直接费用率为 1.1（即每压缩一天增加直接费 1.1 万元）；

② 同时压缩工作 E，G，组合直接费用率为 1.0。

这两种方案的直接费用率或组合直接费用率均大于间接费用率。说明如果再压缩这些工

作，增加的直接费将大于减少的间接费，工程总费用将会增加。因此，第二次压缩后的结果为最优方案（总成本最低时的工期安排）。

如果网络计划优化是按要求工期寻求最低成本计划安排，那么，还可以选择以上两种方案进行压缩，不过总费用将会增加。

三、资源优化

资源是指为完成一项计划任务所需投入的人力、机械、材料以及资金等。完成一项任务所需要的资源总量基本不变，不可能通过资源优化将其减少。资源优化的目的是通过改变工作的开始时间和完成时间，使资源按照时间的分布符合优化目标。

资源优化的目标有两种：一是"资源有限，工期最短"的安排；二是"工期固定，资源均衡"的安排。

资源优化的原则如下。

① 不改变网络计划中各项工作之间的逻辑关系；

② 不改变网络计划中各项工作的持续时间；

③ 各项工作单位时间所需的资源量（资源强度）视为常数；

④ 除有规定外，一般不允许中断工作，应保持其工作的连续性。

1. "资源有限，工期最短"的优化

"资源有限，工期最短"的优化是指通过调整计划安排，在满足资源有限的前提下，工期延长最少的安排过程。

（1）"资源有限，工期最短"的优化步骤

① 按各项工作的最早开始时间安排网络计划，并计算每个时间段单位资源的需用量；

② 从计划开始日期开始检查每个时段的资源需用量是否超过资源供应限量；

③ 超过资源限量时段的安排。如果该时段有几项工作平行作业，则采取将一项工作安排在与之平行的另一项工作之后进行，并且确保工期延长值应是最小；

④ 对调整后的网络计划安排重新计算每个时间单位的资源需用量；

⑤ 重复②至④步骤，直至网络计划整个工期范围内每个时间单位的资源需用均满足资源限量为止。

（2）优化示例

【例 3-7】 某工程双代号时标网络计划如图 3-39 所示，图中箭线上方数字为工作的资源强度（单位时间资源需用量），箭线下方数字为工作的持续时间。假定资源限量 $R_a = 12$，试对其进行"资源有限，工期最短"优化安排。

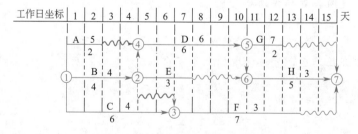

图 3-39 某工程初始网络计划

解 （1）按各项工作的最早开始时间计算每个时间段单位资源的需用量

其资源需用量动态曲线如图 3-40 所示。

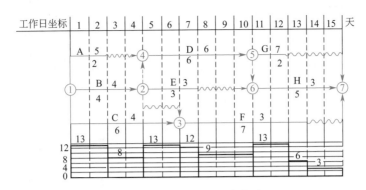

图 3-40　资源需用量动态曲线

（2）检查每个时段的资源需用量是否超过资源限量并调整

1）第一次调整　从图 3-40 可以看出，第 1、2 时段的资源需用量超过资源限量。这两个时段有三项工作 A、B、C 平行作业，可以选择某一项工作安排在另外两项工作之后，且延长的工期最短。有六种方案如下。

① 工作 A 安排在工作 B 之后，延长工期 2 天；

② 工作 B 安排在工作 A 之后，延长工期 2 天；

③ 工作 C 安排在工作 A 之后，不延长工期；

④ 工作 C 安排在工作 B 之后，延长工期 2 天；

⑤ 工作 A 安排在工作 C 之后，延长工期 2 天；

⑥ 工作 B 安排在工作 C 之后，延长工期 6 天。

所以，选择工作 C 安排在工作 A 之后。第一次调整后的资源动态曲线如图 3-41 所示。

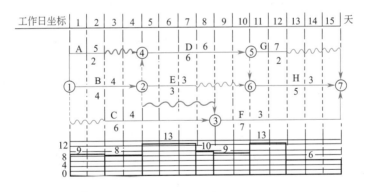

图 3-41　第一次调整后的资源动态曲线

2）第二次调整　从图 3-41 可以看出，第 5、6、7 时段资源超限。这三个时段有三项工作 D、E、C 平行作业，同样有六种方案。其中，工作 E 安排在工作 C 之后，延长工期最短，延长 1 天。第二次调整后的资源动态曲线如图 3-42 所示。

3）第三次调整　从图 3-42 可以看出，第 12、13 时段资源超限。这两个时段仍有三项工作 G、H、F 平行作业，同样有六种方案。其中，工作 G 安排在工作 F 之后，延长工期最短，延长 1 天。第三次调整后的资源动态曲线如图 3-43 所示。

至此，网络计划整个工期范围内每个时间单位的资源需用均满足资源限量，达到"资源有限，工期最短"要求。

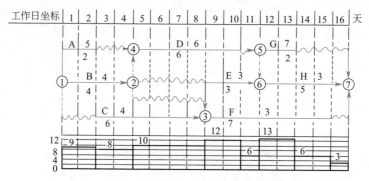

图 3-42　第二次调整后的资源动态曲线

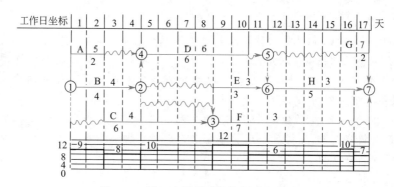

图 3-43　第三次调整后的资源动态曲线

2. "工期固定，资源均衡"的优化

"工期固定，资源均衡"的优化是指通过调整计划安排，在工期保持不变的条件下，资源需用量尽可能均衡的安排过程。其目的是使整个计划每单位时间的资源需用量不出现过多的高峰和低谷，降低工程费用，便于组织和管理。

"工期固定，资源均衡"的优化方法有：方差值最小法、极差值最小法、削高峰法等。这里介绍方差值最小的优化方法。

（1）方差值最小法的基本原理　假设某工程网络计划的计算工期为 T，第 t 个时间段的资源需用量为 R_t，资源需用量平均值为 R_m，则资源需用量的方差 σ^2 为

$$\sigma^2 = \frac{1}{T} \sum_{t=1}^{T} (R_t - R_m)^2 = \frac{1}{T} \sum_{t=1}^{T} R_t^2 - R_m^2 \tag{3-26}$$

由式（3-26）可知，由于同一网络计划中，计算工期（T）和资源需用量的平均值（R_m）均为常数，所以，只有资源需用量的平方和（$\sum\limits_{t=1}^{T} R_t^2$）最小时其方差（$\sigma^2$）为最小。

设某项工作 K 从第 i 个时间段开始，第 j 个时间段完成，其资源强度为 r_k，则网络计划资源需用量的平方和为：

$$\left[\sum_{t=1}^{T} R_t^2 \right]_0 = R_1^2 + R_2^2 + \cdots + R_i^2 + R_{i+1}^2 + \cdots + R_j^2 + R_{j+1}^2 + \cdots + R_T^2 \tag{3-27}$$

若工作 K 向右（向后）移动一个单位时间，即从第 $i+1$ 个时间段开始，第 $j+1$ 个时间段完成，此时网络计划资源需用量的平方和为：

$$\left[\sum_{t=1}^{T} R_t^2 \right]_1 = R_1^2 + R_2^2 + \cdots + (R_i - r_k)^2 + R_{i+1}^2 + \cdots + R_j^2 + (R_{j+1} + r_k)^2 + \cdots + R_T^2$$

$$\tag{3-28}$$

由式(3-28)减去式(3-27)可以得到，当工作 K 的开始时间向右移动一个时间单位时，网络计划资源需用量平方和的增量 Δ 为

$$\Delta = 2r_k(R_{j+1} + r_k - R_i) \tag{3-29}$$

从式(3-29)可知，当 Δ 为负值时，说明工作 K 的开始时间向右移动后，其资源需用量的平方和减小，资源需用量的方差也减小，从而资源需用量更均衡。所以，工作 K 的开始时间向右移动的条件是 Δ 小于或等于零，即

$$R_{j+1} + r_k - R_i \leqslant 0 \quad \text{或} \quad R_{j+1} + r_k \leqslant R_i \tag{3-30}$$

式(3-30)表明：当网络计划中工作 K 完成时间之后的一个时间段对应的资源需用量 (R_{j+1}) 与工作 K 的资源强度 (r_k) 之和不超过工作 K 开始时对应的资源需用量 (R_i) 时，将工作 K 向右移动一个时间单位时资源需用量更加均衡。

(2)"工期固定，资源均衡"的优化步骤

1) 按各项工作最早开始时间安排计划，并计算网络计划每个单位时间资源需用量。

2) 从网络终节点开始，按工作完成节点编号从大到小的顺序依次进行调整，当某节点有多项工作作为完成节点时，应先调整开始时间较迟的工作。

工作调整必须同时满足以下两个条件。

① 工作具有可移动的机动时间；

② 满足判别式(3-30)条件。

3) 当所有工作均按上述顺序自右向左调整一次后，为使资源需用量更加均衡，再按上述顺序进行多次调整，直至所有工作均不宜移动为止。

【例 3-8】　某工程初始双代号时标网络计划如图 3-44 所示，箭线上方的数字为工作的资源强度，试对其进行"工期固定，资源均衡"的优化。

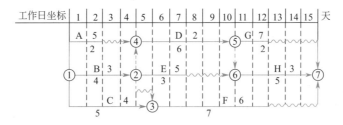

图 3-44　某工程初始双代号时标网络计划

解　(1) 按最早开始时间计算网络计划每个单位时间资源需用量

资源需用量动态曲线如图 3-45 所示。

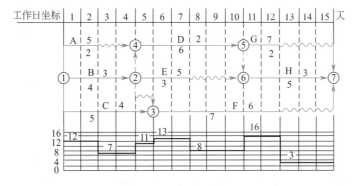

图 3-45　初始网络计划资源需用量动态曲线

由于总工期为 15 天，故资源需用量平均值为：

$$R_m = (2 \times 12 + 2 \times 7 + 11 + 2 \times 13 + 3 \times 8 + 2 \times 16 + 3 \times 3)/15 \approx 9.4$$

（2）从终节点开始，按工作完成节点编号从大到小的顺序依次进行调整

1）第一次调整　以终节点⑦为完成节点的工作有 G、F、H 三项，由于 H 没有机动时间，不可移动。又因工作 G 的最早开始时间迟于工作 F，所以选择工作 G 作为调整对象。

① 由于 $R_{13} + r_G = 3 + 7 = 10$，小于 $R_{11} = 16$，所以工作 G 可以向右移动一个时间单位，其开始时间由第 11 时间段改为第 12 时间段，完成时间由第 12 时间段改为第 13 时间段；

② 移动后，由于 $R_{14} + r_G = 3 + 7 = 10$，小于 $R_{12} = 16$，所以工作 G 还可以向右移动一个时间单位，同样其开始时间和完成时间均向后移动一个时间单位；

③ 移动后，由于 $R_{15} + r_G = 3 + 7 = 10$ 和 $R_{13} = 10$ 相等，所以工作 G 还可以向右移动一个时间单位，至此，工作 G 不可再移。工作 G 调整后的资源动态曲线如图 3-46 所示。

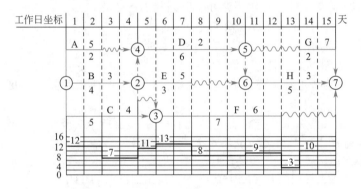

图 3-46　工作 G 调整后的资源动态曲线

2）第二次调整　选择工作 F 作为调整对象。

① 由于 $R_{13} + r_F = 3 + 6 = 9$，小于 $R_6 = 13$，所以工作 F 可以向右移动一个时间单位；

② 移动后，由于 $R_{14} + r_F = 10 + 6 = 16$，大于 $R_7 = 13$，所以工作 F 不可以移动。工作 F 调整后的资源动态曲线如图 3-47 所示。

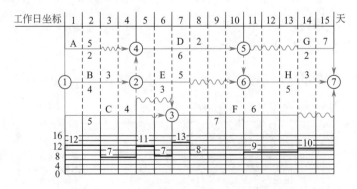

图 3-47　工作 F 调整后的资源动态曲线

3）第三次调整　以⑤号节点为完成节点的工作只有工作 D，而工作 D 没有机动时间，所以不可移动；以⑥号节点为完成节点的工作只有工作 E，所以选择工作 E 作为调整对象。

由于 $R_8 + r_E = 8 + 5 = 13$，大于 $R_5 = 11$，所以工作 E 不可以移动。

4）第四次调整 以④号节点为完成节点的工作有工作 A、B，且工作 A 有机动时间，选择以 A 为调整对象。

① 由于 $R_3+r_A=7+5=12$，等于 $R_1=12$，所以工作 A 可以向右移动一个时间单位；

② 移动后，由于 $R_4+r_A=7+5=12$，等于 $R_2=12$，所以工作 A 还可以向右移动一个时间单位；

③ 移动后，由于 $R_5+r_A=11+5=16$，大于 $R_3=12$，至此，工作 A 不可以移动。工作 A 调整后的资源动态曲线如图 3-48 所示。

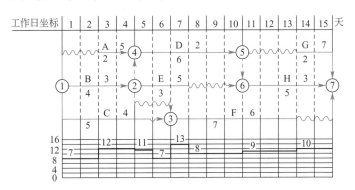

图 3-48 工作 A 调整后的资源动态曲线

5）第五次调整 以③节点为完成节点的工作有 C、B，且工作 C 有机动时间，以工作 C 为调整对象。

由于 $R_6+r_C=7+4=11$，大于 $R_1=7$，所以工作 C 不可以移动。

以②节点为完成节点的工作只有工作 B，且没有机动时间，所以工作 B 不可移动。

第一回合的调整到此结束，为了使资源需用量更加均衡，再按上述顺序进行第二次、第三次调整，直至所有工作均不宜移动为止。

本例到此，所有工作均不能移动，资源需用量均衡程度最优。

任务六 单代号搭接网络

前述单代号、双代号网络计划中，表示工作之间的逻辑关系是：只有当其紧前工作完成之后方可进行下一项工作，即紧前工作的完成是下一项工作开始的条件。但是，在工程项目建设中，有许多工作的开始并不是以其紧前工作的完成为条件，只要其紧前工作开始一段时间，即可开始本项工作。把不需要其紧前工作完成之后再开始本项工作的这种关系称之为搭接关系。

标有搭接关系的网络计划，称为搭接网络计划，一般采用单代号网络图表示。

一、搭接关系及表达方式

搭接网络计划中，常见的搭接关系有五种，表达方式见表 3-6。

（1）结束到开始的搭接关系（FTS） 用前一项工作的结束到后一项工作的开始之间的时距来表示相邻两项工作搭接关系，如表 3-6 中（1）所示。

（2）结束到结束的搭接关系（FTF） 用前一项工作的结束到后一项工作的结束之间的时距来表示相邻两项工作搭接关系，如表 3-6 中（2）所示。

（3）开始到开始的搭接关系（STS） 用前一项工作的开始到后一项工作的开始之间的时距来表示相邻两项工作搭接关系，如表 3-6 中（3）所示。

表 3-6 常见搭接关系及表达方式

序号	搭接关系	横道图示意	时距参数	网络图表达
(1)	结束到开始	$FTS_{i,j}$ 示意 i j	$FTS_{i,j}$	i名称D_i —$FTS_{i,j}$→ j名称D_j
(2)	结束到结束	$FTF_{i,j}$ 示意 i j	$FTF_{i,j}$	i名称D_i —$FTS_{i,j}$→ j名称D_j
(3)	开始到开始	$STS_{i,j}$ 示意 i j	$STS_{i,j}$	i名称D_i —$STS_{i,j}$→ j名称D_j
(4)	开始到结束	$STF_{i,j}$ 示意 i j	$STF_{i,j}$	i名称D_i —$STF_{i,j}$→ j名称D_j
(5)	混合搭接	$FTF_{i,j}$ $STS_{i,j}$ 示意	$STS_{i,j}$, $FTF_{i,j}$	i名称D_i —$STS_{i,j}$ $FTF_{i,j}$→ j名称D_j

（4）开始到结束的搭接关系（STF） 用前一项工作的开始到后一项工作的结束之间的时距来表示相邻两项工作搭接关系，如表 3-6 中（4）所示。

（5）混合搭接关系 相邻两项工作之间同时存在上述四种关系中的两种及以上的关系时，这种具有多重约束关系称为混合搭接关系，如表 3-6 中（5）所示。

二、搭接网络计划时间参数的计算

单代号搭接网络计划时间参数的计算与单代号、双代号网络计划时间参数的计算原理基本相同。现以图 3-49 单代号搭接网络计划为例（单位：天），说明其计算方法和步骤。

1. 最早开始时间和最早完成时间（最早时间）计算

工作最早开始时间和最早完成时间的计算，从网络计划起始节点开始，按节点的大小，从小到大，从左至右依次进行。

① 搭接网络计划往往以虚工作为起始节点，虚工作的最早开始时间和最早完成时间均为零（图 3-50），即 $ES_0=EF_0=0$；

② 与虚工作相联系的工作，其最早开始时间也为零，即 $ES_1=0$；其最早完成时间等于该工作最早开始时间与其持续时间的和，即 $EF_1=ES_1+D_1=0+2=2$；

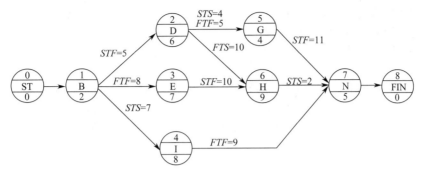

图 3-49 单代号搭接网络计划

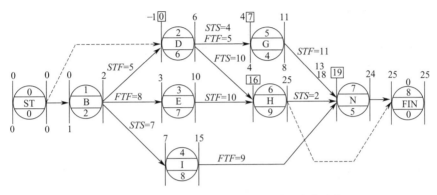

图 3-50 单代号搭接网络计划最早时间参数计算

③ 其他工作的最早开始时间和最早完成时间，要根据该工作与其紧前工作的时距进行计算。

设该工作节点号为 j，该工作的紧前工作节点号为 i（该工作可能不仅一项紧前工作），则该工作的最早开始时间为

$$ES_j = \max \begin{pmatrix} FTS_{i,j} : EF_i + FTS_{i,j} \\ STS_{i,j} : ES_i + STS_{i,j} \\ FTF_{i,j} : EF_i + FTF_{i,j} - D_j \\ STF_{i,j} : ES_i + STF_{i,j} - D_j \end{pmatrix} \tag{3-31}$$

最早完成时间为：$EF_j = ES_j + D_j$

本例（图 3-49）中 $ES_2 = \max\{ES_1 + STF_{1,2} - D_2\} = \max\{0 + 5 - 6\} = -1$

节点号为 2 的工作（D 工作）最早开始时间为负值，显然不合理。为此，应将该工作与起始节点的虚工作用虚箭线相连，如图 3-50 所示，并重新计算该工作的最早时间。因该工作与起始节点的虚工作相联系，所以，该工作的最早开始时间为零（$ES_2 = 0$），最早完成时间为：$EF_2 = 0 + 6 = 6$。

$ES_3 = \max\{EF_1 + FTF_{1,3} - D_3\} = \max\{2 + 8 - 7\} = 3$

$EF_3 = ES_3 + D_3 = 3 + 7 = 10$

$ES_4 = \max\{ES_1 + STS_{1,4}\} = \max\{0 + 7\} = 7$

$EF_4 = ES_4 + D_4 = 7 + 8 = 15$

$ES_5 = \max\{ES_2 + STS_{2,5}, EF_2 + FTF_{2,5} - D_5\} = \max\{0 + 4, 6 + 5 - 4\} = \max\{4, 7\} = 7$

$EF_5 = ES_5 + D_5 = 7 + 4 = 11$

$ES_6 = \max\{EF_2 + FTS_{2,6}, ES_3 + STF_{3,6} - D_6\} = \max\{6 + 10, 3 + 10 - 9\} = \max\{16, 4\} = 16$

$$EF_6 = ES_6 + D_6 = 16 + 9 = 25$$

$ES_7 = \max\{ES_5 + STF_{5,7} - D_7, ES_6 + STS_{6,7}, EF_4 + FTF_{4,7} - D_7\} = \max\{7 + 11 - 5,$

$16 + 2, 15 + 9 - 5\} = \max\{13, 18, 19\} = 19$

$$EF_7 = ES_7 + D_7 = 19 + 5 = 24$$

在单代号网络计划中，计算工期是由最后一项工作的最早完成时间决定的。然而，在单代号搭接网络计划中，决定计算工期不一定是最后一项工作的最早完成时间。所以，全部最早时间计算完后，还应该检查网络计划中其他工作的最早完成时间是否超过最后一项工作的最早完成时间。本例（图 3-49）中，6 号节点的 H 工作的最早完成时间大于 7 号节点的 N 工作的最早完成时间，故网络计划的计算工期是由 H 工作的最早完成时间决定的。为此，将工作 H 与虚拟终节点工作用虚箭线相连（图 3-50），于是，得到网络计划终节点的最早开始时间和最早完成时间为

$$ES_8 = EF_8 = \max\{EF_6, EF_7\} = \max\{24, 25\} = 25$$

2. 最迟完成时间和最迟开始时间（最迟时间）计算

工作最迟完成时间和最迟开始时间的计算，从网络计划终节点开始，按节点的大小，从大到小，从右至左依次进行。

① 如果没有规定要求工期，虚拟终节点工作的最迟完成时间和最迟开始时间均等于计算工期（图 3-51），即

$$LF_8 = LS_8 = 25$$

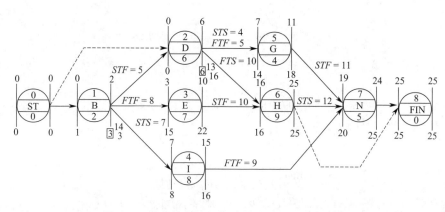

图 3-51 单代号搭接网络计划最迟时间参数计算

② 与虚拟终节点相连的工作，其最迟完成时间也等于计算工期，即

$$LF_7 = LF_6 = 25$$

其最迟开始时间等于该工作最迟完成时间与其持续时间的差，即

$$LS_7 = LF_7 - D_7 = 25 - 5 = 20$$

$$LS_6 = LF_6 - D_6 = 25 - 9 = 16$$

③ 其他工作的最迟完成时间和最迟开始时间，要根据该工作与其紧后工作的时距进行计算。设该工作节点号为 i，该工作的紧后工作节点号为 j（该工作可能不仅一项紧后工作），则该工作的最迟完成时间为

$$LF_i = \min \begin{pmatrix} FTS_{i,j} : LS_j - FTS_{i,j} \\ STS_{i,j} : LS_j - STS_{i,j} + D_i \\ FTF_{i,j} : LF_j - FTF_{i,j} \\ STF_{i,j} : LF_j - STF_{i,j} + D_i \end{pmatrix} \quad (3\text{-}32)$$

最迟开始时间为：$LS_i = LF_i - D_i$

本例（图 3-49）中，$LF_5 = \min\{LF_7 - STF_{5,7} + D_5\} = \min\{25 - 11 + 4\} = 18$

$LS_5 = LF_5 - D_5 = 18 - 4 = 14$

$LF_4 = \min\{LF_7 - FTF_{4,7}\} = \min\{25 - 9\} = 16$

$LS_4 = LF_4 - D_4 = 16 - 8 = 8$

$LF_3 = \min\{LF_6 - STF_{3,6} + D_3\} = \min\{25 - 10 + 7\} = 22$

$LS_3 = LF_3 - D_3 = 22 - 7 = 15$

$LF_2 = \min\{LS_5 - STS_{2,5} + D_2, LF_5 - FTF_{2,5}, LS_6 - FTS_{2,6}\} = \min\{14 - 4 + 6, 18 - 5, 16 - 10\} = 6$

$LS_2 = LF_2 - D_2 = 6 - 6 = 0$

$LF_1 = \min\{LF_2 - STF_{1,2} + D_1, LF_3 - FTF_{1,3}, LS_4 - STS_{1,4} + D_1\} = \min\{6 - 5 + 2, 22 - 8, 8 - 7 + 2\} = 3$

$LS_1 = LF_1 - D_1 = 3 - 2 = 1$

$LS_0 = LF_0 = \min\{LS_2, LS_1\} = \min\{0, 1\} = 0$

④ 计算两相邻工作之间的时间间歇。两相邻工作之间的时间间隔，依据其时距关系计算；当两相邻工作之间有两种以上时距时，应分别计算出时间间隔，然后取其最小值，即

$$LAG_{i,j} = \min \begin{pmatrix} FTS_{i,j} : ES_j - EF_i - FTS_{i,j} \\ STS_{i,j} : ES_j - ES_i - STS_{i,j} \\ FTF_{i,j} : EF_j - EF_i - FTF_{i,j} \\ STF_{i,j} : EF_j - ES_i - STF_{i,j} \end{pmatrix} \tag{3-33}$$

当两相邻工作之间没有时距时，按普通网络计划计算，即：$LAG_{i,j} = ES_j - EF_i$。

本例（图 3-49）中，$LAG_{0,2} = ES_2 - EF_0 = 0 - 0 = 0$

$LAG_{1,2} = \min\{EF_2 - ES_1 - STF_{1,2}\} = \min\{6 - 0 - 5\} = 1$

$LAG_{2,5} = \min\{ES_5 - ES_2 - STS_{2,5}, EF_5 - EF_2 - FTF_{2,5}\} = \min\{7 - 0 - 4, 11 - 6 - 5\} = 0$

其他两相邻工作之间的时间间隔计算类同，如图 3-52 所示。

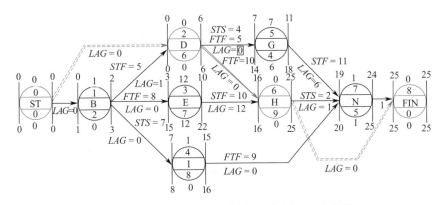

图 3-52 单代号搭接网络计划时间间隔及时差计算

⑤ 总时差、自由时差计算，关键线路的确定。总时差、自由时差的计算以及关键线路确定与普通单代号网络计划相同，这里不再阐述。总时差、自由时差计算结果及关键线路如图 3-52 所示。

单元总结

　　本单元主要阐述了网络计划是编制工程项目进度计划的现代化科学管理方法，与横道图计划相比各具特点，包括双代号和单代号表示方法。双代号的绘制，必须遵循一定的基本规则和绘制方法，讲解了时间参数的计算方法和标注方法（六时、四时、二时），关键线路和关键工作确定方法，熟悉了具有形象、直观特点的时标网络计划。单代号网络图应用相对较少，绘制规则类似于双代号网络图，需掌握其绘制过程和时间参数计算，进而了解单代号搭接网络计划。网络计划主要用来编制工程项目施工进度计划，通过优化进行调整和改进，满足工期目标、费用目标和资源目标，得到最佳计划方案。

 拓展案例-BIM5D进度计划网络图绘制

　　随着社会的发展，工程体量大、造价高、难度高，参与方多的工程项目越来越多，这类项目在总承包管理过程中的数据管理及协同工作方面存在很大的挑战。目前，施工进度管理主要是采用P6、Microsoft project等工程管理软件对施工进度计划进行管理，以横道图的形式展示项目进展情况，管理模式大部分停留在二维平面上，对于标段多、工序复杂的建设工程，对施工进度的管理难以达到全面、统筹、精细化的动态管理。BIM5D形成的BIM云协同平台，打破项目相关的人、信息、流程等之间的各种壁垒和边界，实现项目管理之间高效协同作业。

　　在BIM5D中，可以新建工程，进入网络计划绘制界面，在弹出的网络计划一般属性界面输入项目名称、开始时间、结束时间及总工期等信息，在弹出的工作信息卡中，如图3-53所示，输入第一个工作名称，点击【确定】，完成"工作1"绘制。

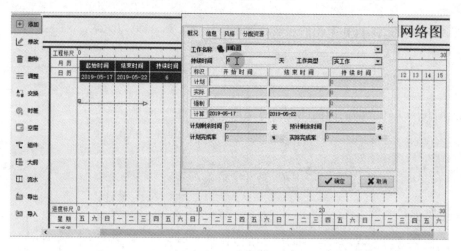

图3-53　工程信息卡

　　BIM5D网络计划图清晰地展现关键工作、一般工作、虚工作及时差，便于理解和区分。如图3-54所示，不占用时间且不耗用资源的虚工作正在建立中。

　　假如，在绘制过程中，误将工作E的工期输入错误，修改时，可直接在"添加"状态修改工作，将光标移至工作线中间位置，出现平行箭头时双击，在弹出的工作信息卡中修改工作名称或工期。另外，如果此处只要修改工期，可以按住【Shift】，光标移至工作线上，摁住左键左右移动。如不需要该工作，也可右键直接删除，如图3-55所示。

　　请大家观看二维码3.7微课后，试通过BIM5D完成下面案例。某

3.7　BIM5D进度 计划网络图绘制

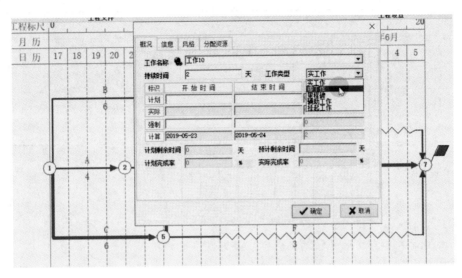

图 3-54　进度计划网络图编辑界面（一）

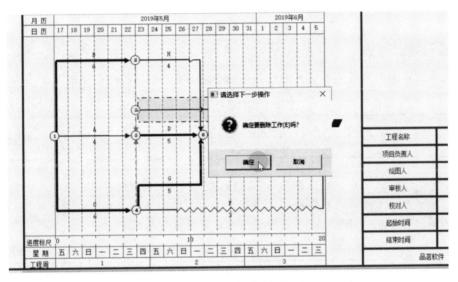

图 3-55　进度计划网络图编辑界面（二）

工程由 9 项工作组成，9 项工作的持续时间和逻辑关系如表 3-7 所示，试利用 BIM5D 绘制双代号网络图。

表 3-7　某工程进度计划

工作名称	紧前工作	紧后工作	持续时间/天
A	—	D	4
B	—	D、E、H	6
C	—	F、D、G	6
D	A、B、C	I	5
E	B	—	8

续表

工作名称	紧前工作	紧后工作	持续时间/天
F	C	—	3
G	C	I	5
H	B	I	4
I	D、H、G	—	9

思考题

1. 举例说明何为工艺关系和组织关系。

2. 简述绘制网络图规则。

3. 何为总时差和自由时差？确定关键线路的方法有哪些？

4. 双代号时标网络中的波形线表示什么？

5. 费用优化中，当关键工作（或关键工作组合）直接费用率大于工程间接费用率时，说明什么？

6. "工期固定，资源均衡"优化中，工作 K 向右移动一个单位时间的条件是什么？

练习题

1. 已知工作间的逻辑关系见表 3-8，试分别绘制双代号和单代号网络计划。

表 3-8　工作间的逻辑关系

工作名称	A	B	C	D	E	G	H	I
紧前工作	—	—	A	A,B	B	C	C,D,E	C,D

2. 某网络计划的有关资料见表 3-9，试绘制双代号网络计划。

① 计算出各项工作的六时参数，并进行标注（标明关键线路）。

② 计算出各节点时间参数，并进行标注（标明关键线路）。

表 3-9　某网络计划的有关资料（一）　　　　单位：天

工作名称	A	B	C	D	E	G	H	I
紧前工作	—	—	—	A,B,C	B,C	C	G,E	D,G
持续时间	15	16	20	15	19	16	7	10

3. 某网络计划有关资料见表 3-10，试绘制单代号网络计划，并计算各项工作的六时参数以及相邻两项工作的时间间隔。最后，用双箭线标明关键线路。

表 3-10　某网络计划的有关资料（二）　　　　单位：天

工作名称	A	B	C	D	E	G	H	I
紧前工作	—	—	—	A,B	B	C,D	D,E	G,H
持续时间	8	9	7	6	10	4	9	8

4. 某网络计划有关资料见表 3-11。假设该工程开工时间为 2019 年 2 月 18 日（星期一），双休日休息。试绘制时标网络计划，并判定各项工作的六个时间参数和关键线路。

表 3-11　某网络计划的有关资料（三）　　　　　　单位：天

工作名称	A	B	C	D	E	G	H	I	J	K
紧前工作	—	A	A	B	B	D	G	G,E	C,E,G	H,I
持续时间	2	5	3	3	3	2	4	3	6	2

5. 已知某网络计划如图 3-56 所示。箭线下方括号外数字为工作的正常持续时间，括号内数字为工作的最短持续时间；箭线上方括号外数字为正常持续时间的直接费，括号内数字为最短持续时间的直接费，单位为"万元"。如果工程间接费率为 0.8 万元/天，则最低工程费用时的工期为多少天？

6. 试计算图 3-57 所示单代号搭接网络计划的时间参数，并确定关键线路。

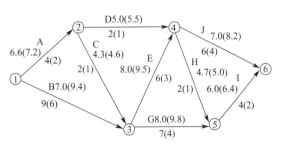

图 3-56　双代号网络计划费用优化

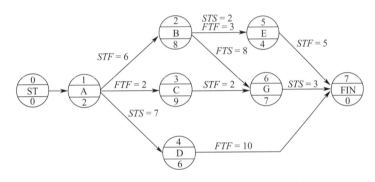

图 3-57　单代号搭接网络计划时间参数计算

7. 【**2013 年二级建造师真题**】某双代号网络计划如图 3-58 所示，图中存在的绘图错误有（　　）。

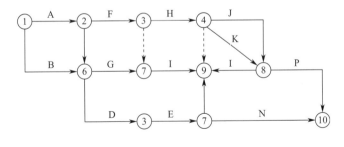

图 3-58　某双代号网络计划

A. 多个终点节点
C. 循环回路
E. 多个起点节点

B. 节点编号重复
D. 两项工作有相同的节点编号

3.8　二建真题解析之双代号网络图

教学实训

　　某四层框架结构工程，第二层现浇钢筋混凝土柱分为三个施工过程：钢筋工程、模板工程和混凝土工程，平面上分为两个施工段进行流水施工，承包商经过计算分析，确定了各项工作持续时间，$D_钢=3$ 天、$D_模=4$ 天、$D_混=2$ 天。

　　实训任务如下：

　　1. 绘制双代号网络计划图，同时绘制时标网络计划图；

　　2. 找出关键线路，并计算总工期；

　　3. 求出第二施工段钢筋工程的总时差和自由时差；

　　4. 如果第二施工段钢筋工程延误 4 天，则影响计划工期（　　）天。

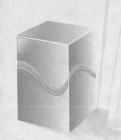

学习单元四

施工组织设计

知识目标

- 了解施工组织设计编制的内容、依据、程序；
- 熟悉施工总平面图的设计内容、依据、原则、步骤及要求；
- 掌握总进度计划、单位进度计划编写所依据的内容和方法。

能力目标

- 能叙述总进度计划、单位工程进度计划的作用，编制的内容、依据；
- 能编制简单的总进度和单位工程进度计划；
- 能根据场地要求设计施工总平面图。

4.1 单位工程施工
组织设计编制程序

案例导航

某施工单位承包了工业厂房建设项目，主要用于混凝土预制构件的批量生产，项目部为了更好地管理和指导生产，需要编制一份施工组织设计，试问施工组织设计包括哪些内容，应当如何编写？

案例分析

虽然施工组织设计的目录内容差别不大，但各工程之间情况是千变万化的，因此，必须按照工程实际编写，同时还应符合国家政策和合同规定的要求，符合施工工艺规律，并能认真地贯彻执行，只有这样才能较好地发挥投资效益，那么完整的施工组织设计包括哪些内容呢？

知识链接

任务一　概述

一、施工组织设计内容

根据工程设计阶段和编制对象的不同，大中型施工项目施工组织设计一般可分为施工组织总设计、单位工程施工组织设计和分部分项工程施工组织设计，三类设计是一个体系。一般当项目需要进行初步设计或技术设计（或扩大初步设计）时，则需编制施工组织总设计，属工程总体的控制性规划，当施工图设计完成后，则进行单位工程施工组织设计，它们是施工组织总设计的实施和保证计划。具体内容如下。

1. 施工组织总设计

施工组织总设计是以整个建设项目或工地群体工程为对象编制的，是整个建设项目或群体工程施工部署和科学组织的全局性、全过程性的指导性文件。

施工组织总设计的编制依据是：建筑设计任务书，工程项目一览表及概算造价，建筑总平面图，建筑区域平面图，房屋及构筑物平、立、剖面图，建筑场地竖向设计，建筑场地及勘察条件；现场定额和技术规范；承包合同，对建筑安装工程施工组织分期施工与交工时间的要求等。

2. 单位工程施工组织设计

由于施工组织设计的用途、类型不同，其内容也有所差异。单位工程施工组织设计的内容一般包括工程概况，施工方案，施工进度计划，资源需要量计划，施工平面图，技术措施和主要技术经济指标等。其中指导工程施工用的施工组织设计的基本内容如下。

（1）工程概况　施工组织设计应首先对拟装工程的概况及特点进行调查分析并加以简述，以便明确工程任务的基本情况。其目的是使施工组织设计的编制者能"对症下药"，使审批者了解情况，使实施者心中有数。因此，这部分内容具有多方面的作用。

4.2　工程施工概况

1）工程特征　说明建筑物、构筑物的基础形式、结构特点、建筑面积、层数、高度及内、外装修要求；使用新结构、工艺情况，以及对施工的要求；交付使用期限。

2）建设地区的特征　包括位置、地形、工程地质情况；气温、主导风向，冬、雨季时间、风力和地震烈度等。

3）施工条件　施工单位及劳动力、机械设备情况，材料、预制品供应情况，供水供电和交通运输情况，施工中应注意的关键性问题等。

（2）施工方案　施工方案是根据对工程概况的分析，将人力、材料、机具、资金和施工方法等可变因素与时间、空间进行的优化组合。包括全面布置施工任务，安排施工顺序和施工流向；确定施工方法和施工机具。其选择过程是通过逐步逐项地比较、分析、评价，最后确定出最佳方案。

4.3　单位工程的
施工顺序

（3）施工进度计划　施工进度计划是施工组织设计在时间上的体现。进度计划是组织与控制整个工程进展的依据，是施工组织设计中关键的内容。因此，施工进度计划的编制要采用先进的组织方法（如流水施工）和计划理论（如网络计划）以及计算方法（如各项时间参数、资源量、评价指标计算等），综合平衡进度设计，规定施工的步骤和时间，以期达到各项资源在时间上和空间上的合理使用，并满足既定的目标。

施工进度计划的编制，包括划分施工过程、计算工程量、计算劳动量、确定人员配备和工作延续时间，划分施工段、编排进度计划及检查调整等项工作。

（4）资源需要量计划　当进度计划确定后，可根据各施工过程的持续时间及所需资源量编制出劳动力、材料、加工品、机具等需要量计划，它是施工进度计划实现的保证，也是有关职能部门进行资源调配和供应的依据。

（5）施工平面图　即施工现场平面布置图，它是施工组织设计在空间上的体现。施工平面图本着合理利用现场空间的原则，以方便生产、有利生活、文明施工为目的，对投入的各项资源与工人生产、生活的活动场地进行合理安排。

（6）技术措施和主要技术经济指标　一项工程的完成，除了施工方案要选择得合理、进度计划要安排得科学之外，还必须采取各种有效的措施，以确保质量、安全和成本的降低。所以，在施工组织设计之中，应加强各种保证措施的制定，以便在贯彻施工组织设计时，目标明确，措施得当。

主要技术经济指标是对确定的施工方案、施工进度计划及施工平面图的技术经济效益进行全面的分析和评价，用以衡量组织施工的水平。一般用施工工期、全员劳动生产率、资源利用系数、质量、成本、安全、材料节约率等指标表示。

施工组织设计的内容，不但要根据施工组织设计的类型，还要根据工程的具体情况，确定完整编写，还是简单编写。对于工程规模大、构造复杂、技术要求高、采用新构造做法、新技术、新材料和新工艺的拟装工程项目，必须编制内容详尽的完整施工组织设计。对工程规模小、构造简单、技术要求和工艺方法不复杂的拟装工程项目，则可以编制内容粗略的简单施工组织设计，一般仅包括施工方案、施工进度计划和施工总平面布置图等。

二、施工组织设计编制依据

① 设计单位的图纸和编制的概预算文件。

② 上级主管部门和建设单位的要求：如工程名称，用地范围，工期，质量等级和技术要求、验收标准等。

③ 建设单位关于土地征用、拆迁和建筑许可的办理及资金、材料、设备和协作配套条件的落实情况。水电、运输和临时设施可提供的条件。

④ 勘测设计、气象、城建等部门和施工企业对建设地区的自然条件与技术经济条件资料。如地形，地质，地上地下施工障碍物、水准点，气象、交通、水、电和施工条件等。

⑤ 国家及建设地区现行的有关规定、规程、规范和企业定额。

三、施工组织设计程序

编制施工组织设计程序是指施工组织设计编制过程中必须遵循的先后顺序和相互依存的制约关系。根据工程的特点和施工条件，编制程序繁简不一，其编制程序如下：

① 熟悉审查施工图纸、核查原始资料；

② 选择施工方案；

③ 计算工程量；

④ 编制施工进度计划；

⑤ 编制资源计划；

⑥ 确定临时生产、生活设施；

⑦ 确定临时供水、供电等管线；

⑧ 编制运输计划；

⑨ 编制施工准备工作计划；

⑩ 布置施工平面图；

⑪ 计算技术经济指标；

⑫ 报主管部门审批。

任务二　施工总进度计划及资源供应计划

一、施工总进度计划的作用

施工总进度计划是现场施工活动在时间上的体现。编制施工总进度计划就是根据施工部署以及施工方案和工程的开展程序，对各个单位工程施工做出时间上的安排（包括总包、分包、协作施工单位的所有工程项目）。

施工总进度计划的作用在于确定各个建筑物及其主要工种工程、准备工程和全工地性工程的施工期限及其开工和竣工的日期，从而确定建筑工地上劳动力、材料、成品、半成品的需要和调配情况；建筑机构附属企业的生产能力，建筑职工居住房屋的面积，仓库和堆场的面积，供水供电的数量等。

因此，正确地编制施工总进度计划是保证各个工程项目以及整个建设工程按期交付使用、充分发挥投资效果、降低建筑工程成本的重要条件。

二、施工总进度计划的编制方法

施工总进度计划一般按下述方法编制。

1. 计算拟建建筑物以及全工地性工程的工程量

根据批准的总承建工程项目一览表，按工程开展程序和单位工程计算主要实物工程量。此时计算工程量是为了选择施工方案和主要的施工、运输机械；初步规划主要施工过程的流水施工，计算工人及技术物资的需要量。因此，工程量只需粗略地计算即可。

计算工程量，可按初步设计（或扩大初步设计）图纸并根据各种定额手册进行计算。常用的定额资料有以下几种。

（1）万元、十万元投资工程量、劳动力及材料消耗扩大指标　在这种定额中，规定了一种结构类型建筑，每万元或十万元投资中劳动力消耗数量、主要材料消耗数量等。对照设计图纸中的结构类型，即可求得拟建工程分项需要的劳动力和主要材料消耗数量。

（2）概算指标和扩大结构定额　这两种定额都是预算定额的进一步扩大。分别按建筑物的结构类型、跨度、高度等分类，指出每 $100m^2$ 建筑面积和每 $100m^3$ 建筑体积的劳动力和材料消耗指标。

（3）已建房屋、构筑物的资料　在缺少定额手册的情况下，可采用已建类似工程实际材料和劳动力消耗。但是和拟建工程完全相同的已建工程是比较少见的，因此在采用已建工程资料时，一般都要进行必要的调整。

除房屋外，还必须确定主要的全工地性工程的工程量，例如道路长度，地下管线长度。这些长度可以从建筑总平面图上量得。按上述方法计算出的工程量填入统一的工程量汇总表中。

2. 确定各单位工程（或单个建筑物）的施工期限

影响单位工程施工期限的因素很多，包括：建筑类型，结构特征，施工方法，施工技术和施工管理的水平，施工单位的机械化程度以及施工现场的地形、地质条件等。因而，各单位工程的工期应根据现场具体条件对上述影响因素进行综合考虑后予以确定。此外也可参考有关的工期定额（或指标），工期定额（或指标）是根据我国各部门多年来的建设经验，经分析对比后而制定的。

3. 确定单位工程（或单个建筑物）开竣工时间和相互搭接关系

在施工部署中已确定总的施工程序和各系统的控制期限，但对每一建筑物何时开工、何时竣工则未定。通常在解决这一问题时，主要应考虑下列诸方面因素。

① 同一时期进行的项目不宜过多，避免人力、物力的分散；

② 尽量使劳动力和技术物资消耗量在全工程上均衡；

③ 做到土建施工、设备安装和试生产之间在时间的综合安排上、每个项目和整个建设项目的安排上比较合理；

④ 在工厂第一期工程投产（动用已建成的工程项目）的同时安排好第二期及以后各期工程的施工；

⑤ 确定一些附属工程项目作为后备项目，用以调节主要项目的施工进度。

4. 总进度计划的形成

总进度计划以表格形式表示，目前表格形式并不统一，项目和进度的划分也不一。从总进度计划的目的、作用来看，做得过细没有必要，总进度计划主要起控制总工期的作用，计划做得过细不利于调整。对于跨年度工程，通常第一年进度按月划分，第二年及以后各年按季划分。施工总进度计划常用的表格形式见表 4-1。

表 4-1 施工总进度计划表

项目	工程名称	建筑面积/m²	结构形式	总劳动量/工日	进度计划			
					2019 年一季度	2019 年二季度	2019 年三季度	2019 年四季度

三、资源供应计划的编写依据和内容

1. 劳动力需要量计划

劳动力需要量计划是规划临时建筑和组织劳动力进场的基本依据。一般按施工总进度计划规定的各单位工程工种工程量，查预算定额或有关资料即可求出各单位工程主要工种的劳动力需要量。将各单位工程所需的主要劳动力汇总，即可得出整个建筑工程劳动力需要量计划。劳动力需要量计划见表 4-2。

表 4-2 劳动力需要量计划表

序号	工种名称	人数	月份			
			1	2	3	…

2. 各种物资需用量计划

根据工程量和施工总进度计划的要求，查概算指标（或扩大结构定额），或类似工程的经验资料即可编制。

（1）主要材料需用量计划 材料需用量计划，主要为组织备料，掌握备料情况，确定仓库、堆场面积，组织运输之用。其编制方法是将施工预算中或进度表中各施工过程的工程量，按材料名称、规格、使用时间考虑到各种材料的储备定额和消耗定额进行计算并汇总。即为每天（或旬、月）所需材料数量。主要材料需用量计划见表 4-3。

表 4-3 主要材料需用量计划表

序号	材料名称	规格	单位	数量	供应时间	备注

若某分部分项工程是由多种材料组成的，在计算材料需用量时，应将该工程的工程量换算成组成这一工程每种材料的材料量。例如混凝土工程，在计算其材料需用量时，应按混凝土配合比，将混凝土工程量换算成水泥、砂、石、外加剂等材料的数量。

（2）预制加工构件需用量计划　预制加工构件需用量计划是实施性计划。为签订供应协议或合同，确定堆场位置和面积、组织运输之用。须根据施工图、进度计划要求进行编制。构件需用量计划见表 4-4。

表 4-4　构件需用量计划表

序号	品名	规格	图号	单位	数量	使用部位	加工单位	供应时间	备注

（3）主要施工机具的需用量计划　根据采用的施工方案和安排的施工进度来确定施工机械的类型、数量、进场时间。把单位工程施工进度中每一个施工过程，每天所需的机械类型、数量和施工日期汇总，即可以得出施工机具的需用量计划。施工机具的需用量计划见表 4-5。

表 4-5　施工机具的需用量计划表

序号	机械名称	类型型号	单位	数量	货源	使用起止时间	备注

任务三　单位工程施工进度计划

单位工程施工进度计划，是在既定施工方案的基础上，根据工期要求和资源供应条件，按照合理的施工顺序和组织施工的原则，对单位工程从开始施工到工程竣工的全部施工过程在时间上和空间上进行的合理安排。单位工程施工进度计划的作用是指导现场施工的安排、控制施工进度以确保工程的工期。同时也是编制劳动力、机械及各种物资需要量计划和施工准备工作计划的依据。

一、单位工程施工进度计划编写依据

编制单位工程施工进度计划的依据是单位工程的施工图；建设单位要求的开工、竣工日期；单位工程施工图预算及采用的定额和说明，施工方案是建筑地区的地质、水文、气象及技术经济资料等。

根据工程规模大小、结构的复杂程度、工期长短及工程的实际需要，单位工程施工进度计划一般可分为控制性进度计划和指导性进度计划。

1. 控制性进度计划

控制性进度计划是以单位工程或分部工程作为施工项目划分对象，用以控制各单位工程或分部工程的施工时间及它们之间互相配合、搭接关系的一种进度计划，常用于工程结构较为复杂、规模较大、工期较长或资源供应不落实、工程设计可能变化的工程。

2. 指导性进度计划

指导性进度计划是以分部分项工程作为施工项目划分对象，具体确定各主要施工过程的施工时间及相互间搭接、配合的关系。对于任务具体而明确、施工条件基本落实、各种资源供应基本满足、施工工期不太长的工程均应编制指导性进度计划；对编制了控制性进度计划的单位工程，当各单位工程或分部工程及施工条件基本落实后，也应在施工前编制出指导性进度计划，不能以"控制"代替"指导"。

单位工程施工进度计划通常用横道图表或网络图两种形式表达。横道图表能较为形象直观地表达各施工过程的工程量、劳动量、使用工种、人（机）数、起始时间、延续时间及各施工过程间的搭接、配合关系。而网络图能表示出各施工过程之间相互制约、相互依赖的

逻辑关系，能找出关键线路，能优化进度计划，更便于用计算机管理。

二、单位工程施工进度计划编写方法

单位工程施工进度计划是单位工程施工组织设计的重要组成部分。它的任务是按照组织施工的基本原则，根据选定的施工方案，在时间和施工顺序上做出安排，达到以最少的人力、财力，保证在规定的工期内完成合格的单位建筑产品。

单位工程施工进度计划的作用是控制单位工程的施工进度；按照单位工程各施工过程的施工顺序，确定各施工过程的持续时间以及它们相互间（包括土建工程与其他专业工程之间）的配合关系；确定施工所必需的各类资源（人力、材料、机械设备、水、电等）的需要量。同时，它也是施工准备工作的基本依据，是编制月、旬作业计划的基础。

单位工程施工进度计划一般采用水平图表（横道图，见表 4-6）、垂直图表和网络图的形式，编制单位工程施工进度计划的方法及步骤如下。

表 4-6　单位工程施工进度计划表

序号	分部分项工程	工程量		定额	劳动量		需用机械		每日工作班数	每班工种人数	工种天数	进度日程							
												××××年				××××年			
		单位	数量		工种	工日	名称	台班				一季度	二季度	三季度	四季度	一季度	二季度	三季度	四季度

1. 确定工程项目

编制单位工程施工进度计划应首先按照施工图和施工顺序将单位工程的各施工过程列出，项目包括从准备工作直到交付使用的所有土建、设备安装工程。

工程项目计划取决于进度计划的性质。对控制性进度计划，其划分可较粗，列出分部工程即可，对实施性进度计划，其划分需较细，特别是对主导工程和主要分部工程，要求更应详细具体，以提高计划的精确性，便于指导施工。如对框架结构住宅，除要列出各分部工程项目外，还要把各分部分项工程都列出。如现浇工程可先分为柱浇筑、梁浇筑等项目，然后还应将其分为支模、扎筋、浇筑混凝土、养护、拆模等项目。

施工过程的划分还要结合施工条件、施工方法和劳动组织等因素。凡在同一时期可由同一施工队完成的若干施工过程可合并，否则应单列。对次要零星项目，可合并为"其他工程"，其劳动量可按总劳动量的 10％～20％计算，设备安装等专业工程也应列于表中，但只列项目名称并标明起止时间。

2. 计算工程量

工程量的计算应根据施工图和工程量计算规则进行。若已有预算文件且采用的定额和项目划分又与单位工程施工进度计划一致，可直接利用预算工程量，若有某些项目不一致，则应结合工程项目栏的内容计算。计算时要注意以下问题。

① 各项目的计量单位，应与采用的定额单位一致，以便计算劳动量、材料、机械台班时直接利用定额；

② 要结合施工方法和满足安全技术的要求，如土方开挖应考虑坑（槽）的挖土方法和边坡稳定的要求；

③ 要按照施工组织分区、分段，分层计算工程量。

3. 确定劳动量和机械台班数

根据各分部分项工程的工程量 Q，计算各施工过程的劳动量或机械台班数 P。若 S、H

分别为该分项工程的产量定额和时间定额，则有：

$$P = Q/S \quad （工日、台班）$$
$$或 \quad P = QH \quad （工日、台班）$$

利用上式计算时，有时会遇到定额项目过细或某些施工过程定额又未列入，这时可将定额作适当扩大，采用综合定额或参照类似项目的定额。

4. 确定各施工过程的作业天数

单位工程各施工过程作业天数（T），可根据安排在该施工过程的每班工人数或机械台数（N）和每天工作班数（B）计算。即：

$$T = P/(NB)$$

工作班制一般宜采用一班制，因其能利用自然光照，适宜于露天和空中交叉作业，有利于安全和工程质量。在特殊情况可采用二班制或三班制作业以加快施工进度；充分利用施工机械，对某些必须连续施工的施工过程或由于工作面狭窄和工期限定等也可采用多班制作业。在安排每班劳动人数时，须考虑最小劳动组合，最小工作面和可供安排的人数。

5. 安排施工进度表

各分部分项工程的施工顺序和施工天数确定后，应按照流水施工的原则，力求主导工程连续施工，在满足工艺和工期要求的前提下，使尽可能多的工作能平行地进行，并在单位工程施工进度计划表的右半部画出各分项工程施工过程的进度线。根据经验，安排单位工程施工进度计划的一般步骤如下。

① 首先找出并安排控制工期的主导分部工程，然后安排其余分部工程，使其与主导分部工程最大可能平行进行或最大限度搭接施工。

② 在主导分部工程中，首先安排主导分项工程，然后安排其余分项工程，使其进度与主导分项工程同步而不致影响主导分项工程的展开。如框架结构中柱、梁浇筑是主导分部工程之一。它由支模、绑扎钢筋、浇筑混凝土、养护、拆模等分项工程组成。其中浇筑混凝土是主导分项工程。因此，安排进度时，应首先考虑混凝土的施工进度，而其他各项工作都应在保证浇筑混凝土的浇筑速度和连续施工的条件下安排。

③ 在安排其余分部工程时，应先安排影响主导工程进度的施工过程，后安排其余施工过程。

④ 所有分部工程都按要求初步安排后，单位工程施工工期就可直接从横道图右半部分起止日期求得。

6. 单位工程施工进度计划的检查与调整

单位工程施工进度计划表初步排定后，要用单位工程限定工期、施工期间劳动力和材料均衡程度、机械负荷情况、施工顺序是否合理、主导工序是否连续及工序搭接是否有误等进行检查。检查中发现有违上述各点中的某一点或几点时，要进行调整，调整进度计划可通过调整工序作业时间，工序搭接关系或改变某分项工程的施工方法等实现。当调整某施工过程的时间安排时，必须注意对其余分项工程的影响。

经过检查，对不符合要求的部分，需进行调整和修改。一般主要是针对工期和劳动力、材料等的均衡性及机械利用程度的调整。在调整某一个分项工程时，要注意到对其他分项工程施工顺序的影响，因为它们是相互联系的。调整的方法一般有：增加或缩短某些分项工程的施工时间，在施工顺序允许的情况下，将某些分项工程的施工时间向前或向后移动，必要时，还可以改变施工方法或施工组织。

通过调整，可使劳动力、材料等需要量较为均衡，主要施工机械的利用较为合理。这样，可避免或减少短期的人力、物力的过分集中。无论对整个单位工程，还是对各个分部工程，劳动消耗均应力求均衡。否则，在高峰时期，工人人数过分集中，势必造成劳动力紧张，同时也增加为工人服务的各种临时设施，增加与工人人数有关的间接费的支出。此外还应该注意，当工地上的施工对象包括许多个建筑物时，则一个单位工程的劳动消耗是否均衡就不是主要问题，此时应当从全工地的劳动消耗情况出发来考察是否均衡，力求在全工地范围内劳动消耗是均衡的，这样才具有实际意义。

必须指出：上述编制单位工程施工进度计划的步骤不是孤立的，而是互相依赖、互相联系的，其中有的可以同时进行。同时也应该看到，由于建筑施工是一个复杂的生产过程，受到周围客观条件影响的因素很多，所以单位工程施工进度计划并不是一成不变的。在施工过程中，由于劳动力和材料、机械等物资的供应及自然条件等因素的影响而打破原计划是常见的事。因而计划的平衡是相对的，不平衡则是绝对的。故在工程进展中，应随时掌握施工动态，经常检查、调整计划。

三、施工准备工作计划

施工准备是完成单位工程施工任务的重要环节和首要条件，也是单位工程施工组织设计中的一项重要内容。因此，为了保证多快好省地完成基本建设任务，施工人员就必须在工程开工前，根据施工任务、开工日期和施工进度的需要，结合各地区的规定和要求做好各方面的准备工作。

施工准备工作不但在单位工程正式开工前需要，而且在开工后，随着施工的进展，在各阶段施工之前，仍要为各阶段的施工做好准备。因此，施工准备工作是贯穿整个工程施工的始终的。

由于拟建工程的性质、规模和复杂程度、生产基地、现场条件的不同，施工准备的工作量和内容也有所区别。但是施工准备的基本内容的范围大致相同。通常包括以下内容。

1. 技术资料的准备

（1）熟悉与会审施工图纸　为了正确地组织施工，做到"胸中有数"，应认真、细致地熟悉施工图纸，了解设计意图。一般应着重分析：拟建工程的坐标位置与建筑总平面图上的标注有无矛盾，基础设计与实际地质条件是否相符，建筑、结构和设备安装图上的几何尺寸，标高相互间有无矛盾、遗漏和错误：主要结构设计在强度、刚度和稳定性等方面有无问题，设计是否符合当地施工条件和施工能力，如采用新技术，新工艺、新材料，施工单位有无困难，需用的特殊材料的资源（品种、规格、数量）能否解决；哪些部位施工工艺比较复杂；哪些分部分项工程对工期影响较大，哪些材料供应较为困难，安装与土建施工的配合上有哪些困难，安装上的一些特殊要求施工单位的技术水平能否达到，对设计有哪些合理化建议等。

在熟悉图纸的基础上，建设单位组织设计单位、施工单位、监理单位进行图纸会审，研究解决有关技术问题。将图纸会审中形成的意见以会议纪要的形式记录，并作为施工与结算的依据。

（2）调查和分析研究有关资料　调查和分析研究自然条件和技术经济条件等资料。

（3）编制单位工程施工组织设计和施工预算　依据单位工程施工组织的用途和作用编制单位工程施工组织设计，并进行单位工程预算。

2. 劳动组织的准备

① 建立工地组织机构，建立专业或混合施工队、组。

② 组织劳动力陆续进场。

③ 进行计划与技术交底。

3. 物资准备

材料、构件、机具、设备等是保证施工任务顺利完成的物资基础。这些物资的准备必须在工程开工之前完成。提出计划,就可以组织货源,办理订购手续,安排运输和储备,使其满足连续施工的需要。并注意对特殊材料提早准备。

4．现场准备

施工准备工作除了室内的准备工作外,还有施工现场的准备工作。

① 障碍物的拆除。

② 做好三通一平。根据施工平面图所规定的位置敷设水管、架设电线、修筑道路,并平整好施工场地和材料堆放场地。这是保证施工顺利进行的必要条件。

③ 核对勘察资料。如进一步了解拟建工程所在位置有无墓穴、枯井、地下坑道、垃圾坑等。

④ 组织材料和预制构件进场。除了要按照相应的需要量和计划规定的日期分批进场外,还要根据施工平面图所示的位置合理堆放。

⑤ 施工机械进场。按计划组织进场,做好井架搭设和各种施工机械位置的固定,并根据需要搭设工作棚,如井架、搅拌机等需要的工作棚,接通动力和照明线路,做好各种施工机械的试运转工作。

⑥ 搭设其他暂设工程。如钢筋加工棚、木工作业棚、现场材料库、工人休息室等。

⑦ 及时提出混凝土、砂浆等材料配合比试验的申请或计划。

⑧ 测量放线。

⑨ 新技术项目的试制和试验。

5．场外准备

以加工订货、组织协作为主。如与专业单位(机械土方、结构安装、设备安装、运输等单位)的联系和落实。

各项工作就绪后,可填写开工申请报告,报上级批准。施工准备工作计划见表 4-7。

表 4-7　施工准备工作计划表

编号	施工准备工作项目	简要内容	负责单位	负责人	起止日期		备注
					月　日	月　日	

任务四　施工平面图设计

施工平面图是施工过程空间组织的图解形式,用以表达现有地形地物、拟建构筑物、为施工服务的各类临时设施、运输道路机械设备等的平面位置。

施工平面图是单位工程施工组织设计的组成部分,是施工方案在施工现场的空间体现。它反映了拟建工程和已建工程之间,临时建筑、临时设施之间的相互空间关系。它布置的恰当与否,执行管理的好坏,对施工现场组织生产,文明施工,以及对施工进度、工程成本、工程质量和安全都将产生直接的影响,因此,每个工程在施工前都要对施工现场布置进行仔细地研究和周密的规划。如果单位工程是拟建建筑群的组成部分,其施工平面图设计受总平面图的约束。

一、施工平面图设计内容、依据和原则

单位工程施工平面图是对一个建筑物的施工现场,在平面和空间上进行的规划安排,是

单位工程施工组织设计的主要组成部分，是布置施工现场，进行施工准备的重要依据，也是实现文明施工、减少占地、降低施工费用的先决条件。

1. 单位工程施工平面图设计的内容

单位工程施工平面图通常用 1∶200～1∶500 的比例绘制，单位工程施工平面图上一般应设计并标明以下内容。

① 施工场地内已有的建筑物、构筑物以及其他设施，拟装工程的位置和尺寸；

② 垂直运输机械的位置及移动式起重设备的开行路线；

③ 搅拌站、各种建筑材料、加工半成品、构配件及施工机具的库房或堆场；

④ 场内施工道路和与场外交通的连接；

⑤ 生产和生活福利设施的布置；

⑥ 临时给排水、供电管线等的布置；

⑦ 安全及消防设施的位置，以及必要的图例、比例尺、方向及风向标志、有关说明等。

2. 设计的依据

单位工程施工平面图设计，依据下列资料。

（1）设计资料

① 标有地上、地下已建和拟建建筑物、构筑物的地形、地貌的建筑总平面图，用以决定临时建筑与设施的空间位置。

② 一切已有和拟建的地上、地下的管道位置及技术参数，用以决定原有管道的利用或拆除以及新管线的敷设与其他工程的关系。

（2）建设地区的原始资料

① 建筑地域的竖向设计资料和土方平衡表，用以决定水、电等管线的布置和土方的填挖及弃土，取土位置；

② 建设地区的经济技术资料，用以解决由于气候（冰冻、洪水、风、雹等）、运输带来的相关问题；

③ 建设单位及工地附近可供租用的房屋、场地、加工设备及生活设施，用以决定临时建筑物及设施所需量及其空间位置。

（3）施工组织设计资料　包括施工方案、进度计划及资源计划等，用以决定各种施工机械位置；吊装方案与构件预制、堆场的布置，分阶段布置的内容，各种临时设施的形式、面积尺寸及相互关系。

3. 设计的原则

① 在确保施工能顺利进行的条件下，要尽量紧凑布置，节约用地。

② 在保证运输的条件下，最大限度地缩短场内的运输距离，尽可能避免二次搬运。各种材料、构件、半成品应按进度计划分期分批进场，尽量布置在使用点附近，或随运随吊。

③ 尽量少建临时设施，所建临时设施应方便生产和生活使用。

④ 要符合劳动保护、安全、防火等要求。

二、施工平面图设计步骤及要求

1. 垂直运输机械设备的布置

垂直运输机械设备的布置，直接影响到材料堆场、库房、构配件、搅拌站的位置及施工道路和水电管线的规划布置。因此，它的平面位置的选择是关系到施工现场全局的中心环节，必须首先考虑。

4.4　单位工程
施工平面图的布置

建筑施工的垂直运输，常采用井架式及门架式升降机或外用施工电梯。布置井架、门架、外用电梯等垂直运输设备，应根据机械性能、建筑平面的形状和大小、施工段划分情况、材料来向和运输道路情况而定。当建筑物各部位高度相同时，宜布置在流水段的分界线附近；当建筑物各部位高度不同时，宜布置在高低分界处，以使各段的楼面水平运输互不干扰。垂直运输设备应尽量布置在窗洞口处，以减少砌墙时留槎和拆除垂直运输设备后的修补工作。

2. 搅拌站、加工棚、仓库和材料、构配件的布置

搅拌站、仓库和材料、构配件堆场的位置应尽量靠近使用地点或垂直运输设备，并考虑到运输和装卸的方便。布置时，应根据用量大小分出主次。现场材料的储存量应根据供应状况和现场条件而定，一般情况下应不少于两个施工段或两个星期的需要量。可依据设备、施工人员及材料、构配件的高峰需用量及相应面积定额，计算出库房或堆场面积。

3. 运输道路的布置

现场主要道路应尽可能利用已有道路，或先建好永久性道路的路基。当其均不能满足要求时应铺设临时道路。

现场道路应按材料、构配件运输的需要，保证进出方便、行驶畅通。因此运输路线最好能围绕拟装建筑物布置成环形，路面宽度应满足运输车辆及消防车辆通行要求，一般不小于3.5m。路基应坚实，路面要高出施工场地10~15cm，雨季还应起拱且铺设砂石或炉渣，道路两侧应结合地形设排水沟，沟深不小于0.4m，底宽不小于0.3m。

4. 临时生产、生活设施的布置

办公室、门卫、工人休息室、食堂、开水房、厕所及医务、浴室等非生产性临时设施，在能满足生产和生活的基本需求下，应尽可能减少；且尽量利用已有设施或正式工程，以节约临时设施费用。必须修建时应经过计算确定面积。

布置临时房屋时，应保证使用方便、不妨碍施工，并符合防火及安全的要求。如办公室应靠近施工现场且距工地入口近；工人休息室、食堂等布置在作业区附近的上风向处。

5. 水、电管网的布置

（1）施工用水管网的布置　建筑阶段的施工用水量一般不会超过结构施工，应尽量利用已有的水源和管线。当其不能满足要求时，可通过供水计算和设计或根据经验进行安排。消防用水一般利用城市或建设单位的永久消防设施。如自行安排，消火栓宜布置在十字路口或转弯处的路边，距路不大于2m，距房屋不少于5m，间距不应大于25m。管线布置应使线路长度最短，消防水管和生产、生活用水管可合并设置。管线宜暗埋，在使用点引出，并设置水龙头及阀门。管线布置不得妨碍在建或拟装工程施工。高层建筑的施工用水要设置蓄水池和高压水泵，保证各个楼层的施工用水和消防用水。

（2）施工用电线路的布置　建筑用电一般不会超过结构施工的用电量，应尽量利用已有的供电设施。当不满足要求时，应进行临时供电设计。即进行用电量计算、电源选择，电力系统选择和配置。现场用电量包括施工用电（电动机、电焊机、电热器等）和照明用电。应根据计算出的用电量选择变压器、配置导线和配电箱等设施。

变压器应布置在现场边缘高压线接入处，四周用铁丝网围住。配电线宜布置在围墙边或路边，为了维修方便，施工现场一般采用架空配电线路，具体应根据电气施工规范的要求进行架设。

在进行施工平面图设计时，必须强调指出，建筑施工是一个复杂多变的生产过程，随着工程的进展，各种机械、材料、构件等陆续进场又逐渐消耗、变动。因此，施工平面图可分

阶段进行设计，但各阶段的布置应彼此兼顾。施工道路、水电管线及各种临时房屋不要轻易变动，也不应影响室外工程、地下管线及后续工程的进行。

三、施工平面图管理

施工平面图是对施工现场科学合理的布局，是保证单位工程工期、质量、安全和降低成本的重要手段。施工平面图不但要设计好，且应管理好，忽视任何一方面，都会造成施工现场混乱，使工期、质量、安全和成本受到严重影响。因此，加强施工现场管理对合理使用场地，保证现场运输道路、给水、排水、电路的畅通，建立连续均衡的施工秩序，都有重要的意义。一般可采取下述管理措施。

① 严格按施工平面图布置施工道路、水电管网、机具、堆场和临时设施；
② 道路、水电应有专人管理维护；
③ 各施工阶段和施工过程中应做到工完、料净、场清；
④ 施工平面图必须随着施工的进展及时调整补充，以适应变化情况。

 单元总结

本单元主要阐述了施工组织设计的编制内容、编制依据和设计程序，重点介绍了单位工程施工组织设计的基本内容。施工进度计划是施工组织设计在时间上的体现，重点讲解编制单位工程施工进度计划的方法及步骤，进而编制资源供应计划。施工现场平面布置图是施工组织设计在空间上的体现，是布置施工现场的依据，需重点关注单位工程施工平面图的一般设计步骤及内容。

 拓展案例-BIM5D 施工现场模拟

施工现场平面布置图是施工组织设计在空间上的体现，是布置施工现场的依据，但传统施工平面图布置无法做到可视化，也不能对真实的现场生产环境进行模拟，更不易发现平面布置图中的问题。

BIM5D 真实还原现场生产环境，做到可视化虚拟漫游，使二维平面图中的问题在三维可视化环境中一目了然。同时，近年来国家已将 BIM5D 施工管理方向的平面图布置纳入"1+X 建筑信息模型（BIM）职业技能等级考试（中级）"必考范围，由此可见，BIM5D 在施工平面图中有不可替代的作用。

在 BIM5D 施工模拟板块，可建立模拟方案，设置模型显示，设置完模型所需文字、图片、颜色、路径、显隐后，可对塔吊、电梯等设置运行动画，使现场生产环境真实还原，如图 4-1 所示。

打开项目工程，在"模型视图"模块中，选择全部模型显示（含场地模型），激活漫游功能，按住鼠标或操作 W、A、S、D 键进行漫游，可了解整个项目的布置情况，如图 4-2 所示。

请大家观看二维码 4.5 操作视频，试完成下题。

应用 BIM 场地布置软件打开行政楼场地布置模型，识读行政楼现场平面布置图，根据现场布置设计原则。

1. 对现场布置平面图中漏画的钢筋加工棚、钢筋半成品堆放场进行补画；

2. 检查行政楼现场平面布置图中围墙、塔吊、宿舍（双层活动板房）是否存在问题并解决。

4.5　BIM5D 施工现场模拟

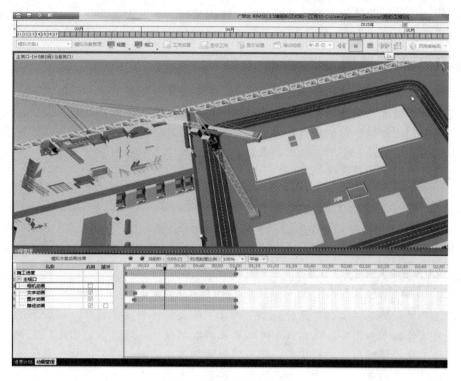

图 4-1 施工现场模拟

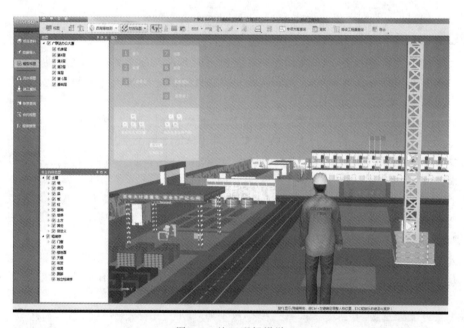

图 4-2 施工现场漫游

思考题

1. 什么是建设工程项目施工组织设计？
2. 施工平面图管理措施有哪些？
3. 单位工程施工进度计划一般可分为哪几种？

4. 建设工程项目施工准备工作计划内容有哪些？

5. 什么是单位工程施工进度计划？

6. 什么是施工平面图？

7. 试述施工平面图设计步骤。

 练习题

【2018 年二级建造师真题】根据施工组织总设计编制程序，编制施工总进度计划前需收集相关资料和图纸、计算主要工程量、确定施工的总体部署和（　　　　）。

A. 编制资源需求计划

B. 编制施工准备工作计划

C. 拟订施工方案

D. 计算主要技术经济指标

4.6 二建真题解析之
施工组织设计

教学实训

某检测中心办公楼工程，地下 1 层、地上 4 层、局部 5 层，层高为 3.6m，建筑高度为 19.6m，建筑面积为 6400m²。外墙饰面为面砖、涂料、花岗石板，采用外保温，内墙、顶棚装饰采用耐擦洗涂料饰面，地面贴砖。由于工期紧张，施工单位在装修前拟定了各分项工程的施工顺序，确定了相应施工方案，绘制了施工平面图，图中标注了：①材料堆放区；②施工区及半成品加工区；③厂区内道路、安全走廊；④总配电放置区、开关箱放置区；⑤现场施工办公室、门卫、围墙；⑥各类施工机具放置区。

实训任务如下：

1. 同一楼层内的施工顺序一般有：地面—顶棚—墙面，顶棚—墙面—地面。请分析这两种施工顺序各自的优缺点？

2. 装饰装修工程施工平面布置有哪些内容？

3. 根据工程特点，该施工平面布置图是否有缺项？请补充。

模块二

应用控制

学习单元五

工程项目进度控制

 知识目标

- 了解进度控制的基本概念、任务；
- 熟悉工程项目进度控制的内容、比较方法和实施进度调整；
- 掌握进度计划控制的方法和措施：横道图比较法、前锋线比较法、S 曲线比较法、香蕉曲线法。

 能力目标

- 能叙述工程项目进度控制的概念、任务和内容；
- 能利用实际与计划进度比较方法分析进度偏差，以及偏差的原因；
- 能分析进度偏差对后续工作及总工期的影响并实施调整。

5.1 施工阶段
工程进度控制流程

案例导航

某土方开挖工程计划 50 天完成，工程量为 10000m³。经监理工程师同意，承包方计划以每天开挖 200m³ 的均衡进度施工。但由于天气原因，使该工作开工时间推迟了 10 天时间。为保证按期完成，决定增加生产能力 25% 的速度进行赶工作业，试问该赶工作业能否保证按期完工？

案例分析

由于天气原因，造成余留工期还剩 40 天，原计划每天开挖 200 m³，经赶工，增加 25%后，实际每天开挖 200m³×1.25＝250m³，总工程量为 10000m³，因此工期恰好为 40 天，可以按期完成。通过这个简单的案例可以看出工程进度控制对于工期的重要性，那么进度的控制方法都有哪些呢？

任务一 概述

一、工程项目进度控制的概念

工程项目进度控制是对项目建设各阶段的工作内容、工作程序、持续时间和衔接关系根据进度总目标及资源优化配置的原则编制计划并付诸实施，然后在进度计划实施过程中经常检查实际进度是否按计划要求进行，对出现的偏差情况进行分析，采取补救措施或调整、修改原计划后再付诸实施，如此循环，直到工程竣工验收交付使用。工程项目进度控制的最终目的是确保建设项目按照预定的时间动用或提前交付使用。

现代工程项目管理中的进度是一个综合的指标，它是将项目的工期、成本、资源等有机地结合起来，能全面反映工程项目各活动（工作）的进展情况。

工程项目进度控制的对象是工程项目的活动，进度是实施结果的进展情况，在工程实施过程中要消耗时间、人力、材料、机械、资金等才能完成工程项目任务。工程实际进度状况往往是通过构成工程项目的各项活动进展（完成量，完成量与计划总量之差或完成量与计划总量之百分比）由下而上逐层统计、汇总、计算表现出来的。由此看来，进度指标的确定对进度控制有很大影响，常用的进度指标有如下几种。

1. 持续时间

持续时间是不同工程项目进度的重要指标。实际工程项目管理活动中，人们经常用实际工期与计划工期进行比较来说明进度完成的状况。例如工期 12 个月，现在已进行了 4 个月，则工期已完成 30%；能不能理解为进度已完成 30% 呢？显然不能。因为工期与进度并不是一个概念。对施工项目而言，其全过程中的施工强度是不均衡的，速度是不一致的，往往在开始一段期间展开的工作活动少、工作效率也低，速度当然也低；到中期前后投入资源量最大，工程速度最快；后期投入减少，速度又低下来。这个过程说明施工效率和施工速度不是一条直线。即使对于匀速的计划，实际施工过程中经常存在着干扰事件，会造成停工、窝工等现象，因而实际工作效率并不稳定。所以不能说工期达到了多少就表示进度也达到了多少。

2. 施工完成的实物量

如土石方工程按完成的体积量计算，混凝土工程按完成的体积量计算，设备安装工程按完成的吨位数计算，管线、道路按完成的长度计算等。这个指标反映分部分项工程所完成的进度和任务量，比较符合实际情况。

3. 表示进度的可比性指标

较好的可比性指标包括劳动工时的消耗、产值等，这对任何工程项目都是适用的计量单位。但在施工进度控制时尚需注意以下几项。

① 资源投入与进度背离时会产生错误结论。因为实际劳动效率和计划劳动效率不一定完全相等。

② 施工中由于工程变更，会造成实际工作量与原计划工作量不同。如：计划 80 工时，因工程变更，施工难度增加，应该需要 100 工时。现在完成 20 工时，进度是完成 25% 还是 20%，实际上只完成了 20%。因此，正确结果只能是在计划正确、并按预定的效率施工时

才能得到。

③ 用产值（或成本）反映施工进度时，有些费用开支是不计算的，如返工、窝工、工程停工增加的成本；材料价格及工资提高而造成的成本增加；工程变更或范围的变化而影响成本的增加等。

工程项目进度控制就其全过程而言，主要工作环节首先是确定（确认）总进度目标和各进度控制子目标，并编制进度计划；其次在工程项目实施的全过程中，分阶段进行实际进度与计划进度的比较，出现偏差则及时采取措施予以调整，并编制新计划，以满足进度目标要求；第三是协调工程项目各参加单位、部门和工作队之间的工作节奏与进度关系。简单说，进度控制就是规划（计划）、检查与调整、协调这样一个循环的过程，直到项目活动全部结束。

二、工程项目进度控制的措施

工程项目进度控制采取的主要措施有组织措施、管理措施、经济措施、技术措施等。

1. 组织措施

组织是目标能否实现的决定性因素，为实现项目的进度目标，应充分重视项目管理的组织体系。

① 落实工程项目中各层次进度目标的管理部门及责任人。

② 进度控制主要工作任务和相应的管理职能应在项目管理组织设计分工表和管理职能分工表中标示并落实。

③ 应编制项目进度控制的工作流程。如确定项目进度计划系统的组成，各类进度计划的编制程序、审批程序、计划调整程序等。

④ 进度控制工作往往包括大量的组织和协调工作，而会议是组织和协调的重要手段。应进行有关进度控制工作会议的组织设计，以明确会议的类型；各类会议的主持人及参加单位和人员；各类会议的召开时间（时机）；各类会议文件的整理、分发和确认等。

2. 管理措施

建设工程项目进度控制的管理措施涉及管理的思想、管理的方法、管理的手段、承发包模式等，以及合同管理和风险管理等。在理顺组织的前提下，科学和严谨的管理显得十分重要。

① 在管理观念方面下述问题比较突出。一是缺乏进度计划系统的观念，分别编制各种独立而互不联系的计划，形成不了系统；二是缺乏动态控制的观念，只重视计划的编制，而不重视计划执行中的及时调整；三是缺乏进度计划多方案比较和择优的观念，合理的进度计划应体现资源的合理使用，空间（工作面）的合理安排，有利于提高建设工程质量，有利于文明施工和缩短建设周期。

② 工程网络计划的方法有利于实现进度控制的科学化。用工程网络计划的方法编制进度计划应仔细严谨地分析和考虑工作之间的逻辑关系，通过工程网络计划可发现关键工作和关键线路，也可以知道非关键工作及时差。

③ 承发包模式的选择直接关系到工程实施的组织和协调。应选择合理的合同结构，以避免合同界面过多而对工程的进展产生负面影响。工程物资的采购模式对进度也有直接影响，对此应做分析比较。

④ 应该分析影响工程进度的风险，并在此基础上制定风险措施，以减少进度失控的风险量。

⑤ 重视信息技术（包括各种应用软件、互联网以及数据处理设备等）在进度控制中的应用。信息技术应用是一种先进的管理手段，有利于提高进度信息处理的效率，有利于增加进度信息的透明度，有利于促进相互间的信息统一与协调工作。

3. 经济措施

建设工程项目进度控制的经济措施涉及资金需求计划、资金供应的条件及经济激励措施等。

① 应编制与进度计划相适应的各种资源（劳动力、材料、机械设备、资金等）需求计划，以反映工程实施的各时段所需的资源。进度计划确定在先，资源需求量计划编制在后，其中，资金需求量计划非常重要，它同时也是工程融资的重要依据。

② 资金供应条件包括可能的资金总供应量、资金来源以及资金供应的时间。

③ 在工程预算中应考虑加快工程进度所需要的资金，其中包括为实现进度目标将要采取的经济激励措施所需要的费用。

4. 技术措施

建设工程项目进度控制的技术措施涉及对实现进度目标有利的设计技术和施工方案。

① 不同的设计理念、设计技术路线、设计方案会对工程进度产生不同的影响。在设计工作的前期，特别是在设计方案评审和择优选用时，应对设计技术与工程进度尤其是施工进度的关系作分析比较。在工程进度受阻时，应分析是否存在设计技术的影响因素，以及为实现进度目标有无设计变更的可能性。

② 施工方案对工程进度有直接的影响。在选择施工方案时，不仅应分析技术的先进与合理，还应考虑其对进度的影响。在工程进度受阻时，应分析是否存在施工技术的影响因素，以及为实现进度目标有无变更施工技术、施工流向、施工机械和施工顺序的可能性。

任务二　实际进度与计划进度比较方法

进度计划的检查方法主要是对比法，即实际进度与计划进度相对比较。通过比较发现偏差，以便调整或修改计划，保证进度目标的实现。

进度计划的检查对比方法主要有横道图比较法、前锋线比较法、S曲线比较法、香蕉曲线法、列表比较法等。

一、横道图比较法

横道图比较法是指在项目实施过程中检查实际进度执行情况，并把收集到的信息经加工整理后直接用横道线（彩色线或其他线型）绘于原横道线处，进行实际进度与计划进度的比较方法。采取横道图比较法，可以形象直观地反映实际进度与计划进度的比较情况。

如某工程项目基础工程计划进度截至第9周末的实际进度如图5-1所示，其中双条线表

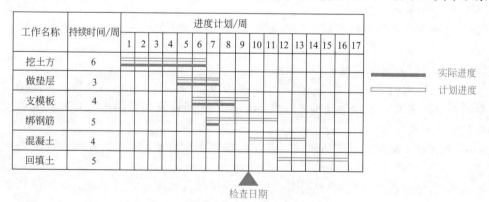

图 5-1　横道图检查

示工程的计划进度，粗实线表示实际进度。从图中实际进度与计划进度的比较可以看出，截至第 9 周末，挖土方和做垫层两项工作已经完成；支模板工作按照原计划应该完成，但是实际上完成了 75%；绑钢筋按计划应该完成 60%，但实际完成 20%。

根据各项工作的进度偏差，进度控制者可以采用相应的纠偏措施对进度计划进行调整，确保工程按期完工。

图 5-1 所表达的比较方法仅适用于工程项目中各项工作都是匀速开展的情况，即每项工作单位时间内完成的任务量都相等的情况。事实上工程项目建设过程中各项工作的进展不一定是匀速的。根据各项工作的开展是否匀速，可分别采用以下两种方法进行实际进度与计划进度的比较。

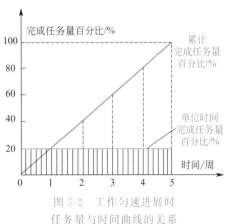

图 5-2　工作匀速进展时
任务量与时间曲线的关系

（1）方法一　在匀速施工条件下，每项工作单位时间完成的任务量都是相等的，此时每项工作累计完成的任务量与时间呈线性关系。如图 5-2 所示。

1）在计划图中标出检查日期（见图 5-1）。

2）将检查收集的实际进度数据，按比例用粗实线标于计划进度线的下方。

3）比较分析实际进度与计划进度。

① 粗实线右端与检查日期相适合，表明实际进度与计划进度相一致；

② 粗实线右端落在检查日期左侧，表明实际进度拖后；

③ 粗实线右端落在检查日期右侧，表明实际进度超前。

必须指出，此方法仅适用于工作从开始到结束整个过程中，其进展速度均为固定不变的情况。

（2）方法二　在变速的施工条件下，按时间进度和数量进度比例标注、检查。方法用双线表示工作实际进度的同时，标出其对应完成任务量的累计百分比，将该百分比与同时刻该工作计划完成任务量的累计百分比相比较，判断工作的实际进度与计划进度之间的关系。其步骤如下。

1）在任务计划图中进度横线上、下方分别标出各主要时间工作的计划、实际完成任务量累计百分比。其中，确定计划累计完成百分比需要进行大量的工程实践案例分析计算。

2）双线标出实际（时间）进度线。

3）对照检查日期横道双线下方实际完成任务量累计百分数与同时刻的横道单线上方计划完成任务量累计百分数，比较它们的偏差，分析对比结果。

① 同一时刻上下两个累计百分比相等，表明实际进度与计划进度一致；

② 同一时刻下方的累计百分比小于上方的累计百分比，表明该时刻实际进度拖后；

③ 同一时刻下方的累计百分比大于上方的累计百分比，表明该时刻实际进度超前。

可以看出，由于工作的速度是变化的，因此，在图中的横道线，无论是计划的还是实际的，只能表示工作的开始时间、持续时间和完成时间，并不表示计划完成的任务量和实际完成的任务量。下面举例说明计划完成任务量和实际完成任务量的横道图比较方法。

【例 5-1】　某工程基槽开挖工作按施工进度计划安排 7 周完成，每周计划完成的任务量百分比如图 5-3 所示。横道图比较方法与步骤如下。

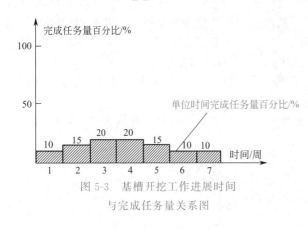

图 5-3　基槽开挖工作进展时间
与完成任务量关系图

解　（1）编制横道图进度计划如图 5-4 所示。

（2）在横道图上方标出基槽开挖工作每周累计完成任务量的百分比，分别为 10%、25%、45%、65%、80%、90%、100%。

（3）在线的下方标出第 1 周至检查日第 4 周末每周实际累计完成任务量的百分比，分别为 8%、22%、42%、60%。

（4）用黑粗线标出实际投入的时间。如图 5-4 所示，该工作实际开始时间晚于计划开始时间，在开始工作后连续工作，没有中断。

（5）比较实际进度与计划进度。从图 5-4 可以看出，该工作第 1 周末的实际进度比计划进度拖后 2%，以后各周末累计拖后 3%、3%、5%。

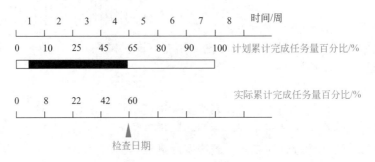

图 5-4　非匀速进展横道图比较

横道图比较法虽有记录和比较简单、形象直观、易于掌握、使用方便等优点，但由于其以横道计划为基础，因而带有不可克服的局限性。在横道计划中，各项工作之间的逻辑关系表达不清楚，关键工作和关键线路无法确定。一旦某些工作的实际进度出现偏差时，难以预测其对后续工作的影响和对总工期的影响，也就难以确定相应的调整方法。因此，横道图比较法主要用于工程项目中某些工作实际进度与计划进度的局部比较。

二、前锋线比较法

前锋线比较法主要适用于双代号时标网络图计划。该方法是在原时标网络计划上，从检查时刻的时间标点出发，用点画线依次连接各工作任务的实际进度到达点（前锋），最后回到计划检查的时点为止，形成实际进度前锋线，按前锋线判定工程项目进度偏差。

5.2　前锋线比较法

前锋线比较法就是通过实际进度前锋线，比较工作实际进度与计划进度偏差，进而判定该偏差对总工期及后续工作影响程度的方法。当某工作前锋落在检查日期左侧，表明该工作实际进度拖延，拖延时间为两者之差；当该前锋落在检查日期右侧，表明该工作实际进度超前，超前时间为两者之差。

采用前锋线比较法进行实际进度和计划进度的比较，其步骤如下。

1. 绘制时标网络计划图

工程项目实际进度前锋线是在时标网络计划图上标示，为清楚起见，可在时标网络计划图的上方和下方各设一时间坐标。

2. 绘制实际进度前锋线

一般从时标网络计划图上方时间坐标的检查日期开始绘制，依次连接相邻工作的实际进展位置点，最后与时标网络计划图下方坐标的检查日期相连接。工作实际进展位置点的标定方法有两种。

（1）按该工作已完任务量比例进行标定　假设工程项目中各项工作均为匀速进展，根据实际进度检查时刻该工作已完任务量占其计划完成总任务量的比例，在工作箭线上从左至右按相同的比例标定其实际进展位置点。

（2）按尚需作业时间进行标定　当某些工作的持续时间难以按实物工程量来计算而只能凭经验估算时，可以先估算出检查时刻到该工作全部完成尚需作业的时间。然后在该工作箭线上从右向左逆向标定其实际进展位置点。

3. 进行实际进度与计划进度的比较

前锋线可以直观地反映出检查日期有关工作实际进度与计划进度之间的关系。对某项工作来说，其实际进度与计划进度之间的关系可能存在以下三种情况。

（1）工作实际进展位置点落在检查日期的左侧　表明该工作实际进度拖后，拖后的时间为二者之差。

（2）工作实际进展位置点与检查日期重合　表明该工作实际进度与计划进度一致。

（3）工作实际进展位置点落在检查日期的右侧　表明该工作实际进度超前，超前的时间为二者之差。

4. 预测进度偏差对后续工作及总工期的影响

通过实际进度与计划进度的比较确定进度偏差后，还可根据工作的自由时差和总时差预测该进度偏差对后续工作及项目总工期的影响。由此可见，前锋线比较法适用于工作实际进度与计划进度之间的局部比较，也可以对总工期的影响进行预期。

【例 5-2】　某工程时标网络计划如图 5-5 所示。该计划执行到第 6 周末检查实际进度时，发现 A、B 工作已经全部完成，工作 D、E 分别完成了计划量的 20% 和 50%，工作 C 尚需 3 周完成，试用前锋线法进行实际进度和计划进度的比较。

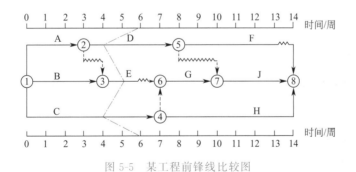

图 5-5　某工程前锋线比较图

解　根据第 6 周末实际进度检查结果绘制前锋线，如图 5-5 中点划线所示。通过比较可以看出：

① 工作 D 实际进度拖后 2 周，将使其后续工作 F 最早开始时间推迟 2 周，使总工期延长 1 周。

② 工作 E 实际进度拖后 1 周，既不影响总工期，也不影响其后续工作的正常进行。

③ 工作 C 实际进度拖后 2 周，使其后续工作 G、H、J 最早开始时间推迟 2 周。由于 G、H 开始时间推迟，使总工期延长 2 周。

三、S 曲线比较法

1. S 曲线的绘制方法

S 曲线比较法是以横坐标表示进度时间、纵坐标表示累计完成的任务量而绘制出一条按计划时间累计完成任务量的 S 曲线图，进行实际进度与计划进度相比较的一种方法。一般情况，进度计划人员在计划实施前绘制 S 曲线，在项目实施过程中，按规定时间将检查的实际完成任务的情况，绘制在与计划 S 曲线同一张图纸上，可以得出实际进度 S 曲线图。下面以一简例说明 S 曲线的绘制方法。

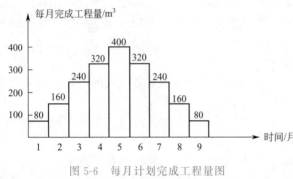

图 5-6　每月计划完成工程量图

【例 5-3】　某混凝土浇筑总量为 $2000m^3$，按照施工方案，计划 9 个月完成，每月计划完成混凝土浇筑量如图 5-6 所示，试绘制该混凝土计划的 S 曲线。

解　根据已知条件：

（1）确定单位时间计划完成任务量。在本例中，将每月计划完成混凝土浇筑量列于表 5-1 中。

（2）计算不同时间累计完成任务量。在本例中以此计算每月计划累计完成的混凝土浇筑量，结果列于表 5-1 中。

表 5-1　计划完成工程量汇总表

时间/月	1	2	3	4	5	6	7	8	9
每月完成量/m^3	80	160	240	320	400	320	240	160	80
累计完成量/m^3	80	240	480	800	1200	1520	1760	1920	2000

（3）根据累计完成任务量绘制 S 曲线。在本例中，根据每月累计完成混凝土量的 S 曲线如图 5-7 所示。

2. 实际进度与计划进度的比较

S 曲线比较法也是在图上进行实际进度与计划进度的直观比较方法。在工程项目实施过程中，按照规定的时间将检查收集到的实际累计完成的任务量绘制在原计划的 S 曲线上，即可以得到实际进度 S 曲线，如图 5-8 所示。通过比较实际进度曲线和计划进度曲线，可获得如下信息。

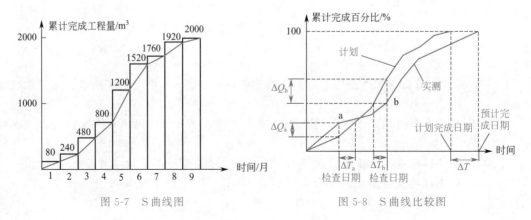

图 5-7　S 曲线图　　　　　　　图 5-8　S 曲线比较图

（1）工程项目的实际进度与计划进度比较情况 当实际进展点落在计划 S 曲线的左侧，则表示此时的实际进度比计划进度超前；若落在其右侧，表示拖后；若刚好落在其上，表示二者一致。

（2）工程项目实际进度比计划进度超前或拖后的时间 ΔT_a 表示 T_a 时刻实际进度超前的时间；ΔT_b 表示 T_b 时刻实际进度拖后的时间。

（3）工程项目实际进度比计划进度超额或拖欠的任务量 ΔQ_a 表示 T_a 时刻超额完成的任务量；ΔQ_b 表示 T_b 时刻拖欠的任务量。

（4）后期工程进度预测 如果后期工程按照原计划速度进行，则可做出后期工程计划 S 曲线图，从而可确定工期拖延预测值 ΔT。

四、香蕉曲线法

香蕉形曲线是由两种 S 曲线组合成的闭合曲线。其一是以网络计划中各项工作的最早开始时间安排进度而绘制的 S 曲线，称为 ES 曲线；其二是以各项工作的最迟开始时间安排进度而绘制的 S 曲线，称为 LS 曲线。ES 曲线和 LS 曲线都是计划累计完成任务量曲线。由于两条 S 曲线都是同一项目的，其计划开始时间和完成时间都相同，因此，ES 曲线与 LS 曲线是闭合的。

香蕉曲线的绘制方法如下：

（1）以工程项目的网络计划为基础，计算各项工作的最早开始时间和最迟开始时间。

（2）确定各项工作在各单位时间的计划完成任务量。分别按以下两种情况考虑。

① 根据各项工作按最早开始时间安排的进度计划，确定各项工作在各单位时间的计划完成任务量；

② 根据各项工作按最迟开始时间安排的进度计划，确定各项工作在各单位时间的计划完成任务量。

（3）计算工程项目总任务量，即对所有工作在各单位时间计划完成的任务量累加求和。

（4）分别根据各项工作按最早开始时间、最迟开始时间安排的进度计划，确定工程项目在各单位时间计划完成的任务量，即将各项工作在某一单位时间内计划完成的任务量求和。

（5）分别根据各项工作按最早开始时间、最迟开始时间安排的进度计划，确定不同时间累计完成的任务量或任务量的百分比。

（6）绘制香蕉曲线。分别根据各项工作按最早开始时间、最迟开始时间安排的进度计划而确定的累计完成任务量或任务量的百分比描绘各点，并连接各点得到 ES 曲线和 LS 曲线，由 ES 曲线和 LS 曲线组成香蕉曲线（图 5-9）。

检查方法是：当计划进行到时间 t_1 时，累计完成的实际任务量记录在 M 点。这个进度比最早时间计划曲线（ES 曲线）的要求少完成 $\Delta C_1 = OC_1 - OC$；比最迟时间计划曲线（LS 曲线）的要求多完成 $\Delta C_2 = OC - OC_2$。

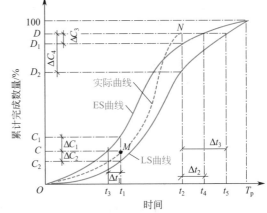

图 5-9 香蕉曲线图

由于它的进度比最迟时间要求提前，故不会影响总工期，只要控制得好，有可能提前 $\Delta t_1 = Ot_1 - Ot_3$ 完成全部计划任务。同理，可分析 t_2 时的进度状况。

若工程项目实施情况正常，如没有变更、没有停工、没有增加资源投入等，实际进度曲线即累计的实际完成任务量与时间对应关系的轨迹，应落在该香蕉曲线围成的区域内。

在工程项目实施过程中，根据检查得到的实际累计完成任务量，按同样的方法在原计划香蕉曲线图上绘出实际进度曲线，便可以进行实际进度与计划进度的比较。

【例 5-4】 某工程项目网络计划如图 5-10 所示，图中箭线上方括号内数字表示各项工作计划完成的任务量（单位可以是平面的面积"m²"，也可以是土石方的体积"m³"，还可以是表示完成造价"万元"），以劳动消耗量表示；箭线下方数字表示各项工作的持续时间（周）。试绘制香蕉曲线。

解 假设各项工作均为匀速进展，即各项工作每周的劳动消耗量相等

① 确定各项工作每周的劳动消耗量

工作 A：$45 \div 3 = 15$　　工作 B：$60 \div 5 = 12$

工作 C：$54 \div 3 = 18$　　工作 D：$51 \div 3 = 17$

工作 E：$26 \div 2 = 13$　　工作 F：$60 \div 4 = 15$

工作 G：$40 \div 2 = 20$

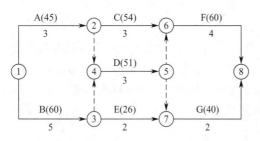

图 5-10　某工程项目网络计划

② 计算工程项目劳动消耗总量 Q

Q：$45 + 60 + 54 + 51 + 26 + 60 + 40 = 336$

③ 根据各项工作按最早开始时间安排的进度计划，确定工程项目每周计划劳动消耗量及各周累计劳动消耗量，如图 5-11 所示。

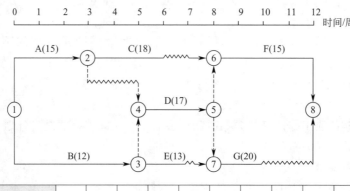

时间/周	1	2	3	4	5	6	7	8	9	10	11	12
每周劳动消耗量	27	27	27	30	30	48	30	17	35	35	15	15
累计劳动消耗量	27	54	81	111	141	189	219	236	271	306	321	336

图 5-11　按工作最早开始时间安排的进度计划及劳动消耗量

④ 根据各项工作按最迟开始时间安排的进度计划，确定工程项目每周计划劳动消耗量及各周累计劳动消耗量，如图 5-12 所示。

⑤ 根据不同的累计劳动消耗量分别绘制 ES 和 LS 曲线，便得到香蕉曲线，如图 5-13 所示。

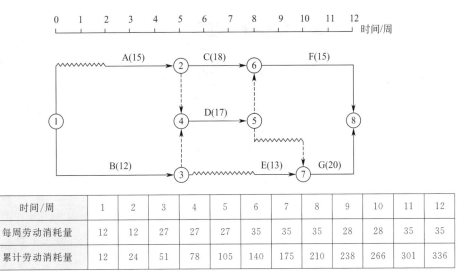

图 5-12 按工作最迟开始时间安排的进度计划及劳动消耗量

时间/周	1	2	3	4	5	6	7	8	9	10	11	12
每周劳动消耗量	12	12	27	27	27	35	35	35	28	28	35	35
累计劳动消耗量	12	24	51	78	105	140	175	210	238	266	301	336

五、列表比较法

当工程进度计划用非时标网络表示时，可采用列表比较法进行实际进度与计划进度的比较。这种方法是指记录检查正在进行的工作名称和已进行的天数，然后列表计算有关时间参数，根据原来总时差和尚有总时差判断实际进度与计划进度的比较方法。

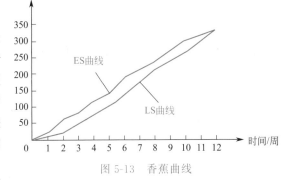

图 5-13 香蕉曲线

采用列表比较法进行实际进度与计划进度的比较，其步骤如下。

（1）当检查工程实际进度时，对于出现进度延误的工作，可根据已经完成作业的时间，确定尚未完成作业的时间。

（2）根据原进度计划计算检查日期应该进行的工作从检查日期到原计划最迟完成时尚余时间。

（3）计算工作尚有总时差，其值等于工作从检查日期到原计划最迟完成时间尚余时间与该工作尚需作业时间之差。

（4）比较实际进度与计划进度，可能有以下几种情况。

① 如果工作尚有总时差与原有总时差相等，说明该工作实际进度与计划进度一致；

② 如果工作尚有总时差大于原有总时差，说明该工作实际进度超前，超前的时间为二者之差；

③ 如果工作尚有总时差小于原有总时差，且仍为非负值，说明该工作实际进度拖后，拖后的时间为二者之差，但不影响总工期；

④ 如果工作尚有总时差小于原有总时差，且为负值，说明该工作实际进度拖后，拖后的时间为二者之差。此时工作实际进度偏差将影响总工期。

任务三 **进度计划实施中的调整**

一、分析进度偏差对后续工作及总工期的影响

在工程项目实施过程中，当通过实际进度与计划进度的比较，发现有进度偏差时，需要分析该偏差对后续工作及总工期的影响，从而采取相应的调整措施对原进度计划进行调整，确保工期目标的顺利实现。进度偏差的大小及其所处的位置不同，对后续工作和总工期的影响程度是不同的，分析时需要利用网络计划中工作总时差和自由时差的概念进行判断。分析步骤如下。

1. 分析出现进度偏差的工作是否为关键工作

如果出现进度偏差的工作位于关键工作上，即该工作为关键工作，则无论偏差有多大，都将会影响后续工作和总工期，必须采用相应的调整措施。如果出现偏差的工作是非关键工作，则需要根据进度偏差的总值与总时差和自由时差的关系做进一步的比较。

2. 分析进度偏差是否超过总时差

如果进度偏差大于该工作的总时差，则此进度偏差必将影响其后续工作和总工期，必须采取相应的调整措施；如果工作的进度偏差未超过该工作的总时差，则此进度偏差不影响总工期。至于对后续工作的影响程度，还需要根据偏差值与其自由时差的关系作进一步分析。

3. 分析进度偏差是否超过自由时差

如果工作的进度偏差大于该工作的自由时差，则此进度偏差将对其后续工作产生影响，此时应根据后续工作的限制条件确定调整方法；如果工作的进度偏差未超过该工作的自由时差，则此进度偏差不影响后续工作，因此，原进度计划可以不作调整。

二、进度计划的调整

当实际进度偏差影响到后续工作、总工期而需要调整进度计划时，其调整方法主要有两种。

5.3 进度计划的调整

1. 改变某些工作间的逻辑关系

当工程项目实施中产生的进度偏差影响到总工期，且有关工作的逻辑关系允许改变时，可以改变关键线路和超过计划工期的非关键线路上的有关工作之间的逻辑关系，达到缩短工期的目的。如将顺序进行的工作改为平行作业、搭接作业及分段组织流水作业等，都可以有效地缩短工期。

2. 缩短某些工作的持续时间

这种方法是不改变工程项目中各项工作之间的逻辑关系，而采取增加资源投入、提高劳动效率等措施来缩短某些工作的持续时间，使工程进度加快，以保证按计划工期完工。这些被压缩时间的工作是处于关键线路和超过计划工作的非关键线路上的工作，同时这些工作又是其持续时间可被压缩的工作。这种调整方法通常可以在网络图上直接进行。分下列三种情况。

（1）网络计划中某项工作进度拖延的时间已超过其自由时差但未超过总时差 如前所述，此时该工作的实际进度不会影响总工期，而只会对后续工作产生影响。因此，在进行调整之前，需要确定其后续工作允许拖延时间的时限，并以此作为调整进度计划的限制条件。

该限制条件的确定常常较复杂，尤其当后续工作有多个平行的承包单位负责实施时更是如此。后续工作不能按照原计划进行，在时间上产生任何变化都可能使合同不能正常履行，导致蒙受损失的一方提出索赔。因此，要寻求合理的调整方案，把进度拖延对后续工作的影响程度降到最低。

【**例 5-5**】 某工程项目双代号网络计划如图 5-14 所示，该计划执行到第 35 天下班时刻检查时，其实际进度如图 5-14 上前锋线所示。分析目前实际进度对后续工作和总工期的影响，并提出相应的调整措施。

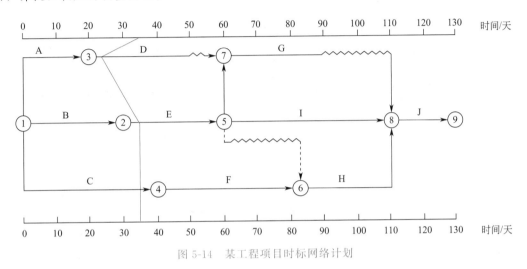

图 5-14　某工程项目时标网络计划

解　从图 5-14 中可以看出，目前只有工作 D 的开始时间拖后 15 天，而影响其后续工作 G 的最早开始时间，其他工作的实际进度正常。由于 D 的自由时差为 10 天，总时差 30 天，故此时 D 工作实际进度不影响总工期。

该进度计划是否需要调整，取决于工作 D 和 G 的限制条件。

① 后续工作拖延时间无限制。如果后续工作拖延的时间完全被允许，可将拖延后的时间带入原计划，并简化网络图，即可得到调整方案。

② 后续工作拖延的时间有限制。如果后续工作不允许拖延或拖延的时间有限制，需要

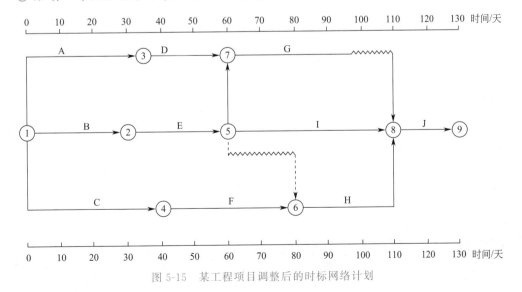

图 5-15　某工程项目调整后的时标网络计划

根据限制条件对网络计划进行调整，寻求最优方案。如果工作G的开始时间不允许超过第60天，则只能将其紧前工作D的持续时间压缩为25天，调整后的网络计划如图5-15所示。如果在工作D、G之间还有多项工作，则可以利用工期优化的原理确定应压缩的工作，得到满足G工作限制条件的最优调整方案。

（2）网络计划中某项工作进度拖延的时间超过其总时差　如果网络计划中某项工作进度拖延的时间超过其总时差，则无论该工作是否为关键工作，其实际进度都将对后续工作和总工期产生影响。此时，进度计划的调整方法又可分为以下三种情况。

① 项目总工期不允许拖延。如果工程项目必须按照原计划工期完成，则只能采取缩短关键线路上后续工作持续时间的方法来达到调整计划的目的。

② 项目总工期允许拖延。如果项目总工期允许拖延，则此时只需以实际数据取代原计划数据，并重新绘制实际进度检查日期之后的简化网络计划即可。

③ 项目总工期允许拖延的时间有限。如果项目总工期允许拖延，但允许拖延的时间有限，则当实际进度拖延的时间超过此限制时，也需要对网络计划进行调整，以便满足要求。

具体的调整方法是以总工期的限制时间作为规定工期。对检查日期之后尚未实施的网络计划进行工期优化，即通过缩短关键线路上后续工作持续时间的方法来使总工期满足规定工期的要求。

以上三种情况均是以总工期为限制条件调整进度计划的。值得注意的是，当某项工作实际进度拖延的时间超过其总时差而需要对进度计划进行调整时，除需考虑总工期的限制条件外，还应考虑网络计划中后续工作的限制条件，特别是对总进度计划的控制更应注意这一点。因为在这类网络计划中，后续工作也许就是一些独立的合同段。时间上的任何变化，都会带来协调上的麻烦或者引起索赔。因此，当网络计划中某些后续工作对时间的拖延有限制时，同样需要以此为条件，按前述方法进行调整。

（3）网络计划中某项工作进度超前　在建设工程计划阶段所确定的工期目标，往往是综合考虑了各方面因素而确定的合理工期。因此，时间上的任何变化，无论是进度拖延还是超前，都可能造成其他目标的失控。如：在一个建设工程施工总进度计划中，由于某项工作的进度超前，致使资源的需求发生变化，而打乱了原计划对人、材、物等资源的合理安排，亦将影响资金计划的使用和安排。特别是当多个平行的承包单位进行施工时，由此引起后续工作时间安排的变化，势必给监理工程师的协调工作带来许多麻烦。因此，如果建设工程实施过程中出现进度超前的情况，进度控制人员必须综合分析进度超前对后续工作产生的影响，并同承包单位协商，提出合理的进度调整方案，以确保工期总目标的顺利实现。

 单元总结

本单元主要阐述了工程项目进度控制的概念、任务和内容，控制措施包括组织措施、管理措施、经济措施及技术措施。实施过程中，应定期对进度计划进行跟踪检查，采用实际进度与计划进度的对比法，包括横道图比较法、前锋线比较法、S曲线比较法、香蕉曲线法和列表比较法等常用方法。当实际进度偏差影响到后续工作及总工期时，需要调整进度计划，可采用改变某些工作间的逻辑关系和缩短某些工作的持续时间两种方法。

 拓展案例-BIM5D施工进度优化

常规的工程项目进度管理无法直观展示进度，难以校核实际工作与计划工作偏差，通过

BIM5D 可以直观对比实际工作与计划工作，并对两者不符部分进行校核，可通过设置前锋线进行进度优化，实现工程项目进度的有效控制。

在 BIM5D 中，打开项目，切换到"模型导入"模块，导入各专业模型，切换到"流水视图"模块，根据进度计划进行流水段的划分，关联流水段模型，切换到"施工模拟"模块，导入进度计划文件，关联进度计划相应流水段，设置进度计划时间及视口属性，即可进行进度模拟，如图 5-16 所示。

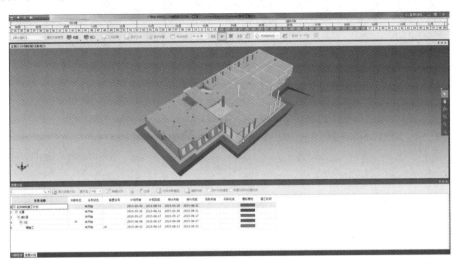

图 5-16　BIM5D 进度模拟

实际工作与计划工作不符的部分，可以利用 BIM5D 对比校核，在"施工模拟"模块的进度计划中输入实际开始时间、实际完成时间，使两个视口平铺，其中一个视口设置进度按照计划时间播放，另一个视口按照实际时间，两个视口设置相同的模型范围，即可在窗口中进行进度校核对比，如图 5-17 所示。

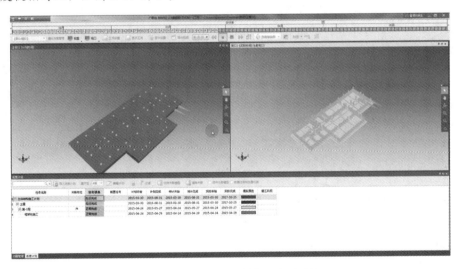

图 5-17　BIM5D 工程施工实时对比

通过对比不难发现，当工作出现延迟时，软件会自动将延迟工作标记为红色，通过观察，能迅速校核实际工作和计划工作，如图 5-18 所示。BIM5D 平台使用的是斑马梦龙的进度计划文件，通过斑马梦龙客户端，逐项检查输入工作的实际执行情况，通过管控选项卡，

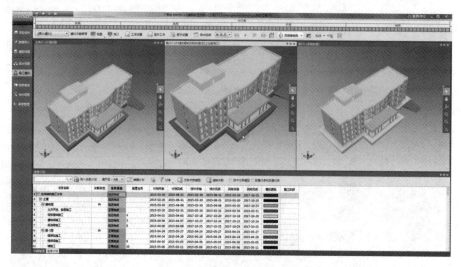

图 5-18　BIM5D 工程进度校核

设置前锋线、拉直前锋线、进度分析等功能量化分析当前的执行状态对计划的影响，并对计划总工期、里程碑等目标时间进行风险预警。

请大家观看二维码 5.4 微课后，找出案例中进度出现的问题并用 BIM5D 进行优化。

5.4　BIM5D
施工进度优化

 思考题

1. 简述工程项目进度控制的措施。
2. 简述进度计划的检查对比方法。
3. 实际进度前锋线如何绘制？
4. 香蕉曲线是如何形成的？
5. 如何分析进度偏差对后续工作乃至总工期的影响？
6. 进度计划调整的方法有哪些？如何进行调整？

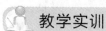 练习题

5.5　二建真题解析之
进度计划实施中的调整

【2019 年二级建造师真题】当施工项目的实际进度比计划进度提前，但业主不要求提前工期时，适宜采用的进度计划调整方法是（　　）。

A. 在时差范围内调整后续非关键工作的起止时间以降低资源强度

B. 进一步分解后续关键工作以增加工作项目，调整逻辑关系

C. 适当延长后续关键工作的持续时间以降低资源强度

D. 在时差范围内延长后续非关键工作中直接费率大的工作以降低费用

教学实训

某建筑施工单位在新建办公楼工程施工前，按《建筑施工组织设计规范》规定的单位工程施工组织设计应包含的各项基本内容，编制了本工程施工组织设计，经相应人员审批后报监理机构，在总监理工程师审批签字后按此组织施工。在施工组织设计中，施工进度计划以时标网络图形式表示。在第 8 个月末，施工单位对现场实际进度进行检查，并在时标网络图

中绘制了实际进度前锋线，如图 5-19 所示。经监理工程师核实，工序 E 的进度偏差是因为建设单位供应材料原因所导致，工序 F 的进度偏差是因为当地政令性停工导致，工序 D 的进度偏差是因为工人返乡农忙原因。

实训任务如下：

1. 本工程的施工组织设计中应包含哪些内容？

2. 施工单位哪些人员具备审批单位工程施工组织设计的资格？

3. 写出网络图中前锋线所涉及各工序的实际进度偏差情况，如后续工作仍按原计划执行，本工程的实际完工工期是多少个月？

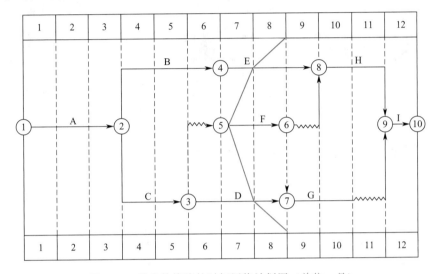

图 5-19 带有前锋线的时标网络计划图（单位：月）

学习单元六

工程项目成本控制

 知识目标

- 了解工程项目成本控制的概念和目的；
- 熟悉工程项目成本偏差分析，低成本的措施；
- 掌握工程项目成本的构成，成本控制的实施过程。

 能力目标

- 能叙述工程项目成本的构成；
- 能进行成本分析，找出成本偏差的原因；
- 能运用事前、事中、事后实施成本全过程控制。

6.1　施工阶段工程
投资控制流程

案例导航

　　某公司承建一轧钢厂，项目建设中对工程进行的成本分析中显示，已完工程所花费的费用超出许多，其中机械利用率较低，材料使用量也比预算量超出许多。试分析项目成本超支的可能原因及应该采取哪些降低成本的控制措施。

案例分析

　　施工项目成本是施工企业为完成施工项目的建筑安装任务所耗费的各项生产费用的总和，本例中是完成轧钢厂工程施工所用的成本总和。如果公司和项目经营管理水平低下，会造成成本超支，应成立成本控制体系进行成本控制，及时进行工程项目成本状况分析并采取措施，那么应该如何进行成本控制呢？

任务一　概述

一、工程项目成本控制的概念

1. 基本概念

成本是企业生产产品和管理过程中所支出的各种费用的总和。建筑工程项目成本是指建筑工程项目在实施过程中所发生的全部生产费用的总和，即转移到产品的生产资料的价值（C）与转移产品中的活劳动的价值（V）之和，它是产品价值的主要组成部分。

成本是反映企业全部工作质量好坏的综合性指标。企业劳动生产率的高低、各种材料消耗的多少、建筑机械设备的利用率程度、施工技术水平和组织状况、施工进度的快慢、质量的优劣、企业管理水平的高低、企业活力的大小，都会直接影响产品的成本，并由成本指标反映出来。因此，施工企业应当正确地处理成本与工期、质量的关系，努力提高经营管理水平，合理降低成本。

工程项目成本控制是建筑施工企业为降低建筑工程施工成本而进行的各项控制工作的总称。它包括：成本预算、成本规划、成本核算和成本分析等。工程项目成本控制是业主和承包人双方共同关心的问题，直接涉及业主和承包人双方的经济利益。

工程项目的成本控制主要包括工程项目本身从策划、立项到实施完成所进行的成本控制（或称之为投资控制）和承包商的施工项目成本控制。这两方面成本控制的过程、手段、方法有较大的差别。

工程项目的成本控制是项目管理者的一项非常重要的工作，成本控制的成效往往与项目管理者所属企业（组织）的效益息息相关，同时也应是企业（组织）对项目管理者工作绩效进行评价的主要依据。

2. 成本控制与进度、质量控制的差别

与进度、质量控制相比，成本控制的不确定性较大，工程项目进度与质量相对比较确定，控制方法比较可靠，可控的把握性比较大，而成本的精确度不高，成本控制的内容繁杂，控制成效不明显，成本控制工作难以展开。这主要是因为，除受各种成本因素影响外，进度、质量目标的变更与控制的结果对项目成本产生较大的影响，项目的策划、项目目标的确定对项目成本产生的影响巨大，但项目的策划与项目目标的确定却很难去科学地规范。成本控制与质量、进度控制的主要差别在于：

① 进度控制可通过调整计划，增加作业时间、作业资源等弥补工期的拖延或延误；

② 质量控制可通过局部的修补、返工、设计变更等来改进工程中发生的质量的不足；

③ 成本一旦出现超支，是无法弥补的，除非减少工程量或降低质量与使用要求目标；

④ 进度与质量控制的纠偏往往都会造成成本的额外增加；

⑤ 一些风险因素，如市场价格的波动、工程索赔事件、国际结算汇率的变化可能对质量、进度产生的影响较小，但对工程项目成本的影响较大，几乎所有的风险都会对项目成本产生较大的影响。

二、工程项目成本控制的目的

工程项目在实施阶段，其有效管理的关键在于设计、开发和实施良好运行的成本与控制系

统，以保证管理者获得实际工程的反馈信息。这样，就可以将最新的资源使用情况与计划所确定的标准进行比较。这个有效的控制系统（包括成本、进度或质量）必须包括以下内容。

① 项目全部工作计划的实施与履行；

② 时间、劳动力和成本的正确估算；

③ 所需任务范围清楚的定义；

④ 预算的严格规定和成本开支的授权；

⑤ 项目的成本开支与进度的定期的统计；

⑥ 每期末剩余工作的时间与成本的周期性的重新估算；

⑦ 项目当期或完成时，实际进度和成本开支与计划的经常性、周期性的比较。

成本控制必须是集成的，工程项目结构分解的 WBS 方法可以成为这种集成管理的有效工具，通过 WBS，项目的使用功能能分解成许多项目目标和子目标。当项目工作进一步开展时，WBS 则提供了每一级项目单元的成本、工期、质量等与预算的比较的框架。

（1）成本控制的第一个目的　即通过实际情况与预先确定标准的比较，证明以下几点。

① 项目目标成功地转变成实施标准；

② 项目实施标准实际上是项目活动和事件的可靠体现；

③ 所做的预算是有意义的，保证了实际与计划的比较得以实现。换句话说，这种比较证明选用了正确的标准，并且能正确地应用。

（2）成本控制的第二个目的　即决策。为了能有效、及时地进行决策，必须获得下列三种报告。

① 计划阶段的项目计划，包括进度成本计划；

② 资源消耗与预先确定的消耗标准的比较结果，这包括完成剩余的工作与活动所产生的费用的估计；

③ 项目完成时所需消耗资源的预测。

以上三种报告将报送管理者和执行者，使用这三种报告可能会产生以下三种有用的结果。

① 向管理者、计划者、执行者反馈；

② 从现行项目计划、进度、预算中识别重要偏差；

③ 尽早制定应急计划，保证工程项目正常进行。

总之，如果能正确编制上述三种报告，将使项目在作出适当的纠偏之后而产生的变化最小。通常在项目的早期，项目成本减少的可能性较大，但随着项目的进展，这种成本的减少可能性将变小。

三、工程项目成本构成

项目成本由直接费（直接成本）、间接费（间接成本）组成。

1. 直接费

直接费由直接工程费和措施费组成。

（1）直接工程费　直接工程费是指施工过程中耗费的构成工程实体的各项费用，包括人工费、材料费、施工机械使用费。

1）人工费　人工费是指直接从事建筑安装工程施工的生产工人开支的各项费用，内容包括基本工资、工资性补贴、生产工人辅助工资、职工福利费、生产工人劳动保护费。

2）材料费　是指工程施工过程中耗费的各种原材料、半成品、构配件的费用，以及周转材料的摊销、租赁费用。包括材料原价、材料运杂费、运输损耗费、采购及保管费。

3）施工机械使用费　施工机械使用费是指施工机械作业所发生的机械使用费或租赁费，以施工机械台班量乘以施工机械台班单价表示。施工机械台班单价应由下列七项费用组成。

① 折旧费：指施工机械在规定的使用年限内，陆续收回其原值及购置资金的时间价值。

② 大修理费：指施工机械按规定的大修理间隔台班进行必要的大修理，以恢复其正常功能所需的费用。

③ 经常修理费：指施工机械除大修理以外的各级保养和临时故障排除所需的费用。包括为保障机械正常运转所需替换设备与随机配备工具附具的摊销和维护费用，机械运转中日常保养所需润滑与擦拭的材料费用及机械停滞期间的维护和保养费用等。

④ 安拆费及场外运费：安拆费指施工机械在现场进行安装与拆卸所需的人工、材料、机械和试运转费用以及机械辅助设施的折旧、搭设、拆除等费用；场外运费指施工机械整体或分体自停放地点运至施工现场或由一施工地点运至另一施工地点的运输、装卸、辅助材料及架线等费用。

⑤ 人工费：指机上司机（司炉）和其他操作人员的工作日人工费及上述人员在施工机械规定的年工作台班以外的人工费。

⑥ 燃料动力费：指施工机械在运转作业中所消耗的固体燃料（煤、木柴）、液体燃料（汽油、柴油）及水、电等。

⑦ 税费：指施工机械按照国家规定应缴纳的养路费、车船使用税、保险费及年检费等。

（2）措施费　措施费是指为完成工程项目施工，发生于该工程施工前和施工过程中的技术、生活、安全、环境保护等方面的费用。内容包括：安全文明施工费、夜间施工增加费、二次搬运费、冬雨季施工增加费、已完工程及设备保护费、工程定位复测费、特殊地区施工增加费、大型机械进出场及安拆费、脚手架工程费等。

2．间接费

间接费由规费、企业管理费组成。

（1）规费　规费是指按国家法律、法规规定，由省级政府和省级有关权力部门规定必须缴纳或计取的费用。其内容包括：

1）社会保险费

① 养老保险费，是指企业按照规定标准为职工缴纳的基本养老保险费。

② 失业保险费，是指企业按照规定标准为职工缴纳的失业保险费。

③ 医疗保险费，是指企业按照规定标准为职工缴纳的基本医疗保险费。

④ 生育保险费，是指企业按照规定标准为职工缴纳的生育保险费。

⑤ 工伤保险费，是指企业按照规定标准为职工缴纳的工伤保险费。

根据国务院办公厅《关于全面推进生育保险和职工基本医疗保险合并实施的意见》，2019年底，实现两项保险合并实施。

2）住房公积金　是指企业按规定标准为职工缴纳的住房公积金。

（2）企业管理费　企业管理费是指建筑安装企业组织施工生产和经营管理所需的费用。其内容包括下列几项。

1）管理人员工资　是指按规定支付给管理人员的计时工资、奖金、津贴补贴、加班加点工资及特殊情况下支付的工资等。

2）办公费　是指企业管理办公用的文具、纸张、账表、印刷、邮电、书报、办公软件、现场监控、会议、水电、烧水和集体取暖（包括现场临时宿舍取暖）等费用。

3）差旅交通费　是指职工因公出差调动工作的差旅费、住勤补助费，市内交通费和误餐补助费，职工探亲路费，劳动力招募费，职工退休、退职一次性路费，工伤人员就医路费，工地转移费以及管理部门使用的交通工具的油料、燃料等费用。

4）固定资产使用费　是指管理和试验部门及附属生产单位使用的属于固定资产的房屋、设备、仪器等的折旧、大修、维修或租赁费。

5）工具用具使用费　是指企业施工生产和管理使用的不属于固定资产的工具、器具、家具、交通工具和检验、试验、测绘、消防用具等的购置、维修和摊销费。

6）劳动保险和职工福利费　是指由企业支付的职工退职金、按规定支付给离休干部的经费、集体福利费、夏季防暑降温费、冬季取暖补贴、上下班交通补贴等。

7）劳动保护费　是企业按规定发放的劳动保护用品的支出，如工作服、手套、防暑降温饮料以及在有碍身体健康的环境中施工的保健费用等。

8）检验试验费　是指施工企业按照有关标准规定，对建筑以及材料、构件和建筑安装物进行一般鉴定、检查所发生的费用，包括自设试验室进行试验所耗用的材料等费用。不包括新结构、新材料的试验费，对构件做破坏性试验及其他特殊要求检验试验的费用和发包人委托检测机构进行检测的费用，对此类检测发生的费用，由发包人在工程建设其他费用中列支。但对施工企业提供的具有合格证明的材料进行检测其结果不合格的，该检测费用由施工企业支付。

9）工会经费　是指企业按《工会法》规定的全部职工工资总额比例计提的工会经费。

10）职工教育经费　是指按职工工资总额的规定比例计提，企业为职工进行专业技术和职业技能培训，专业技术人员继续教育、职工职业技能鉴定、职业资格认定以及根据需要对职工进行各类文化教育所发生的费用。

11）财产保险费　是指施工管理用财产、车辆等的保险费用。

12）财务费　是指企业为施工生产筹集资金或提供预付款担保、履约担保、职工工资支付担保等所发生的各种费用。

13）税金　是指企业按规定缴纳的房产税、车船使用税、土地使用税、印花税等。

14）城市维护建设税　是指为了加强城市的维护建设，扩大和稳定城市维护建设资金的来源，规定凡缴纳消费税、增值税、营业税的单位和个人，都应当依照规定缴纳城市维护建设税。城市维护建设税税率如下：①纳税人所在地在市区的，税率为7％；②纳税人所在地在县城、镇的，税率为5％；③纳税人所在地不在市区、县城或镇的，税率为1％。

15）教育费附加　是对缴纳增值税、消费税、营业税的单位和个人征收的一种附加费。其作用是为了发展地方性教育事业，扩大地方教育经费的资金来源。以纳税人实际缴纳的增值税、消费税的税额为计费依据，教育费附加的征收率为3％。

16）地方教育附加　按照《关于统一地方教育附加政策有关问题的通知》（财综〔2010〕98号）要求，各地统一征收地方教育附加，地方教育附加征收标准为单位和个人实际缴纳的增值税、营业税和消费税税额的2％。

17）其他　包括技术转让费、技术开发费、投标费、业务招待费、绿化费、广告费、公证费、法律顾问费、审计费、咨询费、保险费等。

四、工程项目成本组织与分工

施工项目成本控制是所有项目管理人员必须重视的一项工作，它必须依赖各部门、各单位的通力合作，所以应对成本控制工作进行有效的组织与分工。

1. 建立以项目经理为核心的项目成本控制体系

项目管理负责制，是项目管理的特征之一。项目经理必须对工程项目的进度、质量、成本、安全和现场管理标准化等全面负责，特别要把成本控制放在首位。

2. 建立成本管理责任制

项目管理人员的成本责任，不同于其他工作责任。有时工作责任已经完成，甚至完成得相当出色，但成本责任却没有完成。每一个项目管理人员都必须明确，在完成工作责任的同时，还要为降低成本精打细算，为节约成本开支严格把关。

每一项目管理人员应明确自己对成本控制的责任，包括合同预算人员、工程技术人员、材料管理人员、机械管理人员、行政管理人员、财务成本人员的成本管理责任。

3. 成本责任落实到基层

（1）签订劳务合同或内部劳务协议　在工程实施过程中，项目经理部有权对施工队的进度、质量、安全和现场管理进行检查与评价，并按劳动合同或内部协议规定支付劳务费用。施工队成本的节约或超支，项目经理部无权过问。

（2）成本责任进一步分解　施工队同样可采用施工任务单和限额领料单的形式，将本责任进一步分解和落实到生产班组。施工队需要联系生产班组责任成本的实际完成情况，结合进度、质量、安全和文明施工的具体要求进行综合考评。

施工任务单、限额领料单是项目管理中最基本、最扎实的基础管理，它能综合控制工程项目的进度、质量、成本以及安全与文明施工。这就需要对施工任务单、限额领料单与项目管理的任务分解、进度计划、成本计划、资源计划以及进度、成本、质量三大控制相协调。

任务二　工程项目成本控制的实施过程

建设工程项目成本控制实施过程可分为三个阶段：前期控制、中期控制、后期控制。

一、工程成本的前期控制

工程成本前期控制主要是指工程项目开工前，对影响成本的有关因素进行预测和计划。

1. 成本计划

进行成本计划的编制是加强成本控制的前提，要有效地控制成本，就必须充分重视成本计划的编制。成本计划是指对拟建的建设工程项目进行费用预算（或估算），并以此作为项目的经济分析和决策、签订合同或落实责任、安排资金的依据。再通过将成本目标或成本计划分解，提出材料、施工机械、劳务费用、临时工程费用、管理费用等多种费用的限额，并按照限额进行资金使用的书面方案。一般成本计划要由工程技术部门和财务部门合作，根据签订的合同价格、工程价格单和投标报价计算书等资料编制，并进行汇总。

成本计划与工程最终实际的成本相比较，对于常见的项目，可行性研究时可能达±20％的误差，初步设计时可能达±15％的误差，成本预算误差可能达±（5％～10％）。在工程项目中，积极的成本计划不仅不局限于事先的成本估算（或报价），而且也不局限于工程的成本进度计划，还体现在：积极的成本计划不是被动的按照已确定的技术设计、合同、工期、实施方案和环境预算工程成本，而是应包括对不同的方案进行技术经济分析，从总体上考虑工期、成本、质量、实施方案等之间的相互影响和平衡，以寻求最优的解决方案。

2. 成本预测

成本预测是在成本发生前，根据预计的多种变化的情况，测算成本的降低幅度，确定降低成本的目标，为确保工程项目降低成本目标的实现，可分析和研究各种可能降低成本的措施和途径。如改进施工工艺和施工组织，节约材料费用、人工费用、机械使用费。实行全面质量管理，减少和防止不合格品、废品损失和返工损失；节约管理费用，减少不必要的开支。

3. 工程成本施工前期控制

① 投标阶段，进行成本预算，提出投标决策。

② 中标后，以标书为成本目标。

③ 施工准备阶段，对施工方法、施工顺序、作业组织形式、机械设备的选型、技术组织措施等进行认真研究和分析，并运用价值工程原理，制定出科学先进、经济合理的施工方案。

④ 根据企业下达的成本目标，以工作包或项目单元所包含的实际工程量或工作量为基础消耗标准（如我国的基础定额、企业的施工定额）和技术组织措施的节约计划，在优化的施工方案的指导下，编制明细而具体的成本计划，并将各项单元或工作包的成本责任落实到各职能部门、施工队和班组，为今后的成本控制做好准备。

⑤ 根据项目工期的长短和参加工程人数的多少，编制间接费预算，并进行明细分解，落实到项目经理部有关部门，为今后的成本控制和绩效考评提供依据。以施工项目结构分解的项目单元或工作包为对象进行成本计划，并落实给责任人。

二、工程成本的中期控制

必须突出经济原则、全面性原则（包括全员成本控制和全过程成本控制）、责权利相结合的原则，根据施工实际情况，做好项目的进度统计、用工统计、材料消耗统计和机械台班使用统计，以及各项间接费用支出的统计工作，定期编写各种费用报表，对成本的形成和费用偏离成本目标的差值进行分析，查找原因，并进行纠偏和控制。具体工作方法如下。

（1）下达成本控制计划　由成本控制部门根据成本计划拟订控制计划，下达给各管理部门和施工现场的管理人员。

（2）确定调整计划权限　应当随同计划下达规定各级人员在控制计划内进行平衡调剂的权限，任何计划都不可能是尽善尽美的，应当给管理部门在一定范围内进行调剂求得新的平衡的余地。

（3）建立成本控制制度　完好的计划和相应的权限都需要有严格的制度加以保证。应该实行科学管理和目标责任制。首先，应制定一系列常用的报表，规定报表填报方式和日期。其次，应规定涉及成本控制的各级管理人员的职责，明确成本控制人员同财务部门和现场管理人员之间合作关系的程序和具体职责划分。

通常，现场执行人员进行原始资料的积累和填报；工程技术人员、财务部门和成本控制人员进行资料的整理、分析、计算和填报。其中，成本控制人员应定期编写成本控制分析报告、工程经济效益和盈亏预测报告。

（4）设立成本控制专职岗位　成本控制专职人员应从一开始就参与编写成本计划，制定各种成本控制的规章制度。而且应经常搜集和整理已完工的每项实际成本资料，并进行分析，提出调整计划的意见。

（5）成本监督　审核各项费用，确定是否进行工程款的支付，监督已支付的项目是否已完成，有无漏洞，并保证每月按实际工程状况定时定量支付；根据工程的情况，作出工程实际成本报告；对各项工作进行成本控制，例如对设计、采购、委托（签订合同）进行控制；对工程项目成本进行审计活动。

（6）成本跟踪　作详细的成本分析报告，并向各个方面提供不同要求和不同详细程度的报告。

（7）成本诊断　主要有：超支量及原因分析，剩余工作所需成本预算和工程成本趋势分析。

（8）其他工作　包括：与相关部门（职能人员）合作，提供分析、咨询和协调工作，例如提供由于技术变化、方案变化引起的成本变化的信息，供各方面作决策或调整项目时考虑；用技术经济的方法分析超支原因，分析节约的可能性，从总成本最优的目标出发，进行技术、质量、工期、进度的综合优化；通过详细的成本比较、趋势分析获得一个顾及合同、技术、组织影响的项目最终成本状况的定量诊断，对后期工作中可能出现的成本超支状况提出早期预警。以上工作是为作出调控措施服务的组织信息，向各个方面特别是决策层提供成本信息和质量信息，为各方面的决策提供问题解决的建议和意见。在项目管理中成本的信息量最大，对项目变化的预测，如对环境、目标的变化等造成的成本的影响进行测算分析，协助解决费用补偿问题（即索赔和反索赔）。

三、工程成本的后期控制

（1）建筑工程的项目竣工验收阶段的成本控制

① 精心安排，干净利落完成竣工扫尾工作，以防扫尾工作拖拉，战线拉得过长，机械、设备无法转移，而成本费用照常发生，从而使施工阶段取得的经济效益逐步流失。

② 重视竣工验收工作，顺利交付使用。对验收中业主提出的意见，如不符合合同要求，且涉及费用问题，则应做好索赔处理。

③ 及时办理结算，注意结算资料的完整，避免漏算。

④ 在工程保修期间，明确保修责任者，做好保修期间的费用控制。

（2）工程成本分析及核算　建筑工程的项目部分或全部竣工以后，必须对竣工工程进行决算，对工程成本计划的执行情况加以总结，对成本控制情况进行全面的综合分析考核，以便找出改进成本管理的对策。

① 工程成本分析。工程成本分析是成本控制工作的重要内容。通过分析和核算，可以对成本计划的执行情况进行有效控制，对执行结果进行评价，为下一步工作的成本计划提供重要依据。

工程成本分析是项目经济核算的重要内容，是成本控制的重要组成部分。成本分析要以降低成本计划的执行情况为依据，对照成本计划和各项消耗定额，检查技术组织措施的执行情况，分析降低成本的主、客观原因，量差和价差因素，节约和超支情况，从而提出进一步降低成本的措施。

② 工程成本核算。工程成本核算就是记录、汇总和计算工程项目费用的支出，核算承包工程项目的原始资料。施工过程中项目成本的核算，宜以每月为一核算期，在月末进行。核算对象应按单位工程划分，并与施工项目管理责任目标成本的界定范围一致。进行核算时，要严格遵守工程项目所在地关于开支范围和费用划分的规定，按期进行核算时，要按规定计入项目内的人工、材料、机械使用费、其他直接费、间接费等费用和成本，以实际发生数为准。

任务三　工程项目成本状况分析

一、成本状况分析

成本状况分析的指标较多，主要由于：①成本计划的对象多，人们从不同的角度反映成本，则必然有不同的分析指标；②在项目实施过程中成本的版本很多，需要有不同的对比；③为了综合、清楚地反映成本状况，成本分析必须与进度、工期、效率、质量分析同步进行，并互相对比参照；④为了准确地反映情况，需要在成本报告中包括微观和宏观的分析，例如包括各个生产要素的消耗，各分项工程及整个工程的成本分析。

成本分析的综合指标通常有如下几大类。

1. 赢得值原理中的各项指标

赢得值原理引入计划完成工作量的预算值，对项目费用和进度通过 S 曲线进行动态、定量综合评估，即在项目实施过程中任一时刻已完工作（程）量的预算值（BCWP）与该时刻此项任务的计划值（BCWS）进行对比，以评估和测算其进度的进行效果；将 BCWP 与

6.2　赢得值法基本参数

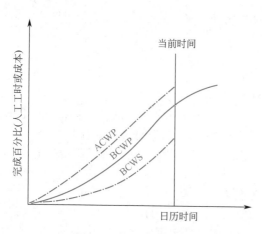

图 6-1　赢得值原理图

资源实耗值（ACWP）作对比，以评估和测算其资源的执行效果。如图 6-1 所示。

第一个指标为 BCWS 曲线，即计划值曲线。BCWS 曲线是综合进度计划与目标计划成本分解（或预算成本）后得出的。它的含义是将项目的计划消耗资源，包括全部费用要素，在计划的周期内按月进行分配，然后逐步累加，即生成整个项目的 BCWS 曲线。这条曲线是项目控制的基准曲线。

第二个指标为 BCWP 曲线，即赢得值曲线。BCWP 曲线的含义是，按月统计日完成工作量，并将此已完工作量的值乘以预算单价，逐步累加，即生成赢得值曲线。赢得值与实际消耗的人工工时或费用无关，它是用预算值或单价来计算已完工作量所取得的实物进展的值，是测量项目实际进展所取得绩效的尺度。

第三个指标为 ACWP 曲线，即实耗值曲线。ACWP 曲线的含义是，对已完工作量实际消耗的成本，逐项记录并逐步累加，即可生成这条实耗值曲线。

通过 BCWS、BCWP、ACWP 三条曲线的对比，可以直观综合反映项目成本和进度的进展情况。

2. 效率比

$$机械生产效率比＝实际台班数/计划台班数$$
$$劳动效率比＝实际使用人工工时/计划使用人工工时$$

与它相似，还有材料消耗的比较及各项费用消耗的比较。

3. 成本分析指标

已完成的工程成本偏差：

$$成本偏差＝实际成本－计划成本$$

$$成本偏差率＝\frac{实际成本－计划成本}{计划成本}×100\%$$

$$利润＝已完工程价格－实际成本$$

二、成本超支的原因分析

经过对比分析，发现某一方面已经出现成本超支，或预计最终将会出现成本超支，则应将它提出，作进一步的原因分析。成本超支的原因可以按照具体超支的成本对象（费用要素、工作包、工程分析等）进行分析。原因分析是成本责任分析和提出成本控制措施的基础。成本超支的原因主要有以下几方面。

（1）前期预算问题　原成本计划数据不准确，估价错误，预算太低，不适当地采用低价策略，承包商（或分包商）报价超出预期的最高价。

（2）外部原因　上级、业主的干扰，阴雨天气，物价上涨，不可抗力事件等。

（3）实施管理中的问题

① 不适当的控制程序，费用控制存在问题，许多预算外开支，被罚款。

② 成本责任不明，实施者对成本没有承担义务，缺少成本（投资）方面限额的概念，同时又没有节约成本的奖励措施。

③ 劳动效率低，工人频繁调动，施工组织混乱。

④ 采购了劣质材料，工人培养不充分，材料消耗增加，浪费严重，发生事故，返工，周转资金占用量大，财务成本高。

⑤ 合同不利，在合同执行中存在缺陷，承包商（分包商、供应商）的赔偿要求不能成立。

（4）其他　如工程范围的增加，设计的修改，功能和建设标准的提高，工作量大幅度的增加等。

6.3　因素分析法

成本超支的原因很多，在项目的目标设计、可行性研究及设计和计划的实施中，以及在技术、组织、管理、合同等任何一方面出现问题都会反映在成本上，造成成本的超支。

原因分析可以采用因果关系分析图进行定性分析，在此基础上又可利用因素差异分析法进行定量分析。

【例 6-1】　某模板安装工程 $30000m^2$，预计劳动效率为 0.8 工日/m^2，单价为 20 元/工日，但实际工程量为 $32000m^2$，实际劳动生产率为 0.7 工日/m^2，工日单价为 25 元/m^2，试进行成本分析。

解　由题意知：　计划成本费用＝$30000×20×0.8=480000$（元）

实际成本费用＝$32000×25×0.7=560000$（元）

成本差异：$560000-480000=80000$（元）

成本差异分析，如图 6-2 所示。

计划工程量 $30000m^2$ 计划人工费 20元/工日 计划劳动效率 0.8工日/m^2	实际工程量 $32000m^2$ 计划人工费 20元/工日 计划劳动效率 0.8工日/m^2	实际工程量 $32000m^2$ 实际人工费 25元/工日 计划劳动效率 0.8工日/m^2	实际工程量 $32000m^2$ 实际人工费 25元/工日 实际劳动效率 0.7工日/m^2
计划成本费用480000元	成本费用512000元	成本费用640000元	实际成本费用560000元
工程量增加成本增加 32000元	工资上涨成本增加 128000元	劳动效率提高成本降低 80000元	
成本差异560000－480000＝80000（元）			

图 6-2　成本差异分析

三、降低成本的措施

1. 建筑工程项目设计阶段

（1）推行工程设计招标和方案竞选　通过招标和设计方案竞选有利于择优选定设计方案和设计单位；有利于控制项目投资，降低工程造价，提高投资效益；有利于采用技术先进、经济适用、设计质量水平高的设计方案。

（2）推行限额设计　限额设计是按照批准的设计任务书及成本估算控制初步设计，按照批准的初步设计总概算控制施工图设计，各专业在保证达到使用功能的前提下，按分配的成本限额控制设计，严格控制技术设计和施工图设计的不合理变更，保证总投资限额不被超过。

建筑工程项目限额设计的全过程实际上就是建筑工程项目在设计阶段的成本目标管理过程，即目标设置、目标管理、目标实施检查、信息反馈的控制循环过程。

（3）加强设计标准和标准设计的制定和应用　设计标准是国家的技术规范，是进行工程设计、施工和验收的重要依据，是进行工程项目管理的重要组成部分，与项目成本控制密切相关。标准设计也称通用设计，是经政府主管部门批准的整套标准技术文件图纸。

采用设计规范可以降低成本，同时可以缩短工期。标准设计是按通用条件编制的，能够较好地贯彻执行国家的技术经济政策，密切结合当地自然条件和技术发展水平，合理利用能源、资源和材料设备，从而能够大大降低工程造价。

① 可以节约设计费用，加快出图速度，缩短设计周期；

② 构配件生产的统一配料可以节约材料，有利于生产成本的大幅度降低；

③ 标准件的使用能使工艺定型，容易使生产均衡和提高劳动生产率，既有利于保证工程质量，又有利于工期的缩短。

2. 建筑工程项目施工阶段

（1）认真审查图纸，积极提出修改意见　在建筑工程项目的实施过程中，施工单位应当按照建筑工程项目的设计图纸进行施工建设。但由于设计单位在设计中考虑得不周到，设计的图纸可能会给施工带来不便。因此，施工单位应在认真审查设计图纸和材料、工艺说明书的基础上，在保证工程质量和满足用户使用功能要求的前提下，结合项目施工的具体条件，提出积极的修改意见。施工单位提出的意见应该有利于加快工程进度和保证工程质量，同时还能降低能源消耗、增加工程收入。在取得业主和施工单位的许可后，进行设计图纸的修改，同时办理增减账。

（2）制定技术先进、经济合理的施工方案　施工方案的制定应该以合同工期为依据，结合建筑工程项目的规模、性质、复杂程度、现场条件、装备情况、员工素质等因素综合考虑。施工方案主要包括施工方法的确定、施工机具的选择、施工顺序的安排和流水施工的组织四项内容。施工方案应具有先进性和可行性。

（3）落实技术组织措施　落实技术组织措施，以技术优势来取得经济效益，是降低成本的一个重要方法。在建筑工程项目的实施过程中，通过推广新技术、新工艺、新材料都能够起到降低成本的目的。另外，通过加强技术质量检验制度，减少返工带来的成本支出也能够有效地降低成本。为了保证技术组织措施的落实，并取得预期效益，必须实行以项目经理为首的责任制。由工程技术人员制定措施，材料负责人员供应材料，现场管理人员和生产班组负责执行，财务人员结算节约效果，最后由项目经理根据措施执行情况和节约效果对有关人员进行奖惩，形成落实技术组织措施的一条龙。

（4）组织均衡施工，加快施工进度　凡是按时间计算的成本费用，如项目管理人员的工资和办公费、现场临时设施费和水电费以及施工机械和周转设备的租赁费等，在施工周期缩短的情况下，会有明显的节约。但由于施工进度的加快，资源使用的相对集中，将会增加一定的成本支出，同时，会容易造成工作效率降低。因此，在加快施工进度的同时，必须根据实际情况，组织均衡施工，做到快而不乱，以免发生不必要的损失。

（5）加强劳动力管理，提高劳动生产率　改善劳动组织，优化劳动力的配置，合理使用劳动力，减少窝工；加强技术培训，提高工人的劳动技能和劳动熟练程度；严格劳动纪律，提高工人的工作效率，压缩非生产用工和辅助用工。

（6）加强材料管理，节约材料费用　材料成本在建筑工程项目成本中所占的比重很大，具有较大的节约潜力。在成本控制中应该通过加强材料采购、运输、收发、保管、回收等工作的方法，来达到减少材料费用，节约成本的问题。根据施工需要合理储备材料，以减少资金占用；加强现场管理，合理堆放，减少搬运，减少仓储和摊销损耗；通过限额领料落实，严格执行材料消耗定额；坚持余料回收，正确核算消耗水平；合理使用材料，扩大材料代用；推广使用新材料。

（7）加强机具管理，提高机具利用率　结合施工方案的制定，从机具性能、操作运行和台班成本等因素综合考虑，选择最适合项目施工特点的施工机具；做好工序、工种机具施工的组织工作，最大限度地发挥机具效能；做好机具的平时保养维修工作，使机具始终保持完好状态，随时都能正常运转。

（8）加强费用管理，减少不必要的开支　根据项目需要，配备精干高效的项目管理班子；在项目管理中，积极采用量本利分析、价值工程、全面质量管理等降低成本的新管理技术；严格控制各项费用支出和非生产性开支。

（9）充分利用激励机制，调动职工增产节约的积极性　从建筑工程项目的实际情况出发，树立成本意识，划分成本控制目标，用活用好奖惩机制，通过责、权、利的结合，对员工执行劳动定额，实行合理的工资和奖励制度，能够大大提高全体员工的生产积极性，提高劳动效率，减少浪费，从而有效地控制工程成本。

单元总结

　　本单元主要阐述了工程项目成本控制的概念和目的，详细说明了工程项目成本由直接成本和间接成本组成，需要所有项目管理人员通力合作，通过有效组织和分工进行成本控制。工程项目成本控制实施过程可以分为三个阶段：前期控制、中期控制、后期控制。内容包括投标阶段、施工准备阶段、施工阶段、竣工验收及保修阶段的成本控制。工程项目成本状况分析时可采用赢得值法、效率比等综合指标，出现超支时需要进行原因分析，可采用因果关系分析图进行定性分析，因素差异法进行定量分析，各阶段需采取降低成本的措施。

拓展案例-BIM5D 项目资源管理

　　工程项目成本控制实施过程可以分为前期控制、中期控制、后期控制，包括投标阶段成本控制、施工准备阶段成本控制、施工阶段成本控制、竣工验收及保修阶段成本控制，由于管理复杂，常规的 Excel 管理方式不直观，难以发现成本管理问题，BIM5D 可按专业、时间及其他维度对物资进行查询，并可导出电子文档，以作为月进度报量的参考。

　　BIM5D 中，可进行多维度物资查询，在"预算导入"页面中，导入预算文件，可以区配清单，将清单与模型关联，在"物资查询"模块中根据专业、查询模式或自定义查询模式进行物资统计并进行导出，如图 6-3 所示。

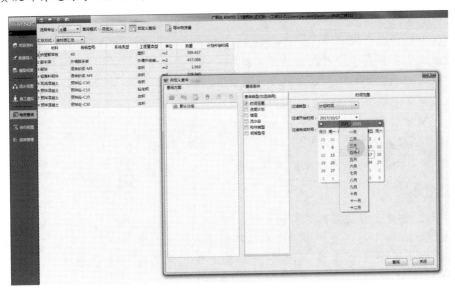

图 6-3　BIM5D 物资查询

　　在上述清单与模型关联的基础上，切换到"流水视图"模块，根据进度计划进行流水段划分并关联模型，将资金曲线窗口跳出，进行进度模拟，实时展示项目资金资源信息，如图 6-4 所示。选择任意流水段，可查看清单工程量信息并进行工程量、清单量的导出，制作月进度报量清单。

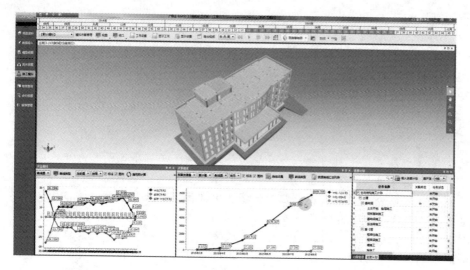

图 6-4　BIM5D 项目资金资源展示

6.4　BIM5D
项目资金资源管理

请大家观看二维码 6.4 微课后，试通过 BIM5D 软件，为本案例作出项目资金资源信息展示，其中资源类别分别为人、材、机械，并作出 4 月份进度报量。

思考题

1. 什么是成本？

2. 什么是建筑工程项目成本？

3. 什么是措施费？

4. 什么是规费？

5. 间接费由哪些组成？

6. 建筑工程项目成本控制包括哪些内容？

7. 建筑工程项目成本控制的目的是什么？

8. 简述预算成本、计划成本、实际成本的区别与联系。

9. 叙述建筑工程项目成本控制是如何实施的。

10. 直接工程费由哪些组成？

11. 简述成本超支的原因及降低成本的措施。

练习题

【2017 年二级建造师真题】某工程主要工作是混凝土浇筑，中标的综合单价是 400 元/m³，计划工程量是 8000m³。施工过程中因原材料价格提高使实际单价为 500 元/m³，实际完成并经监理工程师确认的工程量是 9000m³。若采用赢得值法进行综合分析，正确的结论有（　　）。

A. 已完工作预算费用 360 万元

B. 费用偏差为 90 万元，费用节省

C. 进度偏差为 40 万元，进度拖延

D. 已完工作实际费用为 450 万元

E. 计划工作预算费用为 320 万元

6.5　二建真题
解析之赢得值法

教学实训

　　商品混凝土目标成本 443040 元，实际成本为 473697 元，比目标成本增加 30657 元，资料如表 6-1 所示。

　　实训任务如下：

　　1. 分析成本增加的原因。

　　2. 采用因素差异法进行定量分析，注意观察各因素变动对实际成本的影响程度。

表 6-1　商品混凝土目标成本与实际成本对比表

项目	目标	实际	差额
产量/m³	600	630	+30
单价/元	710	730	+20
损耗率/%	4	3	-1
成本/元	443040	473697	+30657

学习单元七

工程项目质量控制

7.1 施工阶段工程
质量控制流程

 知识目标

- 了解工程项目质量的概念和特点，以及影响工程项目质量因素；
- 熟悉工程项目质量管理体系和工程项目质量控制原理；
- 掌握工程项目质量分析方法，质量不合格的处理及程序。

 能力目标

- 能叙述工程项目质量的特点，质量管理体系；
- 能运用工程项目质量分析方法，查找质量原因；
- 能运用工程质量不合格处理方法和程序，处理简单的工程质量问题和事故。

案例导航

某三层砖混结构教学楼的二楼悬挑阳台突然断裂，阳台悬挂在墙面上。幸好是夜间发生，没有人员伤亡。经事故调查和原因分析发现，造成该质量事故的主要原因是施工队伍素质差，在施工时将本应放在上部的受拉钢筋放在了阳台板的下部，使得悬臂结构受拉区无钢筋而产生脆性破坏。试问应如何保证悬挑阳台的施工质量呢？

案例分析

保证施工质量需要建立和运行工程项目质量控制体系，需要知道工程项目质量的影响因素，了解质量控制的原则，掌握质量控制的原理和分析方法，当发现质量不合格时，按照质量处理程序执行，形成质量管理文件，以免造成工程事故。那么应该如何进行质量控制呢？

知识链接

任务一　概述

一、质量的概念

我国 ISO 9000 标准中质量的定义是：一组固有特性满足要求的程度。"固有"就是指在某事或某物中本来就有的，尤其是那种永久的特性，包括明示的、隐含的、必须履行的需求或期望。

明示的一般是指在合同环境中，用户明确提出的需要或要求，通常是通过合同、标准、规范、图纸、技术文件所作出的明确规定。

隐含的需求或期望应加以识别和确定。具体说：一是指顾客的期望，二是指那些人们公认的、不言而喻的、不必作出规定的"需要"。如：建筑工程的采光、通风、保温、防风、防霜、防雨、防雪等功能要求；如：工业建筑项目为达到产品的数量和质量标准所必须具备的各种功能要求。

"需要"是随时间、环境的变化而变化的，可能现在不起作用，但随着科技的发展和产品的更新换代，过一段时间后就会发挥作用。因此，质量的含义包括以下几点。

① 质量不仅是指产品质量，也可以是某项活动或过程的工作质量；

② 特性是指可区分的性质，特性可以是固有的或赋予的，也可以是定性的或定量的；

③ 满足要求就是应满足明示的（如合同、规范、图纸中明确规定的），或隐含的（如一般习惯），或必须履行的（如法律、法规、行业规则）的需要和期望；

④ 顾客和其他相关方对产品、过程或体系的质量要求是动态的、发展和相对的。

二、工程项目质量的概念及特点

1. 工程项目质量的概念

工程项目质量是国家现行的有关法律、法规、规范、规程、技术标准、设计文件及工程合同对工程项目的安全、适用、经济、美观等性能在规定期限内的综合要求。工程项目质量有普遍性和特殊性两个方面：普遍性由国家的相关法律、法规对它们给予规定；特殊性则根据具体的工程项目和业主对它们的要求而定，它们分别体现在工程项目的适用性、安全性、耐久性、可靠性、经济性及与环境的协调性等六方面。因此，工程项目质量的目标必须由业主用合同的形式约定。

2. 工程项目质量的特点

由于工程建设项目所具有的单项性、一次性和使用寿命的长期性及项目位置固定、生产流动、体积大、整体性强、建设周期长、施工涉及面广、受自然气候条件影响大，且结构类型、质量要求、施工方法均可因项目不同而存在很大差异等特点，从而工程项目的建设成为一个极其复杂的综合性过程，并形成以下特点。

（1）影响质量的因素多　如设计、材料、机械设备、地形、地质、水文、气象、施工工艺、施工操作方法、技术、措施、管理制度等，均可直接影响工程建设项目质量。

（2）设计原因引起的质量问题显著　按实际工作统计，在我国近年发生的工程质量事故中，由设计原因引起的质量问题占据相当大的比例，其他质量问题则分别由施工责任、材料使用等原因引起，设计工作质量已成为引起工程质量问题的主要原因。因此为确保工程建设项目质量，严格设计质量控制便成为一个十分重要的环节。

（3）容易产生质量变异　质量变异是指由于各种质量影响因素发生作用引起产品质量存在差异。质量变异可分为正常变异和非正常变异，前者是指由经常发生但对质量影响不大的偶然性因素引起质量正常波动而形成的质量变异；后者则是指由不常发生但对质量影响很大的系统性因素引起质量异常波动而形成的质量变异。

（4）容易产生第一类、第二类判断错误　工程建设项目施工建造因工序交接多、产品多、隐蔽工程多，若不及时检查实质，事后再看表面，就容易产生第二类判断错误即容易将不合格产品，认为是合格产品；另外，若检查不认真，测量仪表不准，读数有误，则会产生第一类判断错误，就是说将合格产品认定为不合格产品。

（5）工程产品不能解体、拆卸，质量终检局限大　工程建设项目建成后，不可能像某些工业产品那样，再拆卸或解体检查其内在、隐蔽的质量，即使发现有质量问题，也不可能采取"更换零件""包换"或"退款"方式解决与处理有关质量问题，因此工程建设项目质量管理应特别注重质量的事前、事中控制，以防患于未然，力争将质量问题消灭于萌芽状态。

（6）质量要受投资、进度要求的影响　工程建设项目的质量通常要受到投资、进度目标的制约。一般情况下，投资大、进度慢，工程质量就好；反之则工程质量差。项目实施过程中，质量水平的确定尤其要考虑成本控制目标的要求，鉴于由于质量问题预防成本和质量鉴定成本所组成的质量保证费用随着质量水平的提高而上升，产生质量问题后所引起的质量损失费用则随着质量水平的提高而下降，这样由保证和提高产品质量而支出的质量保证费用及由于未达到相应质量标准而产生的质量损失费用两者相加而得的工程质量成本必然存在一个最小取值，这就是最佳质量成本。在工程建设项目质量管理实践中，最佳质量成本通常是项目管理者订立质量目标的重要依据之一。

三、影响工程项目质量因素的控制

影响建设工程质量的因素很多，归纳起来主要有五个方面，即人（Man）、机械（Machine）、材料（Material）、方法（Method）和环境（Environment），简称4M1E因素。因此，应对这五个方面的因素进行严格的控制，以确保工程项目建设的质量。

1. 对"人"的因素的控制

人是工程质量的控制者，也是工程质量的制造者。控制人的因素，即调动人的积极性、避免人的失误等，是控制工程质量的决定性因素。

（1）领导者的素质　领导者是具有决策权力的人，其整体素质是提高工作质量和工程质量的关键。因此，在对承包商进行资质认证和选择时一定要考核领导者的素质。

（2）人的理论水平和技术水平　指人的综合素质的表现，它直接影响工程项目质量，尤其是技术复杂、操作难度大、要求精度高、工艺新的工程对人员素质要求更高，否则工程质量很难保证。

（3）人的生理缺陷　根据工程施工的特点和环境，应严格控制人的生理缺陷，如高血压、心脏病的人不能从事高空作业和水下作业；反应迟钝、应变能力差的人不能操作快速运行、动作复杂的机械设备等，否则将影响工程质量，引起安全事故。

（4）人的心理行为　影响人心理行为的因素很多，而人的心理因素，如疑虑、畏惧、抑郁等，很容易使人产生愤怒、怨恨等情绪，使人的注意力转移，由此引发质量、安全事故。所以，在审核企业的资质水平时，要注意企业职工的凝聚力如何，职工的情绪如何，这也是选择企业的一条标准。

（5）人的错误行为　指人在工作场地或工作中吸烟、打赌、错视、错听、误判断、误动作等，这些都会影响工程质量或造成质量事故。所以，在有危险的工作场所，应严格禁止吸烟、嬉戏等。

（6）人的违纪违章　指人的粗心大意、注意力不集中、不履行安全措施等不良行为，会对工程质量造成损害，甚至引起工程质量事故。所以，在使用人的问题上，应从思想素质、业务素质和身体素质等方面严格控制。

2. 对施工机械设备的控制

施工机械设备是工程建设不可缺少的设施，目前工程建设的施工进度和施工质量都与施工机械关系密切，它们是工程项目的重要组成部分。因此，在施工阶段，必须对施工机械的性能、选型和使用操作等方面进行控制。

（1）机械设备的选型　应因地制宜，按照技术先进、经济合理、生产适用、性能可靠、使用安全、操作和维修方便等原则来选择施工机械。

（2）机械设备的主要性能参数　是选择机械设备的主要依据。为了满足施工的需要，在参数选择上可适当留有余地，但不能选择超出需要很多的机械设备，否则容易造成经济上的不合理。机械设备的性能参数很多，要综合各参数，确定合适的施工机械设备。在这方面，要配合承包商，结合机械施工方案，择优选择机械设备，要严格把关，对不符合要求和有安全隐患的机械，不准进场。

（3）机械设备的使用、操作要求　合理使用机械设备，正确地进行操作，是保证工程项目施工质量的重要环节。应贯彻"人机固定"的原则，实行定机、定人、定岗位的制度。操作人员必须认真执行各项规章制度，严格遵守操作规程，防止出现安全质量事故。

3. 对材料、构配件的质量控制

材料及构配件的质量是工程项目质量的基础，加强对材料和构配件的质量控制是工程质量的重要保证。

（1）材料质量控制的要点

① 掌握材料信息，优选供货厂家。应掌握材料信息，优选有信誉的厂家供货，对主要材料、构配件在订货前必须经监理工程师论证同意后，才可订货。

② 合理组织材料供应。应协助承包商合理地组织材料采购、加工、运输、储备；应尽量加快材料周转，按质、按量、如期满足工程建设需要。

③ 合理地使用材料，减少材料损失。

④ 加强材料检查验收。用于工程上的主要建筑材料，进场时必须具备正式的出厂合格证和材质化验单；否则，应作补检。工程中所用的各种构配件，必须具有厂家批号和出厂合格证。

凡是标志不清或质量有问题的材料，对质量保证资料有怀疑或与合同规定不相符的一般材料，应进行一定比例的材料试验，并需要追踪检验。对于进口的材料和设备，以及重要工程或关键施工部位所用的材料，则应进行全部检验。

⑤ 重视材料的使用认证，以防错用或使用不合格的材料。

（2）材料质量控制的内容

① 材料质量的标准。材料质量的标准是衡量材料标准的尺度，并作为验收、检验材料质量的依据。其具体的材料标准指标可参见相关材料手册。

② 材料质量的检验、试验。材料质量检验的目的是通过一系列的检测手段，将取得的材料数据与材料的质量标准相比较，用以判断材料质量的可靠性。

③ 材料的选择和使用要求。材料的选择不当和使用不正确，会严重影响工程质量或造成工程质量事故。因此，在施工过程中，必须针对工程项目的特点和环境要求及材料的性能、质量标准、适用范围等多方面综合考察，慎重选择和使用材料。

4. 对方法的控制

对方法的控制主要是指对施工方案的控制，包括对整个工程项目建设期内所采用的技术方案、工艺流程、组织措施、检测手段、施工组织设计等的控制。对一个工程项目而言，施工方案恰当与否，直接关系到工程项目质量，关系到工程项目的成败，决定了项目质量优劣，所以应重视对方法的控制。这里说的方法控制，在工程施工的不同阶段，其侧重点也不相同，但都是围绕确保工程项目质量这个"纲"的。

5. 对环境因素的控制

影响工程项目质量的环境因素很多，有工程技术环境，如工程地质、水文、气象等；工程管理环境，如质量保证体系、质量管理工作制度等；劳动作业环境，如劳动组合、作业场所、工作面等。环境因素对工程质量的影响具有复杂而多变的特点，如气象条件便富于多种变化，温度、湿度、大风、暴雨、酷暑、严寒都直接影响工程质量。又如前一工序往往就是后一工序的环境，前一分项工程就是后一分项、分部工程的环境。因此，根据工程特点和具体条件，应对影响工程质量的环境因素，采取有效的措施严加控制，尤其是在施工现场，应建立起文明施工和文明生产的环境，保持材料、构件堆放工序，道路通畅，工作场所清洁整齐，施工秩序井井有条，从而为保证工程质量和施工安全创造良好条件。

四、工程项目质量控制和目标分解

1. 工程项目质量的形成过程

工程项目质量的形成是伴随着工程建设过程而形成的。

在工程项目决策阶段，需要确定与投资目标相协调的工程项目质量目标。可以说，项目的可行性研究直接关系到项目的决策质量和工程项目的质量，并确定工程项目应达到的质量目标和水平。因此，工程项目决策阶段是影响工程项目质量的关键阶段，在此阶段要能充分反映业主对质量的要求和意愿，形成抽象化的质量目标。

在工程项目勘察设计阶段，要根据项目决策阶段确定的工程项目质量目标和水平，通过初步设计使工程项目具体化；然后再通过技术设计阶段和施工图设计阶段，确定该项目技术是否可行、工艺是否先进、经济是否合理、设备是否配套、结构是否安全可靠等。因此，设计阶段决定着工程项目建成后的使用功能和价值，也是影响工程项目质量的决定性环节，形成具体化的质量目标。

工程项目施工阶段是根据设计和施工图纸的要求，通过一道道工序施工形成工程实体。这一阶段将直接影响工程的最终质量。因此，施工阶段是工程质量控制的关键环节。

工程项目竣工验收阶段是对施工阶段的质量进行试运、检查、评定、考核，以检查质量目标是否达到。这一阶段是工程项目从建设阶段向生产阶段过渡的必要环节，体现了工程质量的最终结果。因此，工程竣工验收阶段是工程项目质量控制的最后一个重要环节。

2. 工程项目质量控制的过程

从工程项目质量的形成过程可知，要控制工程项目的质量就应按照程序依次控制各阶段的工程质量。

在工程项目决策阶段，要认真审查可行性研究，使工程项目的质量标准符合业主的要求，并应与投资目标协调；使工程项目与所在地的环境相协调，避免产生环境污染，使工程项目的经济效益和社会效益得到充分发挥。

在工程项目设计阶段，要通过设计招标，组织设计方案竞赛，从中选择优秀设计方案和优秀设计单位。此外，还要保证各部分的设计符合决策阶段确定的质量要求，并保证各部分的设计符合国家现行有关规范和技术标准；同时应保证各专业设计部门之间的协调，还要保证设计文件、图纸应符合施工图纸的深度要求。

在工程项目施工阶段，要组织工程项目施工招标，依据工程质量保证措施和施工方案及其他因素，从中选择优秀的承包商。在施工过程中，应严格按施工图纸进行施工。

3. 工程项目质量控制的任务

工程项目质量控制的任务就是根据国家现行的有关法规、技术标准和工程合同规定的工程建设各阶段质量目标实施全过程监督管理。由于工程建设各阶段的质量目标不同，因此需要分别确定各阶段的质量控制对象和任务。

（1）工程项目决策阶段质量控制的任务

① 审核可行性研究报告是否符合国民经济发展的长远规划、国家经济建设的方针政策。

② 审核可行性研究报告是否符合工程项目建议书或业主的要求。

③ 审核可行性研究报告是否具有可靠的基础资料和数据。

④ 审核可行性研究报告是否符合技术经济方面的规范标准和定额等指标。

⑤ 审核可行性研究报告的内容、深度和计算指标是否达到标准要求。

（2）工程项目设计阶段质量控制的任务

① 审查设计基础资料的正确性和完整性。

② 编制设计招标文件，组织设计方案竞赛。

③ 审查设计方案的先进性和合理性，确定最佳设计方案。

④ 督促设计单位完善质量保证体系，建立内部专业交底及专业会签制度。

⑤ 进行设计质量跟踪检查，控制设计图纸的质量。在初步设计和技术设计阶段，主要检查生产工艺及设备的选型，总平面与运输布置，建筑与设施的布置，采用的设计标准和主要技术参数；在施工图设计阶段，主要检查计算是否有错误，选用的材料和做法是否合理，标注的各部分设计标高和尺寸是否有错误，各专业设计之间是否有矛盾等。

（3）工程项目施工阶段质量控制的任务　施工阶段质量控制是全过程质量控制的关键环节。根据工程质量形成的时间，它又可分为质量的事前控制、事中控制和事后控制，其中事前控制是重点。

1）事前控制

① 审查承包商及分包商的技术资质。

② 协助完善质量体系，包括完善计量及质量检测技术和手段等，同时对承包商的试验室资质进行考核。

③ 督促承包商完善现场质量管理制度，包括现场会议制度、现场质量检验制度、质量统计报表制度和质量事故报告及处理制度等。

④ 与当地质量监察站联系，争取其配合、支持和帮助。

⑤ 组织设计交底和图纸会审，对有的工程应下达质量要求标准。

⑥ 审查承包商提交的施工组织设计，保证工程质量具有可靠的技术措施。审核工程中采用的新材料、新结构、新工艺、新技术的技术鉴定书；对工程质量有重大影响的施工机械、设备，应审核其技术性能报告。

⑦ 对工程所需原材料、构配件的质量进行检查与控制。

⑧ 对永久性生产设备或装置，应按审批同意的设计图纸组织采购或订货，到场后进行检查验收。

⑨ 对施工场地进行检查验收。检查施工场地的测量标桩、建筑物的定位放线及高程水准点，重要工程还应复核、落实现场障碍物的清理、拆除等。

⑩ 把好开工关。对现场各项准备工作检查合格后，方可发开工令；停工的工程，未发复工令者不得复工。

2）事中控制

① 督促承包商完善工序控制。工程质量是在工序中产生的，工序控制对工程质量起着决定性的作用。应把影响工序质量的因素都纳入控制状态中，建立质量管理点，及时检查和审核承包商提交的质量统计分析资料和质量控制图表。

② 严格工序交接检查。主要工作作业，包括隐蔽作业，需按有关验收规定经检查验收后，方可进行下一工序的施工。

③ 重要的工程部位或专业工程（如混凝土工程）要做试验或技术复核。

④ 审查质量事故处理方案，并对处理效果进行检查。

⑤ 对完成的分项分部工程，按相应的质量评定标准和办法进行检查验收。

⑥ 审核设计变更和图纸修改。

⑦ 按合同行使质量监督权和质量否决权。

⑧ 组织定期或不定期的质量现场会议，及时分析、通报工程质量状况。

3）事后控制

① 审核承包商提供的质量检验报告及有关技术性文件。

② 审核承包商提交的竣工图。

③ 组织联动试车。

④ 按规定的质量评定标准和办法，进行检查验收。

⑤ 组织项目竣工总验收。

⑥ 整理有关工程项目质量的技术文件，并编目、建档。

（4）工程项目保修阶段质量控制的任务

① 审核承包商的工程保修书。

② 检查、鉴定工程质量状况和工程使用情况。

③ 对出现的质量缺陷，确定责任者。

④ 督促承包商修复缺陷。

⑤ 在保修期结束后，检查工程保修状况，移交保修资料。

4．工程项目质量控制的原则

在工程项目建设过程中，对其质量控制应遵循以下几项原则。

（1）质量第一原则　"百年大计，质量第一"，工程建设与国民经济的发展和人民生活的改善息息相关。质的好坏，关系到人民生命财产的安全，所以必须树立强烈的"质量第一"的思想。

（2）预防为主原则　对于工程项目的质量，长期以来采取事后检验的方法，认为严格检查就能保证质量，实际上这是远远不够的。应该从消极防守的事后检验转变为积极预防的事先管理。因为好的建筑产品是好的设计、好的施工所产生的，不是检查出来的。在项目管理的全过程中，必须事先采取各种措施，消灭种种不符合质量要求的因素，以保证建筑产品质量。如果各质量因素（人、机械、材料、方法、环境）预先得到保证，工程项目的质量就有了可靠的前提条件。

（3）为用户服务原则　建设工程项目，是为了满足用户的要求，尤其要满足用户对质量的要求。真正好的质量是用户完全满意的质量。进行质量控制，就是要把为用户服务的原则作为工程项目管理的出发点，贯穿到各项工作中去。同时，要在项目内部树立"下道工序就是用户"的思想。各个部门、各种工作、各种人员都有个前、后的工作顺序，在自己这道工序的工作一定要保证质量，凡达不到质量要求的，不能交给下道工序，一定要使"下道工序"这个用户感到满意。

（4）用数据说话原则　质量控制必须建立在有效的数据基础上，必须依靠能够确切反映客观实际的数字和资料，否则就谈不上科学的管理。一切用数据说话，就需要用数理统计方法，对工程实体或工作对象进行科学的分析和整理，从而研究工程质量的波动情况，寻求影响工程质量的主次原因，采取改进质量的有效措施，掌握保证和提高工程质量的客观规律。

五、工程项目质量管理体系

工程项目质量管理体系是建立质量方针和质量目标并实现这些目标的体系，是质量管理的核心，是组织机构、职责、权限、程序之类的管理能力的综合体现。管理体系作为一个组织管理系统，不易直观体现。因此，建立质量管理体系时，应该形成必要的体系文件。这些文件，可以直接体现并用以规范和约束各项质量行为。质量管理体系文件通常包括质量手册、程序性文件（包括管理性程序文件和技术性程序文件）、质量计划及质量记录等。

1. 工程项目质量管理体系的内容

（1）质量计划　质量计划是针对具体产品、项目或合同规定专门的质量措施、资源和活动顺序的文件，质量计划可用于组织内部以确保相应产品、项目或合同的特殊质量要求，也可用于向顾客证明其如何满足特定合同的特殊质量要求。

质量计划的目的主要是确保实现项目的质量目标。它要按照质量目标，确定与项目相关的质量标准，并决定如何满足这些标准。

（2）质量保证　质量保证是为实施达到质量计划要求的所有工作提供基础的和有组织的可靠保证，为项目质量管理体系的正常运转提供全部有计划、有系统的活动，以满足项目的质量标准。它应贯穿于项目实施的全过程之中。质量保证是项目团队的工作过程，必须发挥团队的效率。

项目质量保证通常是由项目的质量保证部门提供的。项目质量保证通常不仅给项目管理组织以及实施组织（项目内部）提供质量保证，而且给项目产品或为项目服务的用户，以及项目工作所涉及的社会（项目外部）提供质量保证。质量保证涉及与用户的关系，应首先考虑直接用户的需要。

（3）质量控制　质量控制贯穿于项目实施的全过程。主要是监督项目的实施结果，将项目实施的结果与事先制定的质量标准进行比较，找出存在的差距，并分析形成差距的原因。项目实施的结果包括产品结果（如可交付成果）以及管理结果（如实施的费用和进度）。质量控制虽然是由质量控制部门或类似的质量责任单位主要负责，但必须有各项组织团队的参与。

2. 质量管理文件

质量管理文件指在项目实施过程中，为达到预期的质量要求所作出的与实施和管理过程有关的各种书面规定。

（1）质量保证大纲　目的是为了提高项目实施和管理过程的有效性，提高工程系统的可用度，降低质量成本，提高工程实施的经济效益。质量保证大纲的内容包括以下几个方面。

① 按项目特点和有关方面的要求，提出明确的质量指标要求。

② 明确规定技术、计划、合同、质量和物资等职能部门的质量责任。

③ 确定各实施阶段的工作目标。

④ 提出质量控制点和需要进行特殊控制的要求、措施、方法及相应的完成标识和评价标准。

⑤ 对设计、施工工艺和工程质量评审的明确规定。

（2）质量计划文件　是对特定的项目、服务、合同规定专门的质量措施、资源和活动安排的文件。

（3）技术文件　包括设计文件、工艺文件、研究试验文件，是项目实施的依据和凭证。项目的技术文件应完整、准确、协调一致；项目技术文件、工艺文件应与项目实际施工一致；研究试验文件应与项目实际过程一致。

为保证每一项目和工作技术文件的完整性，设计单位、施工单位、项目经理应根据技术文件的管理规定，在实施工作开始时，提出技术文件完整性的具体要求，列出文件目录，并组织实施。

任务二　工程项目质量控制原理与质量分析

一、控制原理

1. PDCA 循环原理

PDCA 循环原理是项目目标控制的基本方法，实施 PDCA 质量管理循环时，把质量管理全过程划分为 P（计划 Plan）、D（实施 Do）、C（检查 Check）、A（总结处理 Action）四个阶段。

（1）计划（Plan）阶段　明确目标并制定实现目标的行动方案。在项目质量管理中，"计划"就是指项目部根据其任务目标和责任范围，确定质量管理的组织制度、工作程序、技术方法、业务流程、资源配置、检验实验要求、质量记录方式、不合格处理、管理措施等具体内容和做法的文件，"计划"还必须对其实现预期目标的可行性、有效性和经济性进行分析论证，按照规定的程序与权限审批执行。

（2）实施（Do）阶段　包含两个环节，即计划行动方案的交底和按计划规定的方法与要求展开工程作业技术活动。计划交底的目的在于使具体的作业者和管理者明确计划的意图和要求，掌握标准，从而规范行为，全面地执行计划的行动方案，步调一致地去努力实现预期目的。

（3）检查（Check）阶段　指对计划实施过程进行各种检查，包括作业者的自检、互检以及专职管理者专检。各类检查都包含两大方面：一是检查是否严格执行了计划的行动方案，实际条件是否发生了变化，不执行计划的原因；二是检查计划执行的结果，即产出的质量是否达到标准的要求，对此进行确认和评价。

（4）总结处理（Action）阶段　对于质量检查所发现的问题或质量不合格，及时进行原因分析，采取必要的措施，予以纠正，保持质量形成的受控状态。处理分纠偏和预防两个步骤。前者是采取应急措施，解决当前的质量问题；后者是信息反馈管理部门，反思问题症结或计划时的不周，为今后类似问题的质量预防提供借鉴。

PDCA 循环的特点是：四个阶段的工作完整统一，缺一不可；大环套小环，小环促大环，阶梯式上升，循环前进。如图 7-1 所示。

2. 三阶段质量控制原理

三阶段质量控制原理就是事前质量控制、事中质量控制和事后质量控制。这三阶段构成了项目质量管理的系统过程。以施工阶段的项目质量管理为例，具体如下。

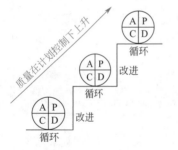

图 7-1　PDCA 循环示意图

（1）事前质量控制　即正式施工前进行质量控制，控制重点是做好准备工作。要求在切实可行并有效实现预期质量目标的基础上，预先进行周密的施工质量计划，编制施工组织设计或施工项目管理实施规划，作为一种行动方案。对影响质量的各因素和有关方面进行预控，应注意，准备工作贯穿施工全过程。

事前控制要求加强施工项目的技术质量管理系统控制，加强企业整体技术和管理经验对施工质量计划的指导和支撑作用。其内涵包括两层意思：一是强调质量目标的计划预控，二是按质量计划进行质量活动前的准备工作状态的控制。

（2）事中质量控制　指在施工过程中进行质量控制。首先是对质量活动的行为约束，即对质量产生过程各项技术作业活动操作者在相关制度管理下的自我行为约束的同时，充分发挥其技术能力，完成预定质量目标的作业任务；其次是对质量活动过程和结果，来自外部的监督控制。事中质量控制的策略是，全面控制施工过程及其有关各方面的质量。重点是控制工序质量、工作包质量、质量控制点。要点是：工序交接有检查，质量预控有对策，施工项目有方案，技术措施有交底，图纸会审有记录，配制材料有试验，隐蔽工程有验收，计量器具有复核，设计变更有手续，质量处理有复查，成品保护有措施，行使质控有否决，质量文件有档案。

（3）事后质量控制　指对于通过施工过程所完成的具有独立的功能和使用价值的最终产品（单位工程或整个工程项目）及其有关方面（如质量文档）的质量进行控制，包括对质量活动结果的评价和认定与对质量偏差的纠正。在实际工程中不可避免地存在一些难以预料的影响因素，很难保证所有作业活动"一次成功"；另外，对作业活动的事后评价是判断其质量状态不可缺少的环节。

以上三个环节，不是孤立和截然分开的，它们之间构成有机的系统过程，实质上也就是PDCA循环的具体化，并在每一次滚动循环中不断提高，达到质量管理的持续改进。

3. 全面质量管理（TQC）

TQC（Total Quality Control）即全面质量管理，是20世纪中期开始在欧美和日本广泛应用的质量管理理念和方法。我国从20世纪80年代开始引进和推广全面质量管理，其基本原理就是强调在企业或组织最高管理者的质量方针指引下，实行全面、全过程和全员参与的质量管理。

TQC的主要特点是：以顾客满意为宗旨；领导参与质量方针和目标的制定；提倡预防为主、科学管理、用数据说话等。在当今世界标准化组织颁布的ISO 9000质量管理体系标准中，处处都体现了这些特点和思想。建设工程项目的质量管理，同样应贯彻"三全"管理的思想和方法。

（1）全面质量管理　建设工程项目的全面质量管理，是指项目参与各方所进行的工程项目质量管理的总称，其中包括工程（产品）质量和工作质量的全面管理。工作质量是产品质量的保证，工作质量直接影响产品质量的形成。建设单位、监理单位、勘察单位、设计单位、施工总承包单位、施工分包单位、材料设备供应商等，任何一方、任何环节的怠慢疏忽或质量责任不落实都会对建设工程质量造成不利影响。

（2）全过程质量管理　全过程质量管理，是指根据工程质量的形成规律，从源头抓起，全过程推进。我国质量管理体系标准强调质量管理的"过程方法"原则，要求应用"过程方法"进行全过程质量控制。要控制的主要过程有：项目策划与决策过程；勘察设计过程；设备材料采购过程；施工组织与实施过程；检测设施控制与计量过程；施工生产的检验试验过程；工程质量的评定过程；工程竣工验收与交付过程；工程回访维修服务过程等。

（3）全员参与质量管理　按照全面质量管理的思想，组织内部的每个部门和工作岗位都承担着相应的质量职能，组织的最高管理者确定了质量方针和目标，就应组织和动员全体员工参与到实施质量方针的系统活动中去，发挥自己的角色作用。开展全员参与质量管理的重要手段就是运用目标管理方法，将组织的质量总目标逐级进行分解，使之形成自上而下的质量目标分解体系和自下而上的质量目标保证体系，发挥组织系统内部每个工作岗位、部门或团队在实现质量总目标过程中的作用。

二、工程项目质量分析方法

通过对质量数据的收集、整理和统计分析，找出质量的变化规律和存在的质量问题，提出进一步的改进措施，这种运用数学工具进行质量控制的方法常见的有七种：分组法、调查表法、排列图法、因果分析图法、相关图法、直方图法和控制图法。

1. 分组法

分组法又称分类法或分层法。它是将收集到的质量数据，按统计分析的需要，进行分类整理，使之系统化，以便于找到产生质量问题的原因，及时采取措施加以预防。

分组的方法很多，可按班次、日期分类，按操作者、操作方法、检测方法分类；按设备型号、施工方法分类，也可按使用的材料规格、型号、供料单位分类等。多种分组方法应根据需要灵活运用，有时用几种方法组合进行分组，以便找出问题的症结。

【例 7-1】 一次钢筋焊接质量的调查分析中，调查了钢筋焊接点 50 个，其中不合格的 19 个，不合格率为 38%，试分析不合格原因。

解 为了查清不合格原因，将收集的数据分组分析。现已查明，这批钢筋是由三个师傅操作的，而焊条是两个厂家提供的产品，因此，分别按操作者分组和按供应焊条的工厂分组进行分析，具体分析如下。

（1）表 7-1 是按操作者分组，由分析结果可知焊接质量最好的是 B 师傅，不合格率为 25%。

表 7-1　按操作者分组分析焊接质量

操作者	不合格点数	合格点数	不合格率/%
A	6	13	32
B	3	9	25
C	10	9	53
合计	19	31	38

（2）表 7-2 是按供应焊条的工厂分组，发现不论是采用甲厂还是乙厂的焊条，不合格率都很高而且相差不多。

表 7-2　按供应焊条工厂分组分析焊接质量

工厂	不合格点数	合格点数	不合格率/%
甲	9	14	39
乙	10	17	37
合计	19	31	38

（3）表 7-3 是将操作者与供应焊条的厂家结合起来分组，根据综合分组数据分析。即：使用甲厂焊条时，采用 B 师傅的操作方法；使用乙厂焊条时，采用 A 师傅的操作方法。可以解决焊接质量问题，提高焊接质量。

表 7-3　综合分组分析焊接质量

操作者	数据	工厂		
		甲	乙	合计
A	不合格点数	6	0	6
	合格点数	2	11	13
B	不合格点数	0	3	3
	合格点数	5	4	9
C	不合格点数	3	7	10
	合格点数	7	2	9
合计	不合格点数	9	10	19
	合格点数	14	17	31

2.调查表法

调查表法又称调查分析法、检查表法，是收集和整理数据用的统计表，利用这些统计表对数据进行整理，并可粗略地进行原因分析。按使用的目的不同，常用的检查表有：工序分布检查表、缺陷位置检查表、不良项目检查表、不良原因检查表等。调查表形式灵活，简便实用，与分组法结合，可更快、更好地找出问题的原因。表7-4为混凝土预制板不合格项目调查表。

表 7-4　混凝土预制板不合格项目调查表

序号	项目	检查记录	小计	备注
1	强度不足	正正正正正	25	
2	蜂窝麻面	正正正正	20	
3	局部漏筋	正正正	15	
4	局部有裂缝	正正	10	
5	折断	正	5	

3.排列图法

排列图法又称巴氏图法或巴雷特图法，也叫主次因素分析图法。

排列图（图7-2）有两个纵坐标，左侧纵坐标表示产品频数，即不合格产品件数；右侧纵坐标表示频率，即不合格产品累计百分数。图中横坐标表示影响产品质量的各个不良因素或项目。按影响质量程度的大小，从左到右依次排列。每个直方形的高度表示该因素影响的大小，图中曲线称为巴雷特曲线，在排列图上，通常把曲线的累计百分数分为三级，与此相对应的因素分三类：A类因素对应于频率0～80％，是影响产品质量的主要因素；B类因素对应于频率80％～90％，为次要因素；与频率90％～100％相对应的为C类因素，属一般影响因素。运用排列图，便于找出主次矛盾，使错综复杂问题一目了然，有利于采取对策，加以改善。

现以砌砖工程为例：按有关规定，对检查项目进行检查测试，然后把收集的数据，按不合格的大小次序排列，计算出各自的频率（见表7-5）；便可据此绘出排列图。由图7-3可知，影响砌砖质量的主要因素是门窗洞口偏差和墙面的垂直度。所以在砌砖时应在门窗洞口砌筑和墙面的垂直度方面主动采取措施，以确保工程质量。

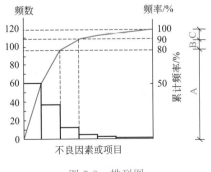

图 7-2　排列图

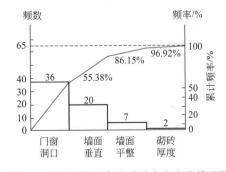

图 7-3　砌砖工程不合格项目大小次序排列图

4.因果分析图法

因果分析图法又称特性要因图，是用来寻找质量问题产生原因的有效工具。

表 7-5　砌砖工程不合格项目及频率

序号	实测项目	允许偏差/mm	实测点数	超差点（频数）	频率/%	累计频率/%
1	门窗洞口	+10, −5	392	36	55.38	55.38
2	墙面垂直	5	1589	20	30.77	86.15
3	墙面平整	5	1589	7	10.77	96.92
4	砌砖厚度	8	36	2	3.08	100
合计			3606	65	100	

因果分析图的作法是：首先明确质量特性结果，绘出质量特性的主干线。也就是明确绘制什么质量问题的因果图，把它写在右边，从左向右画上带箭头的框线。然后分析确定可以影响质量特性的大原因（大枝），一般有人、机械、材料、方法和环境五个方面。再进一步分析确定影响质量的中、小和更小原因，即画出中小细枝，如图 7-4 所示。

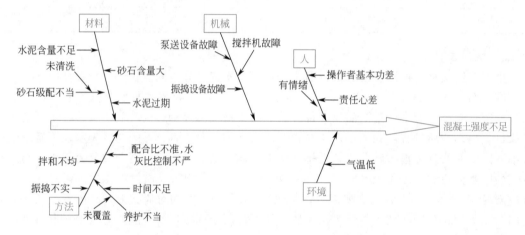

图 7-4　混凝土强度不足因果分析图

对重要的影响原因还要用标记或文字说明，以引起重视。最后对照各种因素逐一落实，制定对策，限期改正，只有这样才能起到因果分析的作用。

画图时应注意找准质量特性结果，以便查找原因。同时要广泛征求意见，特别是现场有实践经验人员的意见，并集中有关人员，共同分析，确定主要原因。分析原因要深入细致，从大到小，从粗到细，抓住真正的原因。

5. 相关图法

产品质量与影响质量的因素之间常有一定的相互关系，但不一定是严格的函数关系，这种关系称为相关关系。利用直角坐标系将两个变量之间的关系表达出来，称为相关图法，又称散点图法，相关图的几种基本类型如图 7-5 所示，分别表示以下关系。

（1）正相关　因素 x 增加，结果 y 也明显增加，如图 7-5(a) 所示。

（2）弱正相关　因素 x 增加，结果 y 略有增加，如图 7-5(b) 所示。

（3）不相关　因素 x 与结果 y 没有关系，如图 7-5(c) 所示。

（4）弱负相关　因素 x 增加，结果 y 略有减小，如图 7-5(d) 所示。

（5）负相关　因素 x 增加，结果 y 明显减小，如图 7-5(e) 所示。

（6）非线性相关　因素 x 增加到某一范围时，结果 y 也增加，但超过一定范围后 y 反而减小，如图 7-5(f) 所示。

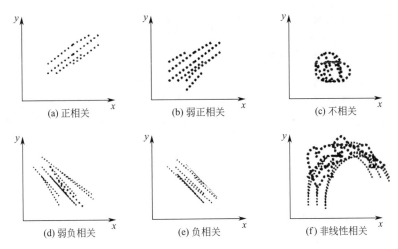

图 7-5 相关图基本类型

从图 7-5(a)、(e) 两种图形可以判断 x 是质量特性 y 的重要影响因素，而控制好因素 x，就可以把结果 y 较为有效地控制起来。

7.2 绘制直方图

6. 直方图法

直方图又称为质量分布图，利用直方图可分析产品质量的波动情况，了解产品质量特性分布规律，以及判断生产过程是否正常。直方图还可用来估计工序不合格品率的高低，制定质量标准，确定公差范围，评价施工管理水平等。

（1）直方图的画法 下面以实例来说明直方图的画法及应用。

【例 7-2】 某工地在一个时期内生产的 C30 混凝土，共做试块 100 块，抗压强度如表 7-6 所示。试绘制直方图。

解 （1）数据的收集与整理见表 7-6。

表 7-6 混凝土试块强度统计数据表 单位：N/mm²

组号	各组中的数据序号										组中最大	组中最小
	1	2	3	4	5	6	7	8	9	10		
1	32.3	31.0	32.6	30.1	32.0	31.1	32.7	31.6	29.4	31.9	32.7	29.4
2	32.2	32.0	28.7	31.0	29.5	31.4	31.7	30.9	31.8	31.6	32.2	28.7
3	31.4	34.1	31.4	34.0	33.5	32.6	30.9	30.8	31.6	30.4	34.1	30.4
4	31.5	32.7	32.6	32.0	32.4	31.7	32.7	29.4	31.7	31.6	32.7	29.4
5	30.9	32.9	31.4	30.8	33.1	33.0	31.3	32.9	31.7	31.6	33.1	30.8
6	30.3	30.4	30.6	30.9	31.0	31.4	33.0	31.3	31.9	31.8	33.0	30.3
7	31.9	30.9	31.1	31.3	31.9	31.3	30.8	30.5	31.4	31.6	31.9	30.5
8	31.7	31.6	32.2	31.6	32.7	32.6	27.4	31.6	31.9	32.0	32.7	27.4
9	34.7	30.3	31.2	32.0	34.3	33.5	31.6	31.3	31.6	31.6	34.7	30.3
10	30.8	32.0	31.3	29.7	30.5	31.6	31.7	30.4	31.1	32.7	32.7	29.7

由该表中找出全体数据中最大值为 34.7，最小值为 27.4，两者之差即 $34.7-27.4=7.3$，称为极差，用符号 R 表示。

（2）确定直方图的组数和组距，组数多少要按收集数据的多少来确定。当数据总数为 $50 \sim 100$ 时，可分为 $8 \sim 12$ 组，组数用字母 K 表示。为了方便，通常可选定组数，然后算出组距，组距用字母 h 表示。

组数与组距的关系式是：　　组数 $=\dfrac{极差}{组距}$，即 $K=\dfrac{R}{h}$

本例组数选定 $K=10$ 组，则组距 $h=\dfrac{R}{K}=\dfrac{7.3}{10}=0.73\approx0.8$

（3）确定数据分组区间。数据分组区间应遵循如下的规则来确定：相邻区间在数值上应当是连续的，即前一区间的上界值等于后一区间的下界值；要避免数据落在区间的分界线上。为此，一般把区间分界值精度比数据值精度提高半级。即第一区间的下界值，可取最小值减 0.05；上界值采用最小值减 0.05 再加组距，本例中：

第一区间下界值＝最小值－0.05＝27.4－0.05＝27.35
第一区间上界值＝第一区间下界值＋h＝27.35＋0.8＝28.15
第二区间下界值＝第一区间上界值＝28.15
第二区间上界值＝第二区间下界值＋h＝28.15＋0.8＝28.95。以下类推。

（4）编制频数分布统计表。根据确定的各个区间值，就可以进行频数统计，编制出频数分布统计表，见表7-7。

表 7-7　频数分布统计表

序号	分组区间	频数	序号	分组区间	频数
1	27.35～28.15	1	7	32.15～32.95	15
2	28.15～28.95	1	8	32.95～33.75	5
3	28.95～29.75	4	9	33.75～34.55	3
4	29.75～30.55	8	10	34.55～35.35	1
5	30.55～31.35	25	合计		100
6	31.35～32.15	37			

（5）绘制频数直方图。用横坐标表示数据分组区间，纵坐标表示各数据分组区间出现的频数。本例中混凝土强度频数直方图如图7-6所示。

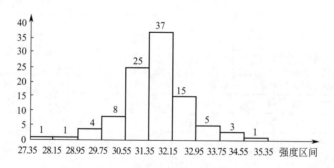

图 7-6　混凝土强度频数直方图

（2）直方图分析

1）分布状态的分析。对直方图分布状态进行分析，可判断生产过程是否正常，常见的直方图分析如下。

① 正态分布［图7-7(a)］。说明生产过程正常、质量稳定。

② 偏态分布［图7-7(b)、图7-7(c)］。由于技术或习惯上原因，或由于上（下）限控制过严造成的。

③ 锯齿分布［图7-7(d)］。因组数或组距不当，或测试方法和读数有问题所致。

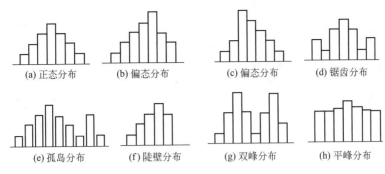

图 7-7 常见直方图分析

④ 孤岛分布［图 7-7(e)］。因少量材料不合格，或工人临时替班所致。

⑤ 陡壁分布［图 7-7(f)］。往往是剔除不合格品、等外品或超差返修后造成的。

⑥ 双峰分布［图 7-7(g)］。把两种不同方法生产的产品数据混淆在一起所致。

⑦ 平峰分布［图 7-7(h)］。生产过程中有缓慢变化因素起主导作用的结果。

2）实际分布与标准分布的比较。将正常型直方图与质量标准进行比较，判断实际施工能力。如图 7-8 所示，T 表示质量标准要求的界限，B 代表实际质量特性值分布范围。比较结果一般有以下几种情况。

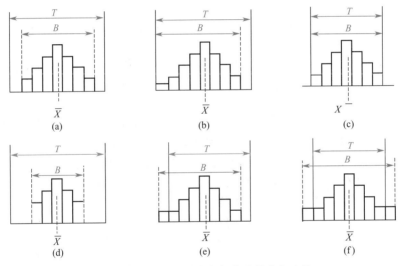

图 7-8 实际质量分布与标准质量分布比较

① B 在 T 中间，两边各有一定余地，这是理想的情况，如图 7-8(a) 所示。

② B 在 T 之内，偏向一边，有超差可能，需采取纠偏措施，如图 7-8(b) 所示。

③ B 与 T 相重合，实际分布太宽，易超差，要减少数据分散，如图 7-8(c) 所示。

④ B 过分小于 T，说明加工过于精确，不经济，如图 7-8(d) 所示。

⑤ 由于 B 过分偏离 T 的中心，造成很多废品，需要调整，如图 7-8(e) 所示。

⑥ 实际分布范围 B 过大，产生大量废品，说明不能满足技术要求，如图 7-8(f) 所示。

7. 控制图法

控制图法又称管理图法，它可动态地反映质量特性随时间的变化，可以动态掌握质量状态，判断其生产过程的稳定性，从而实现其对工序质量的动态控制。

控制图的基本形式见图 7-9，纵坐标为质量特性值，横坐标为子样编号或取样时间。图中有三条线，中间的细实线为中心线，是数据的均值，用 CL 表示，上下两条虚线为上控制

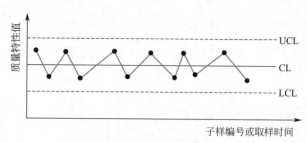

图 7-9　控制图基本形式

界限 UCL 和下控制界限 LCL。生产过程中，按时间抽取子样，测量其特征值，将其统计量作为一个点画在控制图上，然后连接各点成为一条折线，即表示质量波动情况。

（1）控制图的分类　按产品质量特性控制图可分为计量值控制图和计数值控制图。计量值控制图有平均值-极差值控制图、中位数-极差值控制图，计数值控制图有不良品数控制图、不良品率控制图、样本缺陷数控制图、单位产品缺陷数控制图等。

按控制图的用途，可分为分析用控制图和控制用控制图。其中，分析用控制图用于分析生产过程是否处于统计控制状态。若经分析后，生产过程处于控制状态，且满足质量要求，则把分析用控制图转化为控制用控制图；若经分析后，生产过程处于非统计控制状态，则应查找原因并加以消除。控制用控制图是由分析用控制图转化而来，用于对生产过程进行连续监控。生产过程中，按照确定的抽样间隔和样本大小抽取样本，在控制图上描点，判断是否处于受控状态。

（2）控制图的绘制原理　控制图是以正态分布为理论依据，采用"三倍标准偏差法"绘制的。即将中心线定在被控制对象的平均值上面，以中心线为基准向上、向下各三倍标准偏差即为控制上限和控制下限。

（3）控制图的观察分析　应用控制图的主要目的是分析判断生产过程是否处于稳定状态，预防不合格品的发生。生产正常控制图的点应满足以下两个条件。

1）点没有跳出控制界限。是指质量特性为正态分布，数理统计中：

① 连续 25 点没有一点在控制界限外；

② 连续 35 点中最多只有一点在控制界限外；

③ 连续 100 点中最多只有两点在控制界限外。

2）点随机排列没有缺陷。包括以下几种情况：

① 点连续在中心线一侧出现 7 个以上，如图 7-10（a）所示；

② 连续 7 个以上点上升或下降，如图 7-10（b）所示；

③ 点在中心线一侧多次出现。此时，如果连续 11 个点中至少有 10 个点在同一侧，如图 7-10（c）所示；或连续 14 点中至少有 12 点、或连续 17 点中至少有 14 点、或连续 20 点中至少有 16 点出现在同一侧；

④ 点接近控制界限。如连续 3 个点中至少有 2 点在中心线上或下二倍标准偏差横线以外出现，如图 7-10（d）所示；或连续 7 点中至少有 3 点、或连续 10 点中至少有 4 点在该横线外出现；

⑤ 点出现周期性波动，如图 7-10（e）所示。

在使用控制图时，除了上述异常情况外，下列几种情况也应引起重视。

① 数据点出现上、下循环移动的情形。可能是季节性的环境影响，操作人员的轮换或操作人员的疲劳造成的。

② 数据点出现朝单一方向变化的趋势。其原因可能是工具磨损，设备未按期进行检验，

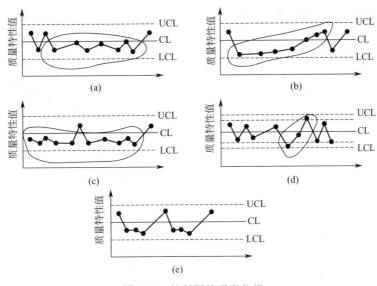

图 7-10　控制图的观察分析

或原材料的均匀性变质。

③ 连续若干点集中出现在某些不同的数值上。其原因可能是工具磨损，设备未按期进行检验。

④ 太多的数据点接近中心线。若连续 13 点落在中心线 $\pm\sigma$ 的带型区域内，此为小概率事件，该情况也应判为异常。出现的原因可能是控制图使用太久没有加以修改而失去了控制作用，或者数据不真实。

（4）控制图的重要性　控制图所以能获得广泛应用，主要是由于它能起到下列作用。

① 贯彻预防为主的原则。应用控制图有助于保持生产过程处于控制状态，从而起到保证质量防患于未然的作用。

② 改进生产过程。应用控制图可以减少废品和返工，从而提高生产率、降低成本和增加生产能力。

③ 防止不必要的过程调整。控制图可用以区分质量的偶然波动与异常波动，从而使操作者减少不必要的过程调整。

④ 提供有关工序能力的信息。控制图可以提供重要的生产过程参数以及它们的时间稳定性，这对于生产过程的设计和管理是十分重要的。

任务三　工程项目质量问题与质量事故处理

一、工程质量不合格

1. 质量不合格和质量缺陷

根据我国国家标准《质量管理体系　基础和术语》（GB/T 19000—2016）（ISO 9000：2015）的定义，工程产品未满足质量要求，即为质量不合格；而与预期或规定用途有关的质量不合格，称为质量缺陷。

2. 质量问题和质量事故

凡是工程质量不合格，影响使用功能或工程结构安全，造成永久质量缺陷或存在重大质量隐患，甚至直接导致工程倒塌或人身伤亡，必须进行返修、加固或报废处理，按照由此造成人员伤亡和直接经济损失的大小区分，在规定限额以下的为质量问题，在规定限额以上的为质量事故。

二、工程质量事故

根据住建部《关于做好房屋建筑和市政基础设施工程质量事故报告和调查处理工作的通知》（建质[2010]111号），工程质量事故是指由于建设、勘察、设计、施工、监理等单位违反工程质量有关法律法规和工程建设标准，使工程产生结构安全、重要使用功能等方面的质量缺陷，造成人身伤亡或者重大经济损失的事故。

工程质量事故具有成因复杂、后果严重、种类繁多、往往与安全事故共生的特点，建设工程质量事故的分类有多种方法，不同专业工程类别对工程质量事故的等级划分也不尽相同。

1. 按事故造成损失的程度分级

根据工程质量事故造成的人员伤亡或者直接经济损失，住建部《关于做好房屋建筑和市政基础设施工程质量事故报告和调查处理工作的通知》（建质[2010]111号）文中将工程质量事故分为4个等级：

① 特别重大事故，是指造成30人以上死亡，或者100人以上重伤，或者1亿元以上直接经济损失的事故。

② 重大事故，是指造成10人以上30人以下死亡，或者50人以上100人以下重伤，或者5000万元以上1亿元以下直接经济损失的事故。

③ 较大事故，是指造成3人以上10人以下死亡，或者10人以上50人以下重伤，或者1000万元以上5000万元以下直接经济损失的事故。

④ 一般事故，是指造成3人以下死亡，或者10人以下重伤，或者100万元以上1000万元以下直接经济损失的事故。

该等级划分所称的"以上"包括本数，所称的"以下"不包括本数。

2. 按事故责任分类

① 指导责任事故：指由于工程实施指导或领导失误而造成的质量事故。例如，由于工程负责人片面追求施工进度，放松或不按质量标准进行控制和检验，降低施工质量标准等造成质量事故。

② 操作责任事故：指在施工过程中，由于实施操作者不按规程和标准实施操作而造成的质量事故。例如，浇筑混凝土时随意加水，或振捣疏漏等造成混凝土质量事故。

③ 自然灾害事故：指由于突发的严重自然灾害等不可抗力造成的质量事故。例如地震、台风、暴雨、雷电、洪水等对工程造成破坏甚至倒塌。这类事故虽然不是人为责任直接造成，但灾害事故造成的损失程度也往往与人们是否在事前采取了有效的预防措施有关，相关责任人员也可能负有一定责任。

三、施工质量事故处理的依据

1. 质量事故的实况资料

包括质量事故发生的时间、地点；质量事故状况的描述，质量事故发展变化的情况，有关质量事故的观测记录、事故现场状态的照片或录像，事故调查组调查研究所获得的第一手资料。

2. 有关合同及合同文件

包括工程承包合同、设计委托合同、设备与器材购销合同、监理合同及分包合同等。

3. 有关的技术文件和档案

主要是有关的设计文件，如施工图纸和技术说明；与施工有关的技术文件、档案和资料，如施工方案、施工计划、施工记录、施工日志、有关建筑材料的质量证明资料、现场制备材料的质量证明资料、质量事故发生后对事故状况的观测记录、试验记录或试验报告等。

4. 相关的建设法规

包括《中华人民共和国建筑法》《建设工程质量管理条例》和《关于做好房屋建筑和市政基础设施工程质量事故报告和调查处理工作的通知》等与工程质量及质量事故处理有关的法规，以及勘察、设计、施工、监理等单位资质管理和从业者资格管理方面的法规、建筑市场管理方面的法规，以及相关技术标准、规范、规程和管理办法等。

四、施工质量事故报告和调查处理程序

施工质量事故调查处理的一般程序如图 7-11 所示。

1. 事故报告

工程质量事故发生后，事故现场有关人员应当立即向工程建设单位负责人报告；工程建设单位负责人接到报告后，应于 1h 内向事故发生地县级以上人民政府住房和城乡建设主管部门及有关部门报告；同时应按照应急预案采取相应措施。情况紧急时，事故现场有关人员可直接向事故发生地县级以上人民政府住房和城乡建设主管部门报告。

事故报告应包括下列内容：

① 事故发生的时间、地点、工程项目名称、工程各参建单位名称。

② 事故发生的简要经过、伤亡人数和初步估计的直接经济损失。

③ 事故原因的初步判断。

④ 事故发生后采取的措施及事故控制情况。

⑤ 事故报告单位、联系人及联系方式。

⑥ 其他应当报告的情况。

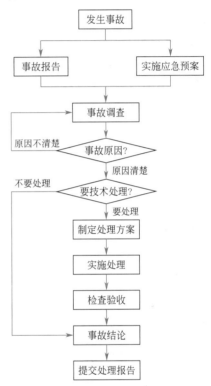

图 7-11　施工质量事故调查处理的一般程序

2. 事故调查

事故调查要按规定区分事故的大小分别由相应级别的人民政府直接或授权委托有关部门组织事故调查组进行调查。未造成人员伤亡的一般事故，县级人民政府也可以委托事故发生单位组织事故调查组进行调查。事故调查应力求及时、客观、全面，以便为事故的分析与处理提供正确的依据。调查结果要整理撰写成事故调查报告，其主要内容应包括：

① 事故项目及各参建单位概况。

② 事故发生经过和事故救援情况。

③ 事故造成的人员伤亡和直接经济损失。

④ 事故项目有关质量检测报告和技术分析报告。

⑤ 事故发生的原因和事故性质。

⑥ 事故责任的认定和对事故责任者的处理建议。

⑦ 事故防范和整改措施。

3. 事故的原因分析

原因分析要建立在事故情况调查的基础上，避免情况不明就主观推断事故的原因。特别是对涉及勘察、设计、施工、材料和管理等方面的质量事故，事故的原因往往错综复杂，因此，必须对调查所得到的数据、资料进行仔细的分析，依据国家有关法律法规和工程建设标准分析事故的直接原因和间接原因，必要时组织对事故项目进行检测鉴定和专家技术论证，去伪存真，找出造成事故的主要原因。

4. 制定事故处理的技术方案

事故的处理要建立在原因分析的基础上，要广泛地听取专家及有关方面的意见，经科学论证，决定事故是否要进行技术处理和怎样处理。在制定事故处理的技术方案时，应做到安全可靠、技术可行、不留隐患、经济合理、具有可操作性、满足项目的安全和使用功能要求。

5. 事故处理

事故处理的内容包括：事故的技术处理，按经过论证的技术方案进行处理，解决事故造成的质量缺陷问题；事故的责任处罚，依据有关人民政府对事故调查报告的批复和有关法律法规的规定，对事故相关责任者实施行政处罚，负有事故责任的人员涉嫌犯罪的，依法追究刑事责任。

6. 事故处理的鉴定验收

质量事故的技术处理是否达到预期的目的，是否依然存在隐患，应当通过检查鉴定和验收作出确认。事故处理的质量检查鉴定，应严格按施工验收规范和相关质量标准的规定进行，必要时还应通过实际量测、试验和仪器检测等方法获取必要的数据，以便准确地对事故处理的结果作出鉴定，形成鉴定结论。

7. 提交事故处理报告

事故处理后，必须尽快提交完整的事故处理报告，其内容包括：事故调查的原始资料、测试的数据，事故原因分析和论证结果，事故处理的依据，事故处理的技术方案及措施，实施技术处理过程中有关的数据、记录、资料，检查验收记录，对事故相关责任者的处罚情况和事故处理的结论等。

五、施工质量事故处理的基本要求

① 质量事故的处理应达到安全可靠、不留隐患、满足生产和使用要求、施工方便、经济合理的目的。

② 消除造成事故的原因，注意综合治理，防止事故再次发生。

③ 正确确定技术处理的范围和正确选择处理的时间和方法。

④ 切实做好事故处理的检查验收工作，认真落实防范措施。

⑤ 确保事故处理期间的安全。

六、施工质量缺陷处理的基本方法

1. 返修处理

当项目的某些部分的质量虽未达到规范、标准或设计规定的要求，存在一定的缺陷，但经过采取整修等措施后可以达到要求的质量标准，又不影响使用功能或外观的要求时，可采取返修处理的方法。例如，某些混凝土结构表面出现蜂窝、麻面，或者混凝土结构局部出现损伤局部缺陷，不影响其使

7.3 质量缺陷
基本处理方法

用和外观，可进行返修处理。

2. 加固处理

主要是针对危及结构承载力的质量缺陷的处理。通过加固处理，使建筑结构恢复或提高承载力，重新满足结构安全性与可靠性的要求，使结构能继续使用或改作其他用途。对混凝土结构常用的加固方法主要有：增大截面加固法、外包角钢加固法、粘钢加固法、增设支点加固法、增设剪力墙加固法、预应力加固法等。

3. 返工处理

当工程质量缺陷经过返修、加固处理后仍不能满足规定的质量标准要求，或不具备补救可能性，则必须采取重新制作、重新施工的返工处理措施。例如，某高层住宅施工中，有几层的混凝土结构误用了安定性不合格的水泥，无法采用其他补救办法，不得不爆破拆除重新浇筑。

4. 限制使用

当工程质量缺陷按修补方法处理后无法保证达到规定的使用要求和安全要求，而又无法返工处理的情况下，不得已时可作出诸如结构卸荷或减荷以及限制使用的决定。

5. 不作处理

某些工程质量问题虽然达不到规定的要求或标准，但其情况不严重，对结构安全或使用功能影响很小，经过分析、论证、法定检测单位鉴定和设计单位等认可后可不作专门处理。一般可不作专门处理的情况有以下几种：

① 不影响结构安全和使用功能的。例如，某些部位的混凝土表面的裂缝，经检查分析，属于表面养护不够的干缩微裂，不影响安全和外观，可不作处理。

② 后道工序可以弥补的质量缺陷。例如，混凝土结构表面的轻微麻面，可通过后续的抹灰、刮涂、喷涂等弥补，可不作处理。

③ 法定检测单位鉴定合格的。例如，某检验批混凝土试块强度值不满足规范要求，强度不足，但经法定检测单位对混凝土实体强度进行实际检测后，其实际强度达到规范允许和设计要求值时，可不作处理。

④ 出现的质量缺陷，经检测鉴定达不到设计要求，但经原设计单位核算，仍能满足结构安全和使用功能的。例如，某一结构构件截面尺寸不足，或材料强度不足，影响结构承载力，但按实际情况进行复核验算后仍能满足设计要求的承载力时，可不进行专门处理。这种做法实际上是挖掘设计潜力或降低设计的安全系数，应谨慎处理。

6. 报废处理

出现质量事故的项目，经过分析或检测，采取上述处理方法后仍不能满足规定的质量要求或标准，则必须予以报废处理。

 单元总结

本单元主要阐述了工程项目质量控制的概念和特点，影响工程项目质量的 4M1E 因素，通过工程项目质量管理体系建立质量方针和质量目标，实施全过程质量控制。系统介绍工程项目质量控制原理，包括 PDCA 循环原理、三阶段控制原理和"三全"控制原理，掌握运用数学工具进行质量控制的七种方法。如果出现施工质量事故，其处理的依据和基本要求，以及调查处理的程序。

 拓展案例-BIM5D 施工质量管理

　　常规工程项目质量管理无法形成电子时间轴，缺少电子存档，一旦出现项目质量问题，难以责任到人，不利管控。

　　利用 BIM5D 施工项目管理平台，可实现质量管理的分类，可关联相关规范，形成的质量管理报告在三维模型中实时可见，工人可随时登录手机客户端查看并解决问题，同时，发布及处理问题的一系列材料均形成了电子档案，方便管理和后期追溯。

　　BIM5D 质量管理中，将质量等级划分为重大隐患、严重隐患、较大隐患、一般隐患四类，选择当前项目的质量问题等级，点击【确定】，可进行质量问题发布，如图 7-12 所示。

图 7-12　质量管理的等级

　　对选择的问题进行问题描述，标注发布时间及要求整改时间，输入责任人、责任单位即可形成电子问题报告单，如图 7-13 所示。创建问题后浏览模型，点击涉及问题的构件，责任人登录手机客户端即可查看并解决问题，在 BIM5D 中，可直接三维定位高亮显示的问题，便于查找及修改，如图 7-14 所示。

图 7-13　质量问题创建

图 7-14　质量问题查看

7.4　BIM5D
施工质量管理

请扫描二维码 7.4，将项目中的质量问题图片载入 BIM 软件并进行关联，类别设置为墙体裂缝，相关人员为安全员，整改限期为 2020 年 2 月 15 日，导出质量报告。

思考题

1. 何谓质量？工程项目质量及其特点是什么？
2. 如何对影响工程项目质量的因素进行控制？
3. 工程项目质量控制原理有哪些？
4. 运用数学工具进行质量控制有哪些方法？

练习题

1. 某工地分别从 A 厂和 B 厂购买了焊条，工人 a 和 b 用这些焊条对工程进行了焊接作业，通过质量检查，结果如表 7-8 所示，试用学过的方法分析选用哪种焊条进行作业。

表 7-8　质量检查

焊接工人	检查结果	A 厂		B 厂	
		焊点	不合格率/%	焊点	不合格率/%
工人 a	不合格	20	40	6	X_1
	合格	30		14	
工人 b	不合格	5	X_2	10	50
	合格	20		10	

2. 对某工程楼地面质量进行调查，发现有 70 间房间地面起砂，统计结果如表 7-9 所示，试绘制地面起砂原因排列图，并加以分析。

表 7-9　地面起砂原因统计结果

起砂原因	出现房间	起砂原因	出现房间
砂含泥量过大	14	砂浆配合比不当	6
砂粒径过大	43	水泥标号太低	2
养护不良	4	压光不足	1

3.【2019 年二级建造师真题】根据工程质量事故造成损失的程度分级，属于重大事故的有（　　）。

7.5　二建真题解析之
工程质量事故的分类

A. 50 人以上 100 以下重伤

B. 3 人以上 10 人以下死亡

C. 1 亿元以上直接经济损失

D. 1000 万元以上 5000 万元以下直接经济损失

E. 5000 万元以上 1 亿元以下直接经济损失

 教学实训

某单位新建一车间，建筑面积 860m²，建筑物檐高 8.75m，砖混结构，屋面结构为后张法预应力梯形屋架，混凝土强度等级为 C40，每层均设置构造柱和圈梁，现浇钢筋混凝土楼板，卷材屋面。施工中发生了如下事件。

事件一：为方便施工，项目经理要求施工时先浇筑构造柱后砌砖墙。

事件二：四层砌筑砂浆强度不合格（偏低），但经原设计单位核算满足结构安全和使用功能要求。

事件三：屋架制作完成后，发现有一榀屋架试块强度达不到设计强度，经现场回弹测得其强度仍达不到设计强度。

事件四：屋面圈梁拆模后，发现局部蜂窝麻面，且有一处露筋现象。

事件五：在施工雨篷板时，当混凝土浇筑完毕后，施工人员按照模板拆除方案要求，混凝土达到设计强度 70％时将模板拆除，结果根部混凝土随即开裂。

事件六：有一根梁拆模后出现较大挠度。

事件七：屋面防水施工后不久即出现了防水层起鼓现象。

实训任务如下：

1. 事件一是否正确？为什么？

2. 事件二是否需要补强加固？为什么？

3. 事件三如何处理？

4. 事件四如何处理？

5. 分析造成事件五雨篷板根部开裂的原因。

6. 分析拆模后梁出现挠度的原因和防治办法。

7. 事件七属于什么质量问题，产生原因及防治措施是什么？

模块三

应用管理

学习单元八

工程项目职业健康安全与环境管理

 知识目标

- 了解工程项目安全管理概念、特点，以及安全管理方针、目标，文明施工内容；
- 熟悉工程项目危险源的确定，工程项目安全检查的内容；
- 掌握工程项目现场安全管理和现场文明施工的各项管理措施；
- 掌握施工现场空气污染、水污染的防治措施；
- 掌握噪声的控制措施、固体废物的主要处理方法；
- 了解职业健康安全管理体系和环境管理体系结构与运行模式；
- 熟悉建设工程实施的不同阶段的职业健康安全与环境管理的要求。

8.1 工程安全
事故处理流程

 能力目标

- 能叙述工程项目安全管理、文明施工的概念；
- 能根据施工现场辨识危险源，并进行安全预控采取安全技术措施；
- 能在施工现场做到安全和文明施工，并采取有效措施预防空气和水污染；
- 能够建立并有效实施职业健康安全管理体系和环境管理体系。

案例导航

某工地正在进行 10 号楼顶层混凝土作业，田某（无塔式起重机操作资格证）操作塔式起重机吊运混凝土，吊离地面时，发现吊绳绕住料斗边角，于是将料斗下放，塔机突然倾倒，砸到了相邻的幼儿园内儿童，造成 5 名儿童死亡、2 名儿童重伤，田某轻伤，直接经济损失约 300 万元，试分析造成该事故的原因是什么？

案例分析

造成事故的直接原因是起重机塔身主弦杆有一根由于长期疲劳已断裂，存在重大隐患，安装人员未尽安全检查责任。间接原因是使用无塔吊安装资质的人员从事塔吊安装作业；安装前未进行零部件检查；塔吊的回转半径范围覆盖毗邻的幼儿园，未采取安全防范措施等众多原因。为保证施工过程中的健康安全，同时进行环境保护，该如何进行管理呢？

知识链接

任务一　工程项目安全管理概述

一、安全管理的概念和特点

施工项目的安全管理是一项综合性的管理，是施工项目管理的重要组成部分，它是指在项目施工的全过程中，运用科学管理的理论、方法，通过法规、技术、组织等手段所进行的规范劳动者的行为、控制劳动对象、劳动手段和施工环境条件，消除或减少不安因素，使人、物、环境所构成的施工生产体系达到最佳安全状态，实现项目安全目标等一系列活动的总称。

由于施工项目具有露天、高空作业多、受环境影响大、工程结构复杂等特性，使施工项目生产过程的安全事故与其他行业相比发生的频率要高，因此在项目管理中应高度重视安全管理问题，将其作为一项复杂的系统工程认真加以研究和防范，尽可能事先排除各种导致安全事故的原因。安全生产管理的内容具体包括以下三个方面的内容。

1. 对劳动者的管理

通过依法制订有关安全的政策、法规，给予劳动者的劳动安全、身体健康以法律保障，以约束劳动者的不安全行为，消除或减少主观上的安全隐患。

2. 对劳动手段与劳动对象的管理

采取改善施工工艺，改进设备性能，以消除和控制生产过程中可能出现的危险因素，并通过安全技术保证措施，达到规范物的状态，以消除和减轻其对劳动者的威胁和造成财产损失。

3. 对劳动条件（施工环境）的管理

防止、控制施工中高温、严寒、粉尘、噪声、振动、毒物对劳动者安全与健康影响的医疗、保健、防护等一系列措施，改善和创造良好的劳动条件、防止职业伤害，保护劳动者身体健康和生命安全。

二、安全管理的方针和目标

1. 安全管理的方针

安全生产的方针是"安全第一、预防为主、综合治理"。安全第一是从保护生产力的角度和高度，表明在生产范围内安全与生产的关系，肯定安全在生产活动中的位置和重要性。进行安全管理不是处理事故，而是在生产活动中，针对生产的特点，对生产因素采取管理措施，有效地控制不安全因素的发展与扩大，把可能发生的事故，消灭在萌芽状态，以保证生产生活中人的安全与健康。

2. 安全管理的目标

通过建立安全管理体系，使施工现场人员面临的安全风险减小到最低程度，实现预防和控制伤亡事故、职业病等；通过改善劳动者的作业条件，提高劳动者身心健康和劳动效率，直接或间接地使企业获得经济效益；实现以人为本的安全管理，人力资源的质量是提高生产率水平和促进经济增长的重要因素，安全管理体系将是保护和发展生产力的有效方法；此外，通过建立安全管理体系，将提升企业的品牌和市场竞争力，促进项目管理现代化，增强对国家经济发展的贡献能力。

三、危险源的辨识

随着国家各种建筑工程法律法规及地方性规程的陆续出台，尤其是国家标准《危险化学品重大危险源辨识》（GB 18218—2018）、建设部 2004 年 213 号文《危险性较大工程安全专项施工方案编制及专家论证审查办法》等文件的颁发，均对施工现场生产过程中存在的重大危险源作出了明确解译，在已颁发的《建设工程安全生产管理条例》中作出了进一步说明。

1. 危险源的概念

GB 18218—2018 中对危险化学品重大危险源的定义为：长期地或临时地生产、贮存、使用和经营危险化学品，且危险化学品的数量等于或超过临界量的单元。

2. 施工现场常见的重大危险源类型

（1）高空坠落　造成高空坠落的主要因素有：临边、洞口安全防护措施不符合要求；脚手架上高空作业人员安全防护不符合要求；操作平台与交叉作业的安全防护不符合要求；操作人员未按操作规程操作。

（2）触电　造成触电的主要因素有：临时用电防护、接地与接零保护系统、配电线路不符合要求；配电箱、开关箱、现场照明、电气设备、变配电装置等不符合要求；架空线路距建筑物近，防护措施不到位等。

（3）施工坍塌　这里的施工坍塌主要有两个方面：一是深基坑坍塌，二是脚手架和模板支撑坍塌。

1）深基坑坍塌。深基坑是指挖掘深度超过 1.5m 的沟槽和开挖深度超过 5.0m 的基坑以及对相邻建筑物、构筑物、地下管线有影响的基坑（槽）。造成深基坑坍塌的主要因素有：边坡未放坡或放坡坡度不符合要求；超挖；在坑边 1.0m 范围内堆土；或在 1.0m 范围外堆土，但堆土高度超过要求；雨季坑内未及时排水。

2）脚手架、模板支撑坍塌。造成脚手架、模板支撑坍塌的主要因素有：搭设、拆除未按已审批的施工方案进行；施工荷载超过允许荷载。

（4）机械设备伤害　造成机械设备伤害的主要因素有：机械设备安装、拆除时操作不符合要求；需做防护的防护措施不到位，如平刨、电锯等；工人操作时违反操作规程要求；机械设备的各种限位、保护装置不符合要求；对机械设备未做定期检查，或对已检查出存在安全隐患的机械设备未停止使用，未及时整改处理。

（5）物体打击　造成物体打击的主要因素有：进入施工现场未按要求系戴安全帽；安全帽不合格；脚手架外侧未用密目网封闭。

（6）中毒　造成施工现场中毒的主要因素有：施工现场化学物品临时存放或使用不当；地下作业时防护、通风措施不符合要求；另外食堂卫生不符合要求也是易造成群体中毒的主要因素。

（7）火灾　造成施工现场火灾的主要因素有：易燃易爆等危险物品未按要求存放、保管、搬运、使用；在有明火作业时无消防器材或消防器材不足。

以上七个方面是建筑工程最常见的重大危险源。

任务二　施工现场安全管理

一、工程项目施工现场管理概念及目标

1. 施工现场管理概念

工程项目施工现场是指从事建设工程施工活动经批准占用的场地。它既是包括红线以内占用的建筑用地和施工用地，又包括红线以外现场附近经批准占用的临时施工用地。

施工现场管理是指项目经理部科学合理地安排使用施工现场，协调各专业管理和各项施工活动，控制污染，创造文明安全的施工环境和人流、物流、资金流、信息流畅通的施工秩序所进行的一系列管理工作。

2. 施工现场管理目标

(1) 无因工死亡、重伤和重大机械设备事故；

(2) 无火灾事故；

(3) 无重大违法犯罪案件；

(4) 无严重污染扰民；

(5) 施工料具无浪费现象；

(6) 无食物中毒和传染疾病；

(7) 无重大质量事故。

二、工程项目施工现场管理安全措施计划及实施

1. 落实安全责任、实施责任管理

施工项目经理承担控制、管理施工生产进度、成本、质量、安全等目标的责任。因此，必须同时承担进行安全管理、实现安全生产的责任。

(1) 建立、完善以项目经理为首的安全生产领导机构，有组织、有领导的开展安全管理活动。承担组织、领导安全生产的责任。

(2) 建立各级人员安全管理制度，明确各级人员的安全责任。抓制度落实、抓责任落实，定期检查各责任落实情况。

(3) 施工项目应通过监察部门的安全生产资质审查，并得到认可。

(4) 施工项目负责施工生产中物的状态审验与认可，承担物的状态漏验、失控的管理责任。

(5) 一切管理、操作人员均需与施工项目签订安全协议，向施工项目做出安全保证。

(6) 安全生产责任落实情况的检查，应认真、详细的记录，作为分配、补偿的原始资料之一。

每个施工项目应根据具体情况，成立以项目经理为主的安全生产委员会或领导小组。同时，根据建设工程的性质、规模和特点，配备规定数量的专职和兼职安全管理员，督促检查各类人员贯彻执行安全管理，协助项目经理推动安全管理工作，保证施工管理顺利进行。施工项目的安全生产组织管理体系如图8-1所示。

2. 安全事故诱因分析

(1) 人的不安全行为　不安全行为是人表现出来的，与人的心理特征相违背，属非正常行为。人在生产活动中，曾引起或可能引起事故的行为，必然是不安全行为。人出现一次不安全

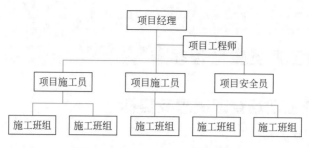

图 8-1　安全生产组织管理体系

行为，不一定会发生事故，然而，安全事故的发生，必然是由于不安全行为引起的。即使物的因素作用是事故的主要原因，也不能排除隐藏在不安全状态背后的人的行为失误的转换作用。

（2）物的不安全状态　人机系统把生产过程中发挥一定作用的机构、物料、生产对象以及其他生产要素统称为物。物都具有不同形式、性质的能量，有出现能量意外释放，引发事故的可能性。由于物的能量可能释放引起事故的状态，称为物的不安全状态。这是从能量与人的伤害间的联系所给出的定义。如果从发生事故的角度，也可把物的不安全状态看作为曾引起或可能引起事故的物的状态。在生产过程中，物的不安全状态极易出现。所有的物的不安全状态，都与人的不安全行为或人的操作、管理失误有关。往往在物的不安全状态背后，隐藏着人的不安全行为或失误。物的不安全状态既反映了物的自身特性，又反映了人的素质和人的决策水平。物的不安全状态的运动轨迹，一旦与人的不安全行为的运动轨迹交叉，就是发生事故的时间与空间。因此，物的不安全状态是发生事故的直接原因。正确判断物的具体不安全状态，控制其发展对预防、消除事故有直接的现实意义。

3. 安全教育的主要内容

项目经理部应切实加强现场工作人员的安全教育，本着谁使用谁负责安全的原则，实施培训考核上岗制，建立健全培训档案制度。安全教育贯穿于整个项目建设过程，教育的主要内容包括：

（1）安全思想教育。教育操作人员具有良好的自我保护意识，时时处处注意安全，防范风险于未然。

（2）安全技术教育。教育操作人员了解其施工生产的一般流程，安全生产时一般应注意的事项，工种、岗位安全生产知识，重点熟悉安全生产技术和安全技术操作规程等。

（3）安全法制和纪律教育。让操作人员充分了解安全生产法规和责任制度，安全生产规章制度，职工守则，劳动纪律，安全生产奖惩条例。

三、安全检查

1. 安全检查的内容

安全检查的内容主要包括：查思想、查管理、查制度、查隐患、查事故处理。

（1）施工项目的安全检查以自检形式为主，是对项目经理及操作人员、生产全过程、各个方位的全面安全状态的检查。检查的重点以劳动条件、生产设备、现场管理、安全设施及生产人员的行为为主。发现危及人的安全因素时，必须果断的消除。

（2）各级生产组织者，应在全面安全检查中，透过作业环境状态和隐患，对照安全生产方针、政策，检查对安全生产认识的差距。

（3）安全管理的检查，主要是：

1）安全生产是否提到议事日程上。

2）业务职能部门、全体人员，是否在各自业务范围内，落实安全生产责任。专职安全人员是否在位、在岗。

　　3）安全教育是否落实，教育是否到位。

　　4）工程技术、安全技术是否结合为统一体。

　　5）安全控制措施是否有力，控制是否到位，有哪些消除管理差距的措施。

　　2．安全检查的组织

　　（1）制订安全检查制度，按制度要求的规模、时间、原则、处理方式，保证全面落实。

　　（2）成立由第一责任人为首，业务部门、全体人员参加的安全检查组织。

　　（3）安全检查必须做到有计划、有目的、有准备、有整改、有总结、有处理。

　　3．安全检查的准备

　　（1）思想准备。发动全员开展自检，自检与制度检查结合，形成自检自改，边检边改的局面。使全员在发现危险因素方面得到提高，在消除危险因素中受到教育，从安全检查中受到锻炼。

　　（2）业务准备。确定安全检查的目的、步骤、方法。成立检查组，安排检查日程。分析事故资料，确定检查重点，把精力侧重于事故多发部位和工种的检查。规范检查记录用表，使安全检查逐步纳入科学化、规范化轨道。

　　4．安全检查的形式

　　（1）定期安全检查。指列入安全管理活动计划，有较一致时间间隔的安全检查。

　　（2）突击性安全检查。指无固定检查周期，对特别部门、特殊设备、小区域的安全检查，属于突击性安全检查。

　　（3）特殊安全检查。对预料中可能会带来新的危险因素的新安装的设备、新采用的工艺、新建或改建的工程项目，投入使用前，以"发现"危险因素为专题的安全检查，叫特殊安全检查。

　　5．消除危险因素的关键

　　安全检查的目的是发现、处理、消除危险因素，避免事故伤害，实现安全生产。对于一些由于种种原因而一时不能消除的危险因素，应逐项分析，寻求解决办法，安排整改计划，尽快予以消除。

四、安全设施管理

　　施工项目的安全设施有：脚手架、安全帽、安全带、安全网、操作平台、防护栏杆、临时用电安全防护等。

8.2　施工现场安全设施

　　1．脚手架

　　（1）脚手架的基本要求

　　1）坚固稳定。即要保证有足够的承载能力、刚度和稳定性，保证在施工期间不产生超过容许要求的变形、倾斜、摇晃或扭曲现象，不发生失稳倒塌，确保施工作业人员的人身安全。

　　2）装拆简便、能多次周转使用。

　　3）其宽度应满足施工作业人员操作、材料堆置和运输的要求。

　　（2）脚手架材质的要求

　　1）木杆常用剥皮杉杆或落叶槛，不准使用杨木、柳木、桦木、油松、腐朽和有刀伤的木料。

　　2）竹竿一般使用三年以上楠竹，不准使用青嫩、枯脆、虫蛀和有大裂缝的竹料。

　　3）钢管材质一般采用 48mm 直径，壁厚 3.5mm 的 A3 焊接钢管，也可采用同样规格的无缝钢管或其他钢管。钢管应涂防锈漆。脚手架钢管要求无严重锈蚀、弯曲、压扁或裂纹。

　　4）绑扎辅料不准使用草绳、麻绳、塑料绳、腐蚀铁丝等。

　　（3）脚手架设计要求。脚手架及搭设方案须经设计计算，并经技术负责人审批后方可搭设。由于脚手架的问题，特别在高层建筑施工中，导致安全事故较多。因此，脚手架的设计不但要满足使用的要求，而且首先要考虑安全问题。设置可靠的安全防护措施，如防护栏、挡脚板、安全网、通道扶梯、斜道防滑、多层立体作业的防护，悬吊架的安全销和雨季防电、避雷设施等。

2. 安全帽

安全帽必须经有关部门检验合格后方能使用，要正确使用安全帽，扣好帽带，不准抛、扔或坐、垫安全帽，不准使用缺衬、缺带及破损的安全帽。

3. 安全带

（1）安全带须经有关部门检验合格后方能使用。

（2）安全带使用2年后，必须按规定抽检一次，对抽检不合格的，必须更换安全绳后才能使用。

（3）安全带应储存在干燥、通风的仓库内，不准接触高温、明火、强酸碱或尖锐的坚硬物体。

（4）安全带应高挂低用，不准将绳打结使用。

（5）安全带上的各种部件不得任意拆除。更换新绳时要注意加绳套。

4. 安全网

（1）从二层楼面开始设安全网，往上每隔10m设置一道，同时必须设一道随施工高度可提升的安全网。

（2）网绳不得破损并生根牢固、绷紧、圈牢，拼接严密。

（3）立网随施工层提升，网高出施工层1m以上。网下口与墙生根牢靠，离墙不大于15cm，网之间拼接严密，空隙不大于10cm。

5. 防护栏杆

地面基坑周边，无外脚手架的楼面及屋面周边，分层的楼梯口与楼段边，尚未安装阳台栏板的阳台，料台周边，井架、施工用电梯，外脚手架通向建筑物通道的两侧边，均应该设置防护栏杆；顶层的楼梯口，应随工程结构的进度安装正式栏杆或立挂安全网封闭。

6. 临时用电安全防护

（1）临时用电应按有关规定编好施工组织设计，并建立对现场线路、设施定期检查制度。

（2）配电线路必须按有关规定架设整齐，架空线应采用绝缘导线，不得采用塑胶软线，不得成束架空敷设或沿地明敷设。

（3）室内、外线路均应与施工机具、车辆及行人保持最小安全距离，否则应采取可靠的防护措施。

（4）配电系统必须采取分线配电，各类配电箱、开关箱的安装和内部设置必须符合有关规定，开关电器应标明用途。

（5）一般场所采用220V电压作为现场照明用，照明导线用绝缘子固定，照明灯具的金属外壳必须接地或接零。特殊场所必须按国家有关规定使用安全电压照明。

（6）手持电动工具必须单独安装漏电保护装置，具有良好的绝缘性，金属外壳接地良好。所有手持电动工具必须装有可靠的防护罩（盖），橡皮电线不得破损。

（7）电焊机应有良好的接地或接零保护，并有可靠的防雨、防潮、防砸保护措施。焊把线应双线到位，绝缘良好。

五、安全技术措施

1. 施工准备阶段安全技术措施

（1）技术准备方面

1）了解工程设计对安全施工的要求。

2）调查工程的自然环境（水文、地质、气候、洪水、雷击等）和施工环境（地下设施、管道、电缆的分布、走向，粉尘，噪声等）对施工安全及施工对周围环境安全的影响。

3）改扩建工程施工与建设单位共用，生产发生交叉，可能造成双方伤害时，双方应签订安全施工协议，搞好施工与生产的协调，明确双方责任，共同遵守安全事项。

4）在施工组织设计中，编制切实可行，行之有效的安全技术措施，并严格履行审批手续，送安全部门备案。

（2）物质准备方面

1）及时供应质量合格的安全防护用品（安全帽、安全带、安全网等）满足施工需要。

2）保证特殊工种（电工、焊工、爆破工、起重工等）使用工具器械质量合格，技术性能良好。

3）施工机具、设备（卷扬机、电锯、平面刨、电气设备）、车辆等需经安全技术性能检测、鉴定合格，防护装置齐全，制动装置可靠，方可进场使用。

4）施工周转材料（脚手架、扣件、跳板等）须经认真挑选，不符合安全要求的禁止使用。

（3）施工现场准备方面

1）按施工总平面图要求作好现场施工准备。

2）现场各种库房等临时设施，特别是易燃易爆品存放都必须符合安全规定和消防要求，并经公安消防部门批准。

3）电气线路、配电设备符合安全要求，有安全用电防护措施。

4）场内道路通畅，设置交通标志，危险地带设置危险信号及禁止通行标志，保证行人、车辆通行安全。

5）现场周围和陡坡、沟坡处设围栏、防护板，现场入口处设"无关人员禁止入内"的标志及警示标志。

6）塔吊等起重设备安置要与输电线路、永久或临设工程间有足够安全距离，避免碰撞，以保证搭设脚手架、安全网的施工距离。

7）现场设消防栓，有足够有效的灭火器材。

（4）施工队伍准备方面

1）新工人、特殊工种工作须经岗位技术培训、安全教育后，持合格证上岗。

2）高风险作业，工人须经身体检查合格后方可施工作业。

3）施工负责人在开工前，要组织全体施工人员进行入场前的安全技术交底，并逐级签发"安全交底任务单"。

2. 施工阶段主要安全技术措施

（1）土方工程安全技术措施　　土方工程施工往往具有工程量大、劳动繁重和施工条件复杂等特点。如土方工程施工受气候、水文、地质、开挖深度、施工场地与设备等众多因素影响，施工周期一般较长。施工安全在土方工程施工中是一个很突出的问题。主要安全技术措施有：

1）土方工程施工前，应详细分析与核查各项技术资料（如实测地形图、工程地质、水文地质勘察资料、原有地下管道、电缆和地下构筑物资料及土石方工程施工图等），进行现场调查并根据现有施工条件，制订合理的土方工程施工组织设计。如需边坡支护则应根据相应规范进行设计。

2）挖土深度超过 1.5m 时，应根据土质情况按规定放坡或加设支撑。开挖深度超过 2m 时，必须在基坑（槽）边沿设立两道防护栏，人员上下要有专用爬梯，夜间加设红色灯标志。

3）开挖的基坑（槽）应与邻近建筑物保持一定的距离和坡度，以免在施工时影响邻近建筑物的稳定。如不能满足要求，必须采取有效技术措施，并报上级安全技术部门，上级安全技术部门批准后方可施工，并在施工中进行沉降和位移观测。

4）弃土应及时运出，如需临时堆土或留作回填土，堆土坡脚至坑边距离应根据开挖坑深度、边坡角度和土的类别确定。

5）挖基坑时，施工人员之间应保持一定的安全距离，机械挖土时，开挖机械间距应大于10m。挖土要自上而下，逐层进行，严禁先挖坡脚的危险作业。

6）挖土时，如发现边坡裂缝或有土粒连续滚落时，施工人员应立即撤离施工现场，并应及时分析原因，采取有效措施解决问题。

7）必须在雨季进行基坑施工时，应在距基坑边一定距离（如1m）处挖排水沟或筑挡水堤，防止雨水灌入基坑。坑底四周设置集水坑和引水沟，并将积水及时排出。当基坑开挖处于地下水位以下时，应采取适当地降低地下水位的措施。

8）为防止基坑底的土被扰动，基坑挖好后要尽量减少暴露时间，及时进行下一道作业的施工。如不能立即进行下一道作业，要预留15～30cm厚覆盖土层，待基础施工时再挖去。

9）爆破土方要遵守爆破作业安全有关规定。

（2）模板工程安全技术措施　在钢筋混凝土施工中，模板种类很多，有木模板、组合钢模板、大模板、滑升模板、爬升模板、飞模、永久性模板、隧道模板等，同时新型模板亦不断出现，如各种胶合板模板、玻璃钢模板和专门用途的模板等。定型模板和常用的模板拼装，在其适用范围内的一般模板，应进行设计或验算，以确保安全，防止浪费。模板工程的一般安全技术措施有：

1）模板作业高度在2m或2m以上时，应符合高处作业安全技术规范的要求。如设置稳固的脚手架或登高工具，临街或交通要道地区施工应设警告牌等。4m以上或二层及二层以上，周围应设安全网、防护栏杆等。

2）装拆模板时要随身携带工具袋或备件箱，工具不使用时应随手放在袋里，不准将工具或备件放置在模板、杆件或脚手架跳板上。

3）脚手架或平台板一般不宜堆放模板料，如必须短时间堆放时，应严格控制在脚手架或平台的允许荷载范围内。

4）在模板工程施工期间，对照明灯具、电动工具及各类带电装置应采取严格的安全措施，绝缘、漏电保护装置要齐全。

5）大模板、滑升模板及其他特殊模板按相应的设计与施工规程进行施工准备和作业。

6）如果采用新的模板工艺，必须通过有关部门的检测和试验，并对操作人员进行相关培训。

（3）塔式起重机安全技术措施　在选择塔式起重机时应根据施工对象特点、平面尺寸、构件大小、重量、施工工艺、现场条件、进度计划等综合考虑。在使用塔式起重机时，最主要的安全技术管理措施有以下两点：

1）保证安全装置（起重力矩限制器、起重量限制器、起吊高度限制器、变幅限位、大车行程限位器等）齐全、灵敏、可靠。并要经常检查、保养、维修。

2）严禁违章作业。起重机指挥人员和司机必须经过操作技术培训和安全技术考核，持证上岗，坚持十个"不准吊"。十个"不准吊"一般指：指挥信号不明不吊，斜牵斜吊不吊，吊物重量不明或超载不吊，散物捆扎不牢或物料装放过满不吊，吊物上有人不吊，埋在地下的物件不吊，安全装置失灵时不吊，现场光线阴暗看不清吊物时不吊，棱刃物与钢丝绳直接接触无保护措施时不吊，六级以上强风时不吊等。

（4）井架起重机安全技术措施

1）安全保护装置（如安全停靠装置、断绳保护装置、吊篮安全门、超载限位器、超高限位和下限位装置等）应灵敏、可靠。

2）井架及龙门架应有起重吨位铭牌，使用前必须有验收合格牌。

3）附着杆与建筑物的连接以及附着杆与井架的连接必须牢固，附着间距不宜过大。

4）井架顶部的悬臂高度一般为 4.5～9m，必须有缆风绳与建筑物拉结，以免井架失稳。

5）应在井架外围设置防护网，以免物料在提升过程中外溅或坠落而危及人身安全。

6）卷扬机应搭设防砸、防雨操作棚。同时卷扬机应设地锚固定，传动部分必须安装防护罩。

7）使用过程中，应经常检查塔架结构是否存在开裂，螺栓松动或缺乏，安全装置是否可靠，平层装置是否工作正常，钢丝绳是否磨损或断丝，转动部分是否润滑良好等。

8）停用或停电时，应切断电源。卷扬机吊笼应降至地面。

（5）施工电梯安全技术措施

1）各类保险、限位（上下限位、限速、门联锁、手刹等）装置齐全有效。

2）施工电梯司机必须经培训，考核合格后持证上岗操作。

3）保证楼地面与电梯吊厢踏面齐平，防止发生绊倒事故。

4）施工电梯基础、安装和使用应符合原厂使用规定，验收合格后方可使用。

5）施工电梯必须标明额定负载或载人数额。

6）施工电梯附墙装置必须拉结牢固，并验算附墙杆强度和锚固点内力。

7）施工电梯自由高度一般为 10m，锚固间距不得大于 6m。

六、项目实施过程的安全检查

在工程项目管理过程中必须推行安全检查制度，定期或不定期地对工程项目安全实施进行检查，科学地评价建筑施工安全生产情况，提高安全生产工作的管理水平，确保职工的安全和健康，预防伤亡事故的发生。

对建筑施工中易发生伤亡事故的主要环节、部位和工艺等的完成情况做安全检查评价时，应采用检查评分表的形式，分为安全管理、文明施工、扣件式钢管脚手架、门式钢管脚手架、碗扣式钢管脚手架、承插型盘扣式钢管脚手架、满堂脚手架、悬挑式脚手架、附着式升降脚手架、高处作业吊篮、基坑工程、模板支架、高处作业、施工用电、物料提升机、施工升降机、塔式起重机、起重吊装、施工机具共十九项分项检查评分表和一项检查评分汇总表，如表 8-1～表 8-20 所示。

表 8-1　安全管理检查评分表

序号	检查项目		扣分标准	应得分数	扣减分数	实得分数
1	保证项目	安全生产责任制	未建立安全生产责任制，扣 10 分；安全生产责任制未经责任人签字确认，扣 3 分；未备有各工种安全技术操作规程，扣 2～10 分；未按规定配备专职安全员，扣 2～10 分；工程项目部承包合同中未明确安全生产考核指标，扣 5 分；未制定安全生产资金保障制度，扣 5 分；未编制安全资金使用计划或未按计划实施，扣 2～5 分；未制定伤亡控制、安全达标、文明施工等管理目标，扣 5 分；未进行安全责任目标分解，扣 5 分；未建立对安全生产责任制和责任目标的考核制度，扣 5 分；未按考核制度对管理人员定期考核，扣 2～5 分	10		
2		施工组织设计及专项施工方案	施工组织设计中未制定安全技术措施，扣 10 分；危险性较大的分部分项工程未编制安全专项施工方案，扣 10 分；未按规定对超过一定规模危险性较大的分部分项工程专项施工方案进行专家论证，扣 10 分；施工组织设计、专项施工方案未经审批，扣 10 分；安全技术措施、专项施工方案无针对性或缺少设计计算，扣 2～8 分；未按施工组织设计、专项施工方案组织实施，扣 2～10 分	10		

序号	检查项目		扣分标准	应得分数	扣减分数	实得分数
3	保证项目	安全技术交底	未进行书面安全技术交底，扣 10 分；未按分部分项进行交底，扣 5 分；交底内容不全面或针对性不强，扣 2～5 分；交底未履行签字手续，扣 4 分	10		
4		安全检查	未建立安全检查制度，扣 10 分；未有安全检查记录，扣 5 分；事故隐患的整改未做到定人、定时间、定措施，扣 2～6 分；对重大事故隐患整改通知书所列项目未按期整改和复查，扣 5～10 分	10		
5		安全教育	未建立安全教育培训制度，扣 10 分；施工人员入场未进行三级安全教育培训和考核，扣 5 分；未明确具体安全教育培训内容，扣 2～8 分；变换工种或采用新技术、新工艺、新设备、新材料施工时未进行安全教育，扣 5 分；施工管理人员、专职安全员未按规定进行年度教育培训和考核，每人扣 2 分	10		
6		应急救援	未制定安全生产应急救援预案，扣 10 分；未建立应急救援组织或未按规定配备救援人员，扣 2～6 分；未定期进行应急救援演练，扣 5 分；未配置应急救援器材和设备，扣 5 分	10		
	小计			60		
7	一般项目	分包单位安全管理	分包单位资质、资格、分包手续不全或失效，扣 10 分；未签订安全生产协议书，扣 5 分；分包合同、安全生产协议书，签字盖章手续不全，扣 2～6 分；分包单位未按规定建立安全机构或未配备专职安全员，扣 2～6 分	10		
8		持证上岗	未经培训从事施工、安全管理和特种作业，每人扣 5 分；项目经理、专职安全员和特种作业人员未持证上岗，每人扣 2 分	10		
9		生产安全事故处理	生产安全事故未按规定报告，扣 10 分；生产安全事故未按规定进行调查分析、制定防范措施，扣 10 分；未依法为施工作业人员办理保险，扣 5 分	10		
10		安全标志	主要施工区域、危险部位未按规定悬挂安全标志，扣 2～6 分；未绘制现场安全标志布置图，扣 3 分；未按部位和现场设施的变化调整安全标志设置，扣 2～6 分；未设置重大危险源公示牌，扣 5 分	10		
	小计			40		
	检查项目合计			100		

表 8-2 文明施工检查评分表

序号	检查项目		扣分标准	应得分数	扣减分数	实得分数
1	保证项目	现场围挡	市区主要路段的工地未设置封闭围挡或围挡高度小于 2.5m，扣 5～10 分；一般路段的工地未设置封闭围挡或围挡高度小于 1.8m，扣 5～10 分；围挡未达到坚固、稳定、整洁、美观，扣 5～10 分	10		
2		封闭管理	施工现场进出口未设置大门，扣 10 分；未设置门卫室，扣 5 分；未建立门卫值守管理制度或未配备门卫值守人员，扣 2～6 分；施工人员进入施工现场未佩戴工作卡，扣 2 分；施工现场出入口未标有企业名称或标识，扣 2 分；未设置车辆冲洗设施，扣 3 分	10		
3		施工场地	施工现场主要道路及材料加工区地面未进行硬化处理，扣 5 分；施工现场道路不畅通，路面不平整坚实，扣 5 分；施工现场未采取防尘措施，扣 5 分；施工现场未设置排水设施或排水不通畅、有积水，扣 5 分；未采取防止泥浆、污水、废水污染环境措施，扣 2～10 分；未设置吸烟处、随意吸烟，扣 5 分；温暖季节未进行绿化布置，扣 3 分	10		

续表

序号		检查项目	扣分标准	应得分数	扣减分数	实得分数
4	保证项目	材料管理	建筑材料、构件、料具未按总平面图布局码放,扣4分;材料码放不整齐,未标明名称、规格,扣2分;施工现场材料存放未采取防火、防锈蚀、防雨措施,扣3~10分;建筑物内施工垃圾的清运未使用器具或管道运输,扣5分;易燃易爆物品未分类储藏在专用库房、未采取防火措施,扣5~10分	10		
5		现场办公与住宿	施工作业区、材料存放区与办公、生活区未采取隔离措施,扣6分;宿舍、办公用房防火等级不符合有关消防安全技术规范要求,扣10分;在施工程、伙房、库房兼作住宿,扣10分;宿舍未设置可开启式窗户,扣4分;宿舍未设置床铺、床铺超过2层或通道宽度小于0.9m,扣2~6分;宿舍人均面积或人员数量不符合规范要求,扣5分;冬季宿舍区未采取采暖和防一氧化碳中毒措施,扣5分;夏季宿舍区未采取防暑降温和防蚊蝇措施,扣5分;生活用品摆放混乱、环境卫生不符合要求,扣3分	10		
6		现场防火	施工现场未制定消防安全管理制度、消防措施,扣10分;施工现场的临时用房和作业场所的防火设计不符合规范要求,扣10分;施工现场消防通道、消防水源的设置不符合规范要求,扣5~10分;施工现场灭火器材布局、配置不合理或灭火器材失效,扣5分;未办理动火审批手续或未指定动火监护人员,扣5~10分	10		
	小计			60		
7	一般项目	综合治理	生活区未设置供作业人员学习和娱乐场所,扣2分;施工现场未建立治安保卫制度或责任未分解到人,扣3~5分;施工现场未制定治安防范措施,扣5分	10		
8		公示标牌	大门口处设置的公式标牌内容不齐全,扣2~8分;标牌不规范、不整齐,扣3分;未设置安全标语,扣3分;未设置宣传栏、读报栏、黑板报,扣2~4分	10		
9		生活设施	未建立卫生责任制度,扣5分;食堂与厕所、垃圾站、有毒有害场所的距离不符合规范要求,扣2~6分;食堂未办理卫生许可证或未办理炊事人员健康证,扣5分;食堂使用的燃气罐未单独设置存放间或存放间通风条件不良,扣2~4分;食堂未配备排风、冷藏、消毒、防鼠、防蚊蝇等设施,扣4分;厕所内的设施数量和布局不符合规范要求,扣2~6分;厕所卫生未达到规定要求,扣4分;不能保证现场人员卫生饮水,扣5分;未设置淋浴室或淋浴室不能满足现场人员需求,扣4分;生活垃圾未装容器或未及时清理,扣3~5分	10		
10		社区服务	夜间未经许可施工,扣8分;施工现场焚烧各类废弃物,扣8分;施工现场未制定防粉尘、防噪声、防光污染等措施,扣5分;未制定施工不扰民措施,扣5分	10		
	小计			40		
	检查项目合计			100		

表 8-3 扣件式钢管脚手架检查评分表

序号	检查项目		扣分标准	应得分数	扣减分数	实得分数
1	保证项目	施工方案	架体搭设未编制专项施工方案或未按规定审核、审批,扣 10 分;架体结构设计未进行设计计算,扣 10 分;架体搭设高度超过规范允许高度,专项施工方案未按规定组织专家论证,扣 10 分	10		
2		立杆基础	立杆基础不平、不实、不符合专项施工方案要求,扣 5~10 分;立杆底部缺少底座、垫板或垫板的规格不符合规范要求,每处扣 2~5 分;未按规范要求设置纵、横向扫地杆,扣 5~10 分;扫地杆的设置和固定不符合规范要求,扣 5 分;未采取排水措施,扣 8 分	10		
3		架体与建筑结构拉结	架体与建筑结构拉结方式或间距不符合规范要求,每处扣 2 分;架体底层第一步纵向水平杆处未按规定设置连墙件或未采用其他可靠措施固定,每处扣 2 分;搭设高度超过 24m 的双排脚手架,未采用刚性连墙件与建筑结构可靠连接,扣 10 分	10		
4		杆件间距与剪刀撑	立杆、纵向水平杆、横向水平杆间距超过设计或规范要求,每处扣 2 分;未按规定设置纵向剪刀撑或横向斜撑,每处扣 5 分;剪刀撑未沿脚手架高度连续设置或角度不符合规范要求,扣 5 分;剪刀撑斜杆的接长或剪刀撑斜杆与架体杆件固定不符合规范要求,每处扣 2 分	10		
5		脚手板与防护栏杆	脚手板未满铺或铺设不牢、不稳,扣 5~10 分;脚手板规格或材质不符合规范要求,扣 5~10 分;架体外侧未设置密目式安全网封闭或网间连接不严,扣 5~10 分;作业层防护栏杆不符合规范要求,扣 5 分;作业层未设置高度不小于 180mm 的挡脚板,扣 3 分	10		
6		交底与验收	架体搭设前未进行交底或交底未有文字记录,扣 5~10 分;架体分段搭设、分段使用未进行分段验收,扣 5 分;架体搭设完毕未办理验收手续,扣 10 分;验收内容未进行量化,或未经责任人签字确认,扣 5 分	10		
	小计			60		
7	一般项目	横向水平杆设置	未在立杆与纵向水平杆交点处设置横向水平杆,每处扣 2 分;未按脚手板铺设的需要增加设置横向水平杆,每处扣 2 分;双排脚手架横向水平杆只固定一端,每处扣 2 分;单排脚手架横向水平杆插入墙内小于 180mm,每处扣 2 分	10		
8		杆件连接	纵向水平杆搭接长度小于 1m 或固定不符合要求,每处扣 2 分;立杆除顶层顶步外采用搭接,每处扣 4 分;杆件对接扣件的布置不符合规范要求,扣 2 分;扣件紧固力矩小于 40N·m 或大于 65N·m,每处扣 2 分	10		
9		层间防护	作业层脚手板下未采用安全平网兜底或作业层以下每隔 10m 未采用安全平网封闭,扣 5 分;作业层与建筑物之间未按规定进行封闭,扣 5 分	10		
10		构配件材质	钢管直径、壁厚、材质不符合要求,扣 5 分;钢管弯曲、变形、锈蚀严重,扣 5 分;扣件未进行复试或技术性能不符合标准,扣 5 分	5		
11		通道	未设置人员上下专用通道,扣 5 分;通道设置不符合要求,扣 2 分	5		
	小计			40		
	检查项目合计			100		

表 8-4　门式钢管脚手架检查评分表

序号	检查项目		扣分标准	应得分数	扣减分数	实得分数
1	保证项目	施工方案	未编制专项施工方案或未进行设计计算,扣 10 分;专项施工方案未按规定审核、审批,扣 10 分;架体搭设超过规范允许高度,专项施工方案未组织专家论证,扣 10 分	10		
2		架体基础	架体基础不平、不实,不符合专项施工方案要求,扣 5～10 分;架体底部未设置垫板或垫板的规格不符合要求,扣 2～5 分;架体底部未按规范要求设置底座,每处扣 2 分;架体底部未按规范要求设置扫地杆,扣 5 分;未采取排水措施,扣 8 分	10		
3		架体稳定	架体与建筑物结构拉结方式或间距不符合规范要求,每处扣 2 分;未按规要求设置剪刀撑,扣 10 分;门架立杆垂直偏差超过规范要求,扣 5 分;交叉支撑的设置不符合规范要求,每处扣 2 分	10		
4		杆件锁臂	未按规定组装或漏装杆件、锁臂,扣 2～6 分;未按规范要求设置纵向水平加固杆,扣 10 分;扣件与连接的杆件参数不匹配,每处扣 2 分	10		
5		脚手板	脚手板未满铺或铺设不牢、不稳,扣 5～10 分;脚手板规格或材质不符合要求,扣 5～10 分;采用挂扣式钢脚手板时挂钩未挂扣在横向水平杆上或挂钩未处于锁住状态,每处扣 2 分	10		
6		交底与验收	架体搭设前未进行交底或交底无有文字记录,扣 5～10 分;架体分段搭设、分段使用未办理分段验收,扣 6 分;架体搭设完毕未办理验收手续,扣 10 分;验收内容未进行量化,或未经责任人签字确认,扣 5 分	10		
小计				60		
7	一般项目	架体防护	作业层防护栏杆不符合规范要求,扣 5 分;作业层未设置高度不小于 180mm 的挡脚板,扣 3 分;架体外侧未设置密目式安全网封闭或网间连接不严,扣 5～10 分;作业层脚手板下未采用安全平网兜底或作业层以下每隔 10m 未采用安全平网封闭,扣 5 分	10		
8		构配件材质	杆件变形、锈蚀严重,扣 10 分;门架局部开焊,扣 10 分;构配件的规格、型号、材质或产品质量不符合规范要求,扣 5～10 分	10		
9		荷载	施工荷载超过设计规定,扣 10 分;荷载堆放不均匀,每处扣 5 分	10		
10		通道	未设置人员上下专用通道,扣 10 分;通道设置不符合要求,扣 5 分	10		
小计				40		
检查项目合计				100		

表 8-5　碗扣式钢管脚手架检查评分表

序号	检查项目		扣分标准	应得分数	扣减分数	实得分数
1	保证项目	施工方案	未编制专项施工方案或未进行设计计算,扣 10 分;专项施工方案未按规定审核、审批,扣 10 分;架体搭设超过规范允许高度,专项施工方案未组织专家论证,扣 10 分	10		
2		架体基础	基础不平、不实,不符合专项施工方案要求,扣 5～10 分;架体底部未设置垫板或垫板的规格不符合要求,扣 2～5 分;架体底部未按规范要求设置底座,每处扣 2 分;架体底部未按规范要求设置扫地杆,扣 5 分;未设采取排水措施,扣 8 分	10		
3		架体稳定	架体与建筑结构未按规范要求拉结,每处扣 2 分;架体底层第一步水平杆处未按规范要求设置连墙件或未采用其他可靠措施固定,每处扣 2 分;连墙件未采用刚性杆件,扣 10 分;未按规范要求设置专用斜杆或八字形斜撑,扣 5 分;专用斜杆两端未固定在纵、横向水平杆与立杆汇交的碗扣结点处,每处扣 2 分;专用斜杆或八字形斜撑未沿脚手架高度连续设置或角度不符合要求,扣 5 分	10		

续表

序号	检查项目		扣分标准	应得分数	扣减分数	实得分数
4	保证项目	杆件锁件	立杆间距、水平杆步距超过设计或规范要求，每处扣2分；未按专项施工方案设计的步距在立杆连接碗扣节点处设置纵、横向水平杆，每处扣2分；架体搭设高度超过24m时，顶部24m以下的连墙件层未按规定设置水平斜杆，扣10分；架体组装不牢或上碗扣紧固不符合要求，每处扣2分	10		
5		脚手板	脚手板未满铺或铺设不牢、不稳，扣5～10分；脚手板规格或材质不符合要求，扣5～10分；用挂扣式钢脚手板时挂钩未挂扣在横向水平杆上或挂钩未处于锁住状态，每处扣2分	10		
6		交底与验收	架体搭设前未进行交底或交底未有文字记录，扣5～10分；架体分段搭设、分段使用未进行分段验收，扣5分；架体搭设完毕未办理验收手续，扣10分；验收内容未进行量化，或未经责任人签字确认，扣5分	10		
	小计			60		
7	一般项目	架体防护	架体外侧未采用密目式安全网封闭或网间连接不严，扣5～10分；作业层防护栏杆不符合规范要求，扣5分；作业层外侧未设置高度不小于180mm的挡脚板，扣3分；作业层脚手板下未采用安全平网兜底或作业层以下每隔10m未采用安全平网封闭，扣5分	10		
8		构配件材质	杆件弯曲、变形、锈蚀严重，扣10分；钢管、构配件的规格、型号、材质或产品质量不符合规范要求，扣5～10分	10		
9		荷载	施工荷载超过设计规定，扣10分；荷载堆放不均匀，每处扣5分	10		
10		通道	未设置人员上下专用通道，扣10分；通道设置不符合要求，扣5分	10		
	小计			40		
	检查项目合计			100		

表8-6 承插型盘扣式钢管脚手架检查评分表

序号	检查项目		扣分标准	应得分数	扣减分数	实得分数
1	保证项目	施工方案	未编制专项施工方案或未进行设计计算，扣10分；专项施工方案未按规定审核、审批，扣10分	10		
2		架体基础	架体基础不平、不实，不符合专项施工方案要求，扣5～10分；架体立杆底部缺少垫板或垫板的规格不符合规范要求，每处扣2分；架体立杆底部未按要求设置可调底座，每处扣2分；未按规范要求设置纵、横向扫地杆，扣5～10分；未设置排水措施，扣8分	10		
3		架体稳定	架体与建筑结构未按规范要求拉结，每处扣2分；架体底层第一步水平杆处未按规范要求设置连墙件或未采用其他可靠措施固定，每处扣2分；连墙件未采用刚性杆件，扣10分；未按规范要求设置竖向斜杆或剪刀撑，扣5分；竖向斜杆两端未固定在纵、横向水平杆与立杆汇交的盘扣节点处，每处扣2分；斜杆或剪刀撑未沿脚手架高度连续设置或角度不符合规范要求，扣5分	10		
4		杆件设置	架体立杆间距、水平杆步距超过设计或规范要求，每处扣2分；未按专项施工方案设计的步距在立杆连接插盘处设置纵、横向水平杆，每处扣2分；双排脚手架的每步水平杆，当无挂扣钢脚手板时未按规范要求设置水平斜杆，扣5～10分	10		
5		脚手板	脚手板不满铺或铺设不牢、不稳，扣5～10分；脚手板规格或材质不符合要求，扣5～10分；采用挂扣式钢脚手板时挂钩未挂扣在水平杆上或挂钩未处于锁住状态，每处扣2分	10		
6		交底与验收	架体搭设前未进行交底或交底未有文字记录，扣5～10分；架体分段搭设、分段使用未进行分段验收，扣5分；架体搭设完毕未办理验收手续，扣10分；验收内容未进行量化，或未经负责人签字确认，扣5分	10		
	小计			60		

续表

序号		检查项目	扣分标准	应得分数	扣减分数	实得分数
7	一般项目	架体防护	架体外侧未外采用密目式安全网封闭或网间连接不严,扣5~10分;作业层防护栏杆不符合规范要求,扣5分;作业层外侧未设置高度不小于180mm的挡脚板,扣3分;作业层脚手板下未采用安全平网兜底或作业层以下每隔10m未采用安全平网封闭,扣5分	10		
8		杆件连接	立杆竖向接长位置不符合要求,每处扣2分;剪刀撑的斜杆接长不符合要求,扣8分	10		
9		构配件材质	钢管、构配件的规格、型号、材质或产品质量不符合规范要求,扣5分;钢管弯曲、变形、锈蚀严重,扣10分	10		
10		通道	未设置人员上下专用通道,扣10分;通道设置不符合要求,扣5分	10		
小计				40		
检查项目合计				100		

表 8-7　满堂脚手架检查评分表

序号		检查项目	扣分标准	应得分数	扣减分数	实得分数
1	保证项目	施工方案	未编制专项施工方案或未进行设计计算,扣10分;专项施工方案未按规定审核、审批,扣10分	10		
2		架体基础	架体基础不平、不实,不符合专项施工方案要求,扣5~10分;架体底部未设置垫板或垫板的规格不符合要求,每处扣2~5分;架体底部未按规范要求设置底座,每处扣2分;架体底部未按规范要求设置扫地杆,扣5分;未采取排水措施,扣8分	10		
3		架体稳定	架体四周与中间未按规范要求设置竖向剪刀撑或专用斜杆,扣10分;未按规范要求设置水平剪刀撑或专用水平斜杆,扣10分;架体高宽比超过规范要求时未采取与结构拉结或其他可靠的稳定措施,扣10分	10		
4		杆件锁件	架体立杆间距、水平步距超过设计和规范要求,每处扣2分;杆件接长不符合要求,每处扣2分;架体搭设不牢或杆件节点紧固不符合要求,每处扣2分	10		
5		脚手板	脚手板不满铺或铺设不牢、不稳,扣5~10分;脚手板规格或材质不符合要求,扣5~10分;采用挂扣式钢脚手板时挂钩未挂扣在水平杆上或挂钩未处于锁住状态,每处扣2分	10		
6		交底与验收	架体搭设前未进行交底或交底未有文字记录,扣5~10分;架体分段搭设、分段使用未进行分段验收,扣5分;架体搭设完毕未办理验收手续,扣10分;验收内容未进行量化,或未经责任人签字确认,扣5分	10		
小计				60		
7	一般项目	架体防护	作业层防护栏杆不符合规范要求,扣5分;作业层外侧未设置高度不小于180mm的挡脚板,扣3分;作业层脚手板下未采用安全平网兜底或作业层以下每隔10m未采用安全平网封闭,扣5分	10		
8		构配件材质	钢管、构配件的规格、型号、材质或产品质量不符合规范要求,扣5~10分;杆件弯曲、变形、锈蚀严重,扣10分	10		
9		荷载	架体施工荷载超过设计和规范要求,扣10分;荷载堆放不均匀,每次扣5分	10		
10		通道	未设置人员上下专用通道,扣10分;通道设置不符合要求,扣5分	10		
小计				40		
检查项目合计				100		

表 8-8　悬挑式脚手架检查评分表

序号	检查项目		扣分标准	应得分数	扣减分数	实得分数
1	保证项目	施工方案	未编制专项施工方案或未进行设计计算,扣10分;专项施工方案未按规定审核、审批,扣10分;架体搭设超过规范允许高度,专项施工方案未按规定组织专家论证,扣10分	10		
2		悬挑钢梁	钢梁截面高度未按设计确定或截面形式不符合设计和规范要求,扣10分;钢梁固定段长度小于悬挑段长度的1.25倍,扣5分;钢梁外端未设置钢丝绳或钢拉杆与上一层建筑结构拉结,每处扣2分;钢梁与建筑结构锚固处结构强度、锚固措施不符合设计和规范要求,扣5~10分;钢梁间距未按悬挑架体立杆纵距设置,扣5分	10		
3		架体稳定	立杆底部与悬挑钢梁连接处未采取可靠固定措施,每处扣2分;承插式立杆接长未采取螺栓或销钉固定,每处扣2分;纵横向扫地杆的设置不符合规范要求,扣5~10分;未在架体外侧设置连续式剪刀撑,扣10分;未按规定设置横向斜撑,扣5分;架体未按规定与建筑结构拉结,每处扣5分	10		
4		脚手板	脚手板规格、材质不符合要求,扣5~10分;脚手板未满铺或铺设不严、不牢、不稳,扣5~10分	10		
5		荷载	脚手架施工荷载超过设计规定,扣10分;施工荷载堆放不均匀,每处扣5分	10		
6		交底与验收	架体搭设前未进行交底或交底未有文字记录,扣5~10分;架体分段搭设、分段使用未进行分段验收,扣6分;架体搭设完毕未办理验收手续,扣10分;验收内容未进行量化,或未经责任人签字确认,扣5分	10		
小计				60		
7	一般项目	杆件间距	立杆间距、纵向水平杆步距超过设计或规范要求,每处扣2分;未在立杆与纵向水平杆交点处设置横向水平杆,每处扣2分;未按脚手板铺设的需要增加设置横向水平杆,每处扣2分	10		
8		架体防护	作业层防护栏杆不符合规范要求,扣5分;作业层架体外侧未设置高度不小于180mm的挡脚板,扣3分;架体外侧未采用密目式安全网封闭或网间不严,扣5~10分	10		
9		层间防护	作业层脚手板下未采用安全平网兜底或作业层以下每隔10m未采用安全平网封闭,扣5分;作业层与建筑物之间未进行封闭,扣5分;架体底层沿建筑结构边缘,悬挑钢梁与悬挑钢梁之间未采取封闭措施或封闭不严,扣2~8分;架体底层未进行封闭或封闭不严,扣2~10分	10		
10		构配件材质	型钢、钢管、构配件规格及材质不符合规范要求,扣5~10分;型钢、钢管、构配件弯曲、变形、锈蚀严重,扣10分	10		
小计				40		
检查项目合计				100		

表 8-9　附着式升降脚手架检查评分表

序号	检查项目		扣分标准	应得分数	扣减分数	实得分数
1	保证项目	施工方案	未编制专项施工方案或未进行设计计算,扣10分;专项施工方案未按规定审核、审批,扣10分;脚手架提升超过规定允许高度,专项施工方案未按规定组织专家论证,扣10分	10		

续表

序号	检查项目		扣分标准	应得分数	扣减分数	实得分数
2	保证项目	安全装置	未采用防坠落装置或技术性能不符合规范要求,扣10分;防坠落装置与升降设备未分别独立固定在建筑结构上,扣10分;防坠落装置未设置在竖向主框架处并与建筑结构附着,扣10分;未安装防倾覆装置或防倾覆装置不符合规范要求,扣5~10分;升降或使用工况,最上和最下两个防倾覆装置之间的最小间距不符合规范要求,扣8分;未安装同步控制装置或技术性能不符合规范要求,扣5~8分	10		
3		架体构造	架体高度大于5倍楼层高,扣10分;架体宽度大于1.2m,扣5分;直线布置的架体支撑跨度大于7m或折线、曲线布置的架体支撑跨度大于5.4m,扣8分;架体的水平悬挑长度大于2m或大于跨度1/2,扣10分;架体悬臂高度大于架体高度2/5或大于6m,扣10分;架体全高与支撑跨度的乘积大于110m²,扣10分	10		
4		附着支座	未按竖向主框架所覆盖的每个楼层设置一道附着支座,扣10分;使用工况未将竖向主框架与附着支座固定,扣10分;升降工况未将防倾、导向装置设置在附着支座上,扣10分;附着支座与建筑结构连接固定方式不符合规范要求,扣5~10分	10		
5		架体安装	主框架及水平支撑桁架的节点未采用焊接或螺栓连接,扣10分;各杆件轴线未汇交于节点,扣3分;水平支撑桁架的上弦及下弦之间设置的水平支撑杆件未采用焊接或螺栓连接,扣5分;架体立杆底端未设置在水平支撑桁架上弦杆件节点处,扣10分;竖向主框架组装高度低于架体高度,扣5分;架体外立面设置的连续剪刀撑未将竖向主框架、水平支撑桁架和架体构架连成一体,扣8分	10		
6		架体升降	两跨以上架体升降采用手动升降设备,扣10分;升降工况附着支座与建筑结构连接处混凝土强度未达到设计和规范要求,扣10分;升降工况架体上有施工荷载或有人员停留,扣10分	10		
	小计			60		
7	一般项目	检查验收	主要构配件进场未进行验收,扣6分;分区段安装、分区段使用未进行分区段验收,扣8分;架体搭设完毕未办理验收手续,扣10分;验收内容未进行量化,或未经责任人签字确认,扣5分;架体提升前未有检查记录,扣6分;架体提升后,使用前未履行验收手续或资料不全,扣2~8分	10		
8		脚手板	脚手板未满铺或铺设不严、不牢,扣3~5分;作业层与建筑结构之间空隙封闭不严,扣3~5分;脚手板规格、材质不符合要求,扣5~10分	10		
9		架体防护	脚手架外侧未采用密目式安全网封闭或网间连接不严,扣5~10分;作业层防护栏杆不符合规范要求,扣5分;作业层未设置高度不小于180mm的挡脚板,扣3分	10		
10		安全作业	操作前未向有关技术人员和作业人员进行安全技术交底或交底未有文字记录,扣5~10分;作业人员未经培训或未定岗定责,扣5~10分;安装拆除单位资质不符合要求或特种作业人员未持证上岗,扣5~10分;安装、升降、拆除时未设置安全警戒区及专人监护,扣10分;荷载不均匀或超载,扣5~10分	10		
	小计			40		
	检查项目合计			100		

表 8-10　高处作业吊篮检查评分表

序号	检查项目		扣分标准	应得分数	扣减分数	实得分数
1	保证项目	施工方案	未编制专项施工方案或未对吊篮支架支撑处结构的承载力进行验算，扣 10 分；专项施工方案未按规定审核、审批，扣 10 分	10		
2		安全装置	未安装防坠安全锁或安全锁失灵，扣 10 分；防坠安全锁超过标定期仍使用，扣 10 分；未设置挂设安全带专用安全绳及安全锁或安全绳未固定在建筑物可靠位置，扣 10 分；吊篮未安装上限位装置或限位装置失灵，扣 10 分	10		
3		悬挂机构	悬挂机构前支架支撑在建筑物女儿墙上或挑檐边缘，扣 10 分；前梁外伸长度不符合产品说明书规定，扣 10 分；前支架与支撑面不垂直或脚轮受力，扣 10 分；上支架固定在前支架调节杆与悬梁连接的节点处，扣 5 分；使用破损的配重块或采用其他替代物，扣 10 分；配重块未固定或重量不符合设计规定，扣 10 分	10		
4		钢丝绳	钢丝绳有断丝、松股、硬弯、锈蚀或有油污附着物，扣 10 分；安全钢丝绳规格、型号与工作钢丝绳不相同或未独立悬挂，扣 10 分；安全钢丝绳不悬挂，扣 5 分；电焊作业时未对钢丝绳采取保护措施，扣 5～10 分	10		
5		安装作业	吊篮平台组装长度不符合产品说明书，扣 10 分；吊篮组装的构配件不是同一生产厂家的产品，扣 5～10 分	10		
6		升降作业	操作升降人员未经培训合格，扣 10 分；吊篮内作业人员数量超过 2 人，扣 10 分；吊篮内作业人员未将安全带用安全锁扣挂置在独立设置的专用安全绳上，扣 10 分；作业人员未从地面进出吊篮，扣 5 分	10		
	小计			60		
7	一般项目	交底与验收	未履行验收程序，验收表未经责任人签字确认，扣 5～10 分；验收内容未进行量化，扣 5 分；每天班前班后未进行检查，扣 5 分；吊篮安装使用前未进行交底或交底未留有文字记录，扣 5～10 分	10		
8		安全防护	吊篮平台周边的防护栏杆或挡脚板的设置不符合规范要求，扣 5～10 分；多层或立体交叉作业未设置防护顶板，扣 8 分	10		
9		吊篮稳定	吊篮作业未采取防摆动措施，扣 5 分；吊篮钢丝绳不垂直或吊篮距建筑物空隙过大，扣 5 分	10		
10		荷载	施工荷载超过设计规定，扣 10 分；荷载堆放不均匀，扣 5 分	10		
	小计			40		
	检查项目合计			100		

表 8-11　基坑工程检查评分表

序号	检查项目		扣分标准	应得分数	扣减分数	实得分数
1	保证项目	施工方案	基坑工程未编制专项施工方案，扣 10 分；专项施工方案未按规定审核、审批，扣 10 分；超过一定规模条件的基坑工程专项施工方案未按规定组织专家论证，扣 10 分；基坑周边环境或施工条件发生变化，专项施工方案未重新进行审核、审批，扣 10 分	10		
2		基坑支护	人工开挖的狭窄基槽，开挖深度较大或存在边坡塌方危险未采取支护措施，扣 10 分；自然放坡的坡率不符合专项施工方案和规范要求，扣 10 分；基坑支护结构不符合设计要求，扣 10 分；支护结构水平位移达到设计报警值未采取有效控制措施，扣 10 分	10		

续表

序号	检查项目		扣分标准	应得分数	扣减分数	实得分数
3	保证项目	降排水	基坑开挖深度范围内有地下水未采取有效的降排水措施，扣 10 分；基坑边沿周围地面未设排水沟或排水沟设置不符合规范要求，扣 5 分；放坡开挖对坡顶、坡面、坡脚未采取降排水措施，扣 5～10 分；基坑底四周未设排水沟和集水井或排除积水不及时，扣 5～8 分	10		
4		基坑开挖	支护结构未达到设计要求的强度提前开挖下层土方，扣 10 分；未按设计和施工方案的要求分层、分段开挖或开挖不均衡，扣 10 分；基坑开挖过程中未采取防止碰撞支护结构或工程桩的有效措施，扣 10 分；机械在软土场地作业，未采取铺设渣土、砂石等硬化措施，扣 10 分	10		
5		坑边荷载	基坑边堆置土、料具等荷载超过基坑支护设计允许要求，扣 10 分；施工机械与基坑边沿的安全距离不符合设计要求，扣 10 分	10		
6		安全防护	开挖深度 2m 及以上的基坑周边未按规范要求设置防护栏杆或栏杆设置不符合规范要求，扣 5～10 分；基坑内未设置供施工人员上下的专用梯道或梯道设置不符合规范要求，扣 5～10 分；降水井口未设置防护盖板或围栏，扣 10 分	10		
	小计			60		
7	一般项目	基坑监测	未按要求进行基坑工程监测，扣 10 分；基坑监测项目不符合设计和规范要求，扣 5～10 分；监测的时间间隔不符合监测方案要求或监测结果变化速率较大未加密观测次数，扣 5～8 分；未按设计要求提交监测报告或监测报告内容不完整，扣 5～8 分	10		
8		支撑拆除	基坑支撑结构的拆除方式、拆除顺序不符合专项施工方案要求，扣 5～10 分；机械拆除作业时，施工荷载大于支撑结构承载能力，扣 10 分；人工拆除作业时，未按规定设置防护设施，扣 8 分；采用非常规拆除方式不符合国家现行相关规范要求，扣 10 分	10		
9		作业环境	基坑内土方机械、施工人员的安全距离不符合规范要求，扣 10 分；上下垂直作业未采取防护措施，扣 5 分；在各种管线范围内挖土作业未设专人监护，扣 5 分；作业区光线不良，扣 5 分	10		
10		应急预案	未按要求编制基坑工程应急预案或应急预案内容不完整，扣 5～10 分；应急组织机构不健全或应急物资、材料、工具机具储备不符合应急预案要求，扣 2～6 分	10		
	小计			40		
	检查项目合计			100		

表 8-12　模板支架检查评分表

序号	检查项目		扣分标准	应得分数	扣减分数	实得分数
1	保证项目	施工方案	未编制专项施工方案或结构设计未经计算，扣 10 分；专项施工方案未经审核、审批，扣 10 分；超规模模板支架专项施工方案未按规定组织专家论证，扣 10 分	10		
2		支架基础	基础不坚实平整，承载力不符合专项施工方案要求，扣 5～10 分；支架底部未设置垫板或垫板的规格不符合规范要求，扣 5～10 分；支架底部未按规范要求设置底座，每处扣 2 分；未按规范要求设置扫地杆，扣 5 分；未采取排水设施，扣 5 分；支架设在楼面结构上时，未对楼面结构的承载力进行验算或楼面结构下方未采取加固措施，扣 10 分	10		

续表

序号	检查项目		扣分标准	应得分数	扣减分数	实得分数
3	保证项目	支架构造	立杆纵、横间距大于设计和规范要求,每处扣2分;水平杆步距大于设计和规范要求,每处扣2分;水平杆未连续设置,扣5分;未按规范要求设置竖向剪刀撑或专用斜杆,扣10分;未按规范要求设置水平剪刀撑或专用水平斜杆,扣10分;剪刀撑或斜杆设置不符合规范要求,扣5分	10		
4		支架稳定	支架高宽比超过规范要求未采取与建筑结构刚性连接或增加架体宽度等措施,扣10分;立杆伸出顶层水平杆的长度超过规范要求,每处扣2分;浇筑混凝土未对支架的基础沉降、架体变形采取监测措施,扣8分	10		
5		施工荷载	荷载堆放不均匀,每处扣5分;施工荷载超过设计规定,扣10分;浇筑混凝土未对混凝土堆积高度进行控制,扣8分	10		
6		交底与验收	支架搭设、拆除前未进行交底或无文字记录,扣5~10分;架体搭设完毕未办理验收手续,扣10分;验收内容未进行量化,或未经责任人签字确认,扣5分	10		
	小计			60		
7	一般项目	杆件连接	立杆连接不符合规范要求,扣3分;水平杆连接不符合规范要求,扣3分;剪刀撑斜杆接长不符合规范要求,每处扣3分;杆件各连接点的紧固不符合规范要求,每处扣2分	10		
8		底座与托撑	螺杆直径与立杆内径不匹配,每处扣3分;螺杆旋入螺母内的长度或外伸长度不符合规范要求,每处扣3分	10		
9		构配件材质	钢管、构配件的规格、型号、材质不符合规范要求,扣5~10分;杆件弯曲、变形、锈蚀严重,扣10分	10		
10		支架拆除	支架拆除前未确认混凝土强度达到设计要求,扣10分;未按规定设置警戒区或未设置专人监护,扣5~10分	10		
	小计			40		
	检查项目合计			100		

表 8-13　高处作业检查评分表

序号	检查项目	扣分标准	应得分数	扣减分数	实得分数
1	安全帽	施工现场人员未佩戴安全帽,每人扣5分;未按标准佩戴安全帽,每人扣2分;安全帽质量不符合现行国家相关标准的要求,扣5分	10		
2	安全网	在建工程外脚手架架体外侧未采用密目式安全网封闭或网间连接不严,扣2~10分;安全网质量不符合现行国家相关标准的要求,扣10分	10		
3	安全带	高处作业人员未按规定系挂安全带,每人扣5分;安全带系挂不符合要求,每人扣5分;安全带质量不符合现行国家相关标准的要求,扣10分	10		
4	临边防护	工作面边沿无临边防护,扣10分;临边防护设施的构造、强度不符合规范要求,扣5分;防护设施未形成定型化、工具式,扣3分	10		
5	洞口防护	在建工程的孔、洞未采取防护措施,每处扣5分;防护措施、设施不符合要求或不严密,每处扣3分;防护设施未形成定型化、工具式,扣3分;电梯井内未按每隔两层且不大于10m设置安全平网,扣5分	10		
6	通道口防护	未搭设防护棚或防护不严、不牢固,扣5~10分;防护棚两侧未进行封闭,扣4分;防护棚宽度小于通道口宽度,扣4分;防护棚长度不符合要求,扣4分;建筑物高度超过24m,防护棚顶未采用双层防护,扣4分;防护棚的材质不符合规范要求,扣5分	10		

续表

序号	检查项目	扣分标准	应得分数	扣减分数	实得分数
7	攀登作业	移动式梯子的梯脚底部垫高使用,扣 3 分;折梯未使用可靠拉撑装置,扣 5 分;梯子的材质或制作质量不符合规范要求,扣 10 分	10		
8	悬空作业	悬空作业处未设置防护栏杆或其他可靠的安全设施,扣 5～10 分;悬空作业所用的索具、吊具等未经验收,扣 5 分;悬空作业人员未系挂安全带或佩带工具袋,扣 2～10 分	10		
9	移动式操作平台	操作平台未按规定进行设计计算,扣 8 分;移动式操作平台,轮子与平台的连接不牢固可靠或立柱底端距离地面超过 80mm,扣 5 分;操作平台的组装不符合设计和规范要求,扣 10 分;平台台面铺板不严,扣 5 分;操作平台四周未按规定设置防护栏杆或未设置登高扶梯,扣 10 分;操作平台的材质不符合规范要求,扣 10 分	10		
10	悬挑式物料钢平台	未编制专项施工方案或未经设计计算,扣 10 分;悬挑式钢平台的下部支撑系统或上部拉节点,未设置在建筑结构上,扣 10 分;斜拉杆或钢丝绳未按要求在平台两侧各设置两道,扣 10 分;钢平台未按要求设置固定的防护栏杆或挡脚板,扣 3～10 分;钢平台台面铺板不严或钢平台与建筑结构之间铺板不严,扣 5 分;未在平台明显处设置荷载限定标牌,扣 5 分	10		
	检查项目合计		100		

表 8-14　施工用电检查评分表

序号	检查项目		扣分标准	应得分数	扣减分数	实得分数
1	保证项目	外电防护	外电线路与在建工程及脚手架、起重机械、场内机动车道之间的安全距离不符合规范要求且未采取防护措施,扣 10 分;防护设施未设置明显的警示标志,扣 5 分;防护设施与外电线路的安全距离及搭设方式不符合规范要求,扣 5～10 分;在外电架空线路正下方施工、建造临时设施或堆放材料物品,扣 10 分	10		
2		接地与接零保护系统	施工现场专用的电源中性点直接接地的低压配电系统未采用 TN-S 接零保护系统,扣 20 分;配电系统未采用同一保护系统,扣 20 分;保护零线引出位置不符合规范要求,扣 5～10 分;电气设备未接保护零线,每处扣 2 分;保护零线装设开关、熔断器或通过工作电流,扣 20 分;保护零线材质、规格及颜色标记不符合规范要求,每处扣 2 分;工作接地与重复接地的设置、安装及接地装置的材料不符合规范要求,扣 10～20 分;工作接地电阻大于 4Ω,重复接地电阻大于 10Ω,扣 20 分;施工现场起重机、物料提升机、施工升降机、脚手架防雷措施不符合规范要求,扣 5～10 分;做防雷接地机械上的电气设备,保护零线未做重复接地,扣 10 分	20		
3		配电线路	线路及接头不能保证机械强度和绝缘强度,扣 5～10 分;线路未设短路、过载保护,扣 5～10 分;线路截面不能满足负荷电流,每处扣 2 分;线路的设施、材料及相序排列、档距、与邻近线路或固定物的距离不符合规范要求,扣 5～10 分;电缆沿地面明设,沿脚手架、树木等敷设或敷设不符合规范要求,扣 5～10 分;线路敷设的电缆不符合规范要求,扣 5～10 分;室内明敷主干线距地面高度小于 2.5m,每处扣 2 分	10		
4		配电箱与开关箱	配电系统未采用三级配电、二级漏电保护系统,扣 10～20 分;用电设备未有各自专用的开关箱,每处扣 2 分;箱体结构、箱内电器设置不符合规范要求,扣 10～20 分;配电箱零线端子板的设置、连接不符合规范要求,扣 5～10 分;漏电保护器参数不匹配或检测不灵敏,每处扣 2 分;配电箱与开关箱电器损坏或进出线混乱,每处扣 2 分;箱体未设置系统接线图和分路标记,每处扣 2 分;箱体未设门、锁,未采取防雨措施,每处扣 2 分;箱体安装位置、高度及周边通道不符合规范要求,每处扣 2 分;分配电箱与开关箱、开关箱与用电设备的距离不符合规范要求,每处扣 2 分	20		
	小计			60		

续表

序号	检查项目		扣分标准	应得分数	扣减分数	实得分数
5	一般项目	配电室与配电装置	配电室建筑耐火等级未达到三级，扣 15 分；未配置适用于电气火灾的灭火器材，扣 3 分；配电室、配电装置布设不符合规范要求，扣 5～10 分；配电装置中的仪表、电器元件设置不符合规范要求或仪表、电器元件损坏，扣 5～10 分；备用发电机组未与外电线路进行连锁，扣 15 分；配电室未采取防雨雪和小动物侵入的措施，扣 10 分；配电室未设警示标志、工地供电平面图和系统图，扣 3～5 分	15		
6		现场照明	照明用电与动力用电混用，每处扣 2 分；特殊场所未使用 36V 及以下安全电压，扣 15 分；手持照明灯未使用 36V 以下电源供电，扣 10 分；照明变压器未使用双绕组安全隔离变压器，扣 15 分；灯具金属外壳未接保护零线，每处扣 2 分；灯具与地面、易燃物之间小于安全距离，每处扣 2 分；照明线路和安全电压线路的架设不符合规范要求，扣 10 分；施工现场未按规范要求配备应急照明，每处扣 2 分	15		
7		用电档案	总包单位与分包单位未订立临时用电管理协议，扣 10 分；未制定专项用电施工组织设计、外电防护专项方案或设计、方案缺乏针对性，扣 5～10 分；专项用电施工组织设计、外电防护专项方案未履行审批程序，实施后相关部门未组织验收，扣 5～10 分；接地电阻、绝缘电阻和漏电保护器检测记录未填或填写不真实，扣 3 分；安全技术交底、设备设施验收记录未填写或填写不真实，扣 3 分；定期巡视检查、隐患整改记录未填写或填写不真实，扣 3 分；档案资料不齐全、未设专人管理，扣 3 分	10		
	小计			40		
	检查项目合计			100		

表 8-15　物料提升机检查评分表

序号	检查项目		扣分标准	应得分数	扣减分数	实得分数
1	保证项目	安全装置	未安装起重量限制器、防坠安全器，扣 15 分；起重量限制器、防坠安全器不灵敏，扣 15 分；安全停层装置不符合规范要求或未达到定型化，扣 5～10 分；未安装上行程限位，扣 15 分；上行程限位不灵敏，安全越程不符合规范要求，扣 10 分；物料提升机安装高度超过 30m，未安装渐进式防坠安全器、自动停层、语音及影像信号监控装置，每项扣 5 分	15		
2		防护设施	未设置防护围栏或设置不符合规范要求，扣 5～15 分；未设置进料口防护棚或设置不符合规范要求，扣 5～15 分；停层平台两侧未设置防护栏杆、挡脚板，每处扣 2 分；停层平台脚手板铺设不严、不牢，每处扣 2 分；未安装平台门或平台门不起作用，扣 5～15 分；平台门未达到定型化，每处扣 2 分；吊笼门不符合规范要求，扣 10 分	15		
3		附墙架与缆风绳	附墙架结构、材质、间距不符合产品说明书要求，扣 10 分；附墙架未与建筑结构可靠连接，扣 10 分；缆风绳设置数量、位置不符合规范要求，扣 5 分；缆风绳未使用钢丝绳或未与地锚连接，扣 10 分；钢丝绳直径小于 8mm 或角度不符合 45°～60°要求，扣 5～10 分；安装高度 30m 的物料提升机使用缆风绳，扣 10 分；地锚设置不符合规范要求，每处扣 5 分	10		
4		钢丝绳	钢丝绳磨损、变形、锈蚀达到报废标准，扣 10 分；钢丝绳绳夹设置不符合规范要求，每处扣 2 分；吊笼处于最低位置，卷筒上钢丝绳少于 3 圈，扣 10 分；未设置钢丝绳过路保护措施或钢丝绳拖地，扣 5 分	10		
5		安拆、验收与使用	安装、拆卸单位未取得专业承包资质和安全生产许可证，扣 10 分；未制定专项施工方案或未经审核、审批，扣 10 分；未履行验收程序或验收表未经责任人签字，扣 5～10 分；安装、拆卸人员及司机未持证上岗，扣 10 分；物料提升机作业前未按规定进行例行检查或未填写检查记录，扣 4 分；实行多班作业未按规定填写交接班记录，扣 3 分	10		
	小计			60		

续表

序号	检查项目		扣分标准	应得分数	扣减分数	实得分数
6	一般项目	基础与导轨架	基础的承载力、平整度不符合规范要求,扣5~10分;基础周边未设排水设施,扣5分;导轨架垂直度偏差大于导轨架高度0.15%,扣5分;井架停层平台通道处的结构未采取加强措施,扣8分	10		
7		动力与传动	卷扬机、曳引机安装不牢固,扣10分;卷筒与导轨架底部导向轮的距离小于20倍卷筒宽度未设置排绳器,扣5分;钢丝绳在卷筒上排列不整齐,扣5分;滑轮与导轨架、吊笼未采用刚性连接,扣10分;滑轮与钢丝绳不匹配,扣10分;卷筒、滑轮未设置防止钢丝绳脱出装置,扣5分;曳引钢丝绳为2根及以上时,未设置曳引力平衡装置,扣5分	10		
8		通信装置	未按规范要求设置通信装置,扣5分;通信装置信号显示不清晰,扣3分	5		
9		卷扬机操作棚	未设置卷扬机操作棚,扣10分;操作棚搭设不符合规范要求,扣5~10分	10		
10		避雷装置	物料提升机在其他防雷保护范围以外未设置避雷装置,扣5分;避雷装置不符合规范要求,扣3分	5		
	小计			40		
	检查项目合计			100		

表 8-16 施工升降机检查评分表

序号	检查项目		扣分标准	应得分数	扣减分数	实得分数
1	保证项目	安全装置	未安装起重量限制器或起重量限制器不灵敏,扣10分;未安装渐进式防坠安全器或防坠安全器不灵敏,扣10分;防坠安全器超过有效标定期限,扣10分;对重钢丝绳未安装防松绳装置或防松绳装置不灵敏,扣5分;未安装急停开关或急停开关不符合规范要求,扣5分;未安装吊笼和对重缓冲器或缓冲器不符合规范要求,扣5分;SC型施工升降机未安装安全钩,扣10分	10		
2		限位装置	未安装极限开关或极限开关不灵敏,扣10分;未安装上限位开关或上限位开关不灵敏,扣10分;未安装下限位开关或下限位开关不灵敏,扣5分;极限开关与上限位开关安全越程不符合规范要求,扣5分;极限开关与上、下限位开关共用一个触发元件,扣5分;未安装吊笼门机电连锁装置或不灵敏,扣10分;未安装吊笼顶窗电气安全开关或不灵敏,扣5分	10		
3		防护设施	未设置地面防护围栏或设置不符合规范要求,扣5~10分;未安装地面防护围栏门连锁保护装置或连锁保护装置不灵敏,扣5~8分;未设置出入口防护棚或设置不符合规范要求,扣5~10分;停层平台搭设不符合规范要求,扣5~8分;未安装层门或层门不起作用,扣5~10分;层门不符合规范要求、未达到定型化,每处扣2分	10		
4		附墙架	附墙架采用非配套标准产品未进行设计计算,扣10分;附墙架与建筑结构连接方式、角度不符合产品说明书要求,扣5~10分;附墙架间距、最高附着点以上导轨架的自由高度超过说明书要求,扣10分	10		
5		钢丝绳、滑轮与对重	对重钢丝绳绳数少于2根或未相对独立,扣5分;钢丝绳磨损、变形、锈蚀达到报废标准,扣10分;钢丝绳的规格、固定、缠绕不符合产品说明书及规范要求,扣10分;滑轮未安装钢丝绳防脱装置或不符合规范要求,扣4分;对重重量、固定不符合说明书及规范要求,扣10分;对重未安装防脱轨保护装置,扣5分	10		
6		安拆、验收与使用	安装、拆卸单位未取得专业承包资质和安全生产许可证,扣10分;未编制安装、拆卸专项方案或专项方案未经审核、审批,扣10分;未履行验收程序或验收表未经责任人签字,扣5~10分;安装、拆除人员及司机未持证上岗,扣10分;施工升降机作业前未按规定进行例行检查,未填写检查记录,扣4分;实行多班作业未按规定填写交接班记录,扣3分	10		
	小计			60		

序号	检查项目		扣分标准	应得分数	扣减分数	实得分数
7	一般项目	导轨架	导轨架垂直度不符合规范要求,扣10分;标准节质量不符合产品说明书及规范要求,扣10分;对重轨道不符合规范要求,扣5分;标准节连接螺栓使用不符合产品说明书及规范要求,扣5~8分	10		
8		基础	基础制作、验收不符合产品说明书及规范要求,扣5~10分;基础设置在地下室顶板或楼面结构上,未对其支承结构进行承载力验算,扣10分;基础未设置排水设施,扣4分	10		
9		电气安全	施工升降机与架空线路安全距离不符合规范要求,未采取防护措施,扣10分;防护措施不符合规范要求,扣5分;未设置电缆导向架或设置不符合规范要求,扣5分;施工升降机在防雷保护范围以外未设置避雷装置,扣10分;避雷装置不符合规范要求,扣5分	10		
10		通信装置	未安装楼层信号联络装置,扣10分;楼层联络信号不清晰,扣5分	10		
	小计			40		
	检查项目合计			100		

表8-17 塔式起重机检查评分表

序号	检查项目		扣分标准	应得分数	扣减分数	实得分数
1	保证项目	载荷限制装置	未安装起重量限制器或不灵敏,扣10分;未安装起重力矩限制器或不灵敏,扣10分	10		
2		行程限位装置	未安装起升高度限位器或不灵敏,扣10分;起升高度限位器的安全越程不符合规范要求,扣6分;未安装幅度限位器或不灵敏,扣10分;回转不设集电器的塔式起重机未安装回转限位器或不灵敏,扣6分;行走式塔式起重机未安装行走限位器或不灵敏,扣10分	10		
3		保护装置	小车变幅的塔式起重机未安装断绳保护及断轴保护装置,扣8分;行走及小车变幅的轨道行程末端未安装缓冲器及止挡装置或不符合规范要求,扣4~8分;起重臂根部铰点高度大于50m的塔式起重机未安装风速仪或不灵敏,扣4分;塔式起重机顶部高度大于30m且高于周围建筑物未安装障碍指示灯,扣4分	10		
4		吊钩、滑轮、卷筒与钢丝绳	吊钩未安装钢丝绳防脱钩装置或不符合规范要求,扣10分;吊钩磨损、变形达到报废标准,扣10分;滑轮、卷筒未安装钢丝绳防脱装置或不符合规范要求,扣4分;滑轮及卷筒磨损达到报废标准,扣10分;钢丝绳磨损、变形、锈蚀达到报废标准,扣10分;钢丝绳的规格、固定、缠绕不符合产品说明书及规范要求,扣5~10分	10		
5		多塔作业	多塔作业未制定专项施工方案或施工方案未经审批,扣10分;任意两台塔式起重机之间的最小架设距离不符合规范要求,扣10分	10		
6		安拆、验收与使用	安装、拆卸单位未取得专业承包资质和安全生产许可证,扣10分;未制定安装、拆卸专项方案,扣10分;方案未经审核、审批,扣10分;未履行验收程序或验收表未责任人签字,扣5~10分;安装、拆除人员及司机、指挥未证上岗,扣10分;塔式起重机作业前未按规定进行例行检查,未填写检查记录,扣4分;实行多班作业未按规定填写交接班记录,扣3分	10		
	小计			60		

续表

序号	检查项目		扣分标准	应得分数	扣减分数	实得分数
7	一般项目	附着装置	塔式起重机高度超过规定未安装附着装置,扣10分;附着装置水平距离不满足产品说明书要求,未进行设计计算和审批,扣8分;安装内爬式塔式起重机的建筑承载结构未进行承载力验算,扣8分;附着装置安装不符合产品说明书及规范要求,扣5~10分;塔式起重机附着前和附着后塔身垂直度不符合规范要求,扣10分	10		
8		基础与轨道	塔式起重机基础未按产品说明书及有关规定设计、检测、验收,扣5~10分;基础未设置排水措施,扣4分;路基箱或枕木铺设不符合产品说明书及规范要求,扣6分;轨道铺设不符合产品说明书及规范要求,扣6分	10		
9		结构设施	主要结构件的变形、锈蚀不符合规范要求,扣10分;平台、走道、梯子、护栏的设置不符合规范要求,扣4~8分;高强螺栓、销轴、紧固件的紧固、连接不符合规范要求,扣5~10分	10		
10		电气安全	未采用 TN-S 接零保护系统供电,扣10分;塔式起重机与架空线路安全距离不符合规范要求,未采取防护措施,扣10分;防护措施不符合规范要求,扣5分;未安装避雷接地装置,扣10分;避雷接地装置不符合规范要求,扣5分;电缆使用及固定不符合规范要求,扣5分	10		
	小计			40		
	检查项目合计			100		

表 8-18　起重吊装检查评分表

序号	检查项目		扣分标准	应得分数	扣减分数	实得分数
1	保证项目	施工方案	未编制专项施工方案或专项施工方案未经审核、审批,扣10分;超规模的起重吊装专项施工方案未按规定组织专家论证,扣10分	10		
2		起重机械	未安装荷载限制装置或不灵敏,扣10分;未安装行程限位装置或不灵敏,扣10分;起重拔杆组装不符合设计要求,扣10分;起重拔杆组装后未履行验收程序或验收表无责任人签字,扣5~10分	10		
3		钢丝绳与地锚	钢丝绳磨损、断丝、变形、锈蚀达到报废标准,扣10分;钢丝绳规格不符合起重机产品说明书要求,扣10分;吊钩、卷筒、滑轮磨损达到报废标准,扣10分;吊钩、卷筒、滑轮未安装钢丝绳防脱装置,扣5~10分;起重拔杆的缆风绳、地锚设置不符合设计要求,扣8分	10		
4		索具	索具采用编结连接时,编结部分的长度不符合规范要求,扣10分;索具采用绳夹连接时,绳夹的规格、数量及绳夹间距不符合规范要求,扣5~10分;索具安全系数不符合规范要求,扣10分;吊索规格不匹配或机械性能不符合设计要求,扣5~10分	10		
5		作业环境	起重机行走作业处地面承载能力不符合产品说明书要求或未采用有效加固措施,扣10分;起重机与架空线路安全距离不符合规范要求,扣10分	10		
6		作业人员	起重机司机无证操作或操作证与操作机型不符,扣5~10分;未设置专职信号指挥和司索人员,扣10分;作业前未按规定进行安全技术交底或交底未形成文字记录,扣5~10分	10		
	小计			60		

序号	检查项目		扣分标准	应得分数	扣减分数	实得分数
7	一般项目	起重吊装	多台起重机同时起吊一个构件时,单台起重机所承受的荷载不符合专项施工方案要求,扣 10 分;吊索系挂点不符合专项施工方案要求,扣 5 分;起重机作业时起重臂下有人停留或吊运重物从人的正上方通过,扣 10 分;起重机吊具载运人员,扣 10 分;吊运易散物件不使用吊笼,扣 6 分	10		
8		高处作业	未按规定设置高处作业平台,扣 10 分;高处作业平台设置不符合规范要求,扣 5～10 分;未按规定设置爬梯或爬梯的强度、构造不符合规范要求,扣 5～8 分;未按规定设置安全带悬挂点,扣 8 分	10		
9		构件码放	构件码放荷载超过作业面承载能力,扣 10 分;构件码放高度超过规定要求,扣 4 分;大型构件码放无稳定措施,扣 8 分	10		
10		警戒监护	未按规定设置作业警戒区,扣 10 分;警戒区未设专人监护,扣 5 分	10		
	小计			40		
	检查项目合计			100		

表 8-19　施工机具检查评分表

序号	检查项目	扣分标准	应得分数	扣减分数	实得分数
1	平刨	平刨安装后未履行验收程序,扣 5 分;未设置护手安全装置,扣 5 分;传动部位未设置防护罩,扣 5 分;未做保护接零或未设置漏电保护器,扣 10 分;未设置安全作业棚,扣 6 分;使用多功能木工机具,扣 10 分	10		
2	圆盘锯	圆盘锯安装后未履行验收程序,扣 5 分;未设置锯盘护罩、分料器、防护挡板安全装置和传动部位未设置防护罩,每处扣 3 分;未做保护接零或未设置漏电保护器,扣 10 分;未设置安全作业棚,扣 6 分;使用多功能木工机具,扣 10 分	10		
3	手持电动工具	Ⅰ类手持电动工具未采取保护接零或未设置漏电保护器,扣 8 分;使用Ⅰ类手持电动工具不按规定穿戴绝缘用品,扣 6 分;手持电动工具随意接长电源线,扣 4 分	8		
4	钢筋机械	机械安装后未履行验收程序,扣 5 分;未做保护接零或未设置漏电保护器,扣 10 分;钢筋加工区未设置作业棚,钢筋对焊作业区未采取防止火花飞溅措施或冷拉作业区未设置防护栏板,每处扣 5 分;传动部位未设置防护罩,扣 5 分	10		
5	电焊机	电焊机安装后未履行验收程序,扣 5 分;未做保护接零或未设置漏电保护器,扣 10 分;未设置二次空载降压保护器,扣 10 分;一次线长度超过规定或未进行穿管保护,扣 3 分;二次线未采用防水橡皮护套铜芯软电缆,扣 10 分;二次线长度超过规定或绝缘层老化,扣 3 分;电焊机未设置防雨罩或接线柱未设置防护罩,扣 5 分	10		
6	搅拌机	搅拌机安装后未履行验收程序,扣 5 分;未做保护接零或未设置漏电保护器,扣 10 分;离合器、制动器、钢丝绳达不到规定要求,每项扣 5 分;上料斗未设置安全挂钩或止挡装置,扣 5 分;传动部位未设置防护罩,扣 4 分;未设置安全作业棚,扣 6 分	10		
7	气瓶	气瓶未安装减压器,扣 8 分;乙炔瓶未安装回火防止器,扣 8 分;气瓶间距小于 5m 或与明火距离小于 10m 未采取隔离措施,扣 8 分;气瓶未设置防震圈和防护帽,扣 2 分;气瓶存放不符合要求,扣 4 分	8		

续表

序号	检查项目	扣分标准	应得分数	扣减分数	实得分数
8	翻斗车	翻斗车制动,转向装置不灵敏,扣5分;驾驶员无证操作,扣8分;行车载人或违章行车,扣8分	8		
9	潜水泵	未做保护接零或未设置漏电保护器,扣6分;负荷线未使用专用防水橡皮电缆,扣6分;负荷线有接头,扣3分	6		
10	振捣器	未作保护接零或未设置漏电保护器,扣8分;未使用移动式配电箱,扣4分;电缆线长度超过30m,扣4分;操作人员未穿戴绝缘防护用品,扣8分	8		
11	桩工机械	机械安装后未履行验收程序,扣10分;作业前未编制专项施工方案或未按规定进行安全技术交底,扣10分;安全装置不齐全或不灵敏,扣10分;机械作业区域地面承载力不符合规定要求或未采取有效硬化措施,扣12分;机械与输电线路安全距离不符合规范要求,扣12分	12		
	检查项目合计		100		

表 8-20　建筑施工安全检查评分汇总表

企业名称:　　　　　　　　　　　　　资质等级:　　　　　　　　　　　年　月　日

单位工程(施工现场)名称	建筑面积/m²	结构类型	总计得分(满分100分)	项目名称及分值									
				安全管理(满分10分)	文明施工(满分15分)	脚手架(满分10分)	基坑工程(满分10分)	模板支架(满分10分)	高处作业(满分10分)	施工用电(满分10分)	物料提升机、施工升降机(满分10分)	塔式起重机与起重吊装(满分10分)	施工机具(满分5分)
评语:													
检查单位				负责人			受检项目				项目经理		

任务三 **施工现场文明施工和环境管理**

一、建设工程施工现场文明施工的要求

　　文明施工是指保持施工现场良好的作业环境、卫生环境和工作秩序。因此,文明施工也是保护环境的一项重要措施。文明施工主要包括:规范施工现场的场容,保持作业环境的整

洁卫生；科学组织施工，使生产有序进行；减少施工对周围居民和环境的影响；遵守施工现场文明施工的规定和要求，保证职工的安全和身体健康。

文明施工可以适应现代化施工的客观要求，有利于员工的身心健康，有利于培养和提高施工队伍的整体素质，促进企业综合管理水平的提高，提高企业的知名度和市场竞争力。

依据我国相关标准，文明施工的要求主要包括现场围挡、封闭管理、施工场地、材料堆放、现场住宿、现场防火、治安综合治理、施工现场标牌、生活设施、保健急救、社区服务11项内容。总体上应符合以下要求：

（1）有整套的施工组织设计或施工方案，施工总平面布置紧凑，施工场地规划合理，符合环保、市容、卫生的要求；

（2）有健全的施工组织管理机构和指挥系统，岗位分工明确；工序交叉合理，交接责任明确；

（3）有严格的成品保护措施和制度，大小临时设施和各种材料构件、半成品按平面布置堆放整齐；

（4）施工场地平整，道路畅通，排水设施得当，水电线路整齐，机具设备状况良好，使用合理，施工作业符合消防和安全要求；

（5）搞好环境卫生管理，包括施工区、生活区环境卫生和食堂卫生管理；

（6）文明施工应贯穿施工结束后的清场。

实现文明施工，不仅要抓好现场的场容管理，而且还要做好现场材料、机械、安全、技术、保卫、消防和生活卫生等方面的工作。

二、建设工程施工现场文明施工的措施

（一）加强现场文明施工的组织措施

1. 建立文明施工的管理组织

应确立项目经理为现场文明施工的第一责任人，以各专业工程师、施工质量、安全、材料、保卫、后勤等现场项目经理部人员为成员的施工现场文明管理组织，共同负责本工程现场文明施工工作。

2. 健全文明施工的管理制度

包括建立各级文明施工岗位责任制、将文明施工工作考核列入经济责任制，建立定期的检查制度，实行自检、互检、交接检制度，建立奖惩制度，开展文明施工立功竞赛，加强文明施工教育培训等。

（二）落实现场文明施工的各项管理措施

针对现场文明施工的各项要求，落实相应的各项管理措施。

1. 施工平面布置

施工总平面图是现场管理、实现文明施工的依据。施工总平面图应对施工机械设备设置、材料和构配件的堆场、现场加工场地，以及现场临时运输道路、临时供水供电线路和其他临时设施进行合理布置，并随工程实施的不同阶段进行场地布置和调整。

2. 现场围挡、标牌

（1）施工现场必须实行封闭管理，设置进出口大门，制定门卫制度，严格执行外来人员进场登记制度。沿工地四周连续设置围挡，市区主要路段和其他涉及市容景观路段的工地设置围挡的高度不低于2.5m，其他工地的围挡高度不低于1.8m，围挡材料要求坚固、稳定、统一、整洁、美观。

8.3　文明施工现场围挡标牌

（2）施工现场必须设有"五牌一图"，即工程概况牌、管理人员名单及

监督电话牌、消防保卫（防火责任）牌、安全生产牌、文明施工牌和施工现场平面图。

（3）施工现场应合理悬挂安全生产宣传和警示牌，标牌悬挂牢固可靠，特别是主要施工部位、作业点和危险区域以及主要通道口都必须有针对性地悬挂醒目的安全警示牌。

3. 施工场地

（1）施工现场应积极推行硬地坪施工，作业区、生活区主干道地面必须用一定厚度的混凝土硬化，场内其他次道路地面也应硬化处理。

（2）施工现场道路畅通、平坦、整洁，无散落物。

（3）施工现场设置排水系统，排水畅通，不积水。

（4）严禁泥浆、污水、废水外流或堵塞下水道和排水河道。

（5）施工现场适当地方设置吸烟处，作业区内禁止随意吸烟。

（6）积极美化施工现场环境，根据季节变化，适当进行绿化布置。

4. 材料堆放、周转设备管理

（1）建筑材料、构配件、料具必须按施工现场总平面布置图堆放，布置合理。

（2）建筑材料、构配件及其他料具等必须做到安全、整齐堆放（存放），不得超高。堆料分门别类，悬挂标牌，标牌应统一制作，标明名称、品种、规格数量等。

（3）建立材料收发管理制度，仓库、工具间材料堆放整齐，易燃易爆物品分类堆放，专人负责，确保安全。

（4）施工现场建立清扫制度，落实到人，做到工完料尽场地清，车辆进出场应有防泥带出措施。建筑垃圾及时清运，临时存放现场的也应集中堆放整齐、悬挂标牌。不用的施工机具和设备应及时出场。

（5）施工设施、大模板、砖夹等，集中堆放整齐。大模板成对放稳，角度正确。钢模及零配件、脚手扣件分类分规格，集中存放。竹木杂料分类堆放、规则成方、不散不乱、不作他用。

5. 现场生活设施

（1）施工现场作业区与办公、生活区必须明显划分，确因场地狭窄不能划分的，要有可靠的隔离栏防护措施。

（2）宿舍内应确保主体结构安全，设施完好。宿舍周围环境应保持整洁、安全。

（3）宿舍内应有保暖、消暑、防煤气中毒、防蚊虫叮咬等措施。严禁使用煤气灶、煤油炉、电饭煲、热得快、电炒锅、电炉等器具。

（4）食堂应有良好的通风和清洁卫生措施，保持卫生整洁，炊事员持健康证上岗。

（5）建立现场卫生责任制，设卫生保洁员。

（6）施工现场应设固定的男、女简易淋浴室和厕所，并要保证结构稳定、牢固和防风雨，并实行专人管理、及时清扫，保持整洁，要有灭蚊蝇滋生措施。

6. 现场消防、防火管理

（1）现场建立消防管理制度，建立消防领导小组，落实消防责任制和责任人员，做到思想重视、措施跟上、管理到位。

（2）定期对有关人员进行消防教育，落实消防措施。

（3）现场必须有消防平面布置图，临时设施按消防条例有关规定搭设，做到标准规范。

（4）易燃易爆物品堆放间、油漆间、木工间、总配电室等消防防火重点部位要按规定设置灭火机和消防沙箱。并有专人负责，对违反消防条例的有关人员进行严肃处理。

（5）施工现场用明火做到严格按动用明火规定执行，审批手续齐全。

7. 医疗急救的管理

展开卫生防病教育，准备必要的医疗设施，配备经过培训的急救人员，有急救措施、急救器材和保健医药箱。在现场办公室的显著位置张贴急救车和有关医院的电话号码等。

8. 社区服务的管理

建立施工不扰民的措施。现场不得焚烧有毒、有害物质等。

9. 治安管理

（1）建立现场治安保卫领导小组，由专人管理。

（2）新入场的人员做到及时登记，做到合法用工。

（3）按照治安管理条例和施工现场的治安管理规定搞好各项管理工作。

（4）建立门卫值班管理制度，严禁无证人员和其他闲杂人员进入施工现场。

（三）建立检查考核制度

对于建设工程文明施工，国家和各地大多制定了标准或规定，也有比较成熟的经验。在实际工作中，项目应结合相关标准和规定建立文明施工考核制度，推进各项文明施工措施的落实。

（四）抓好文明施工建设工作

（1）建立宣传教育制度。现场宣传安全生产、文明施工、国家大事、社会形势、企业精神、好人好事等。

（2）坚持以人为本，加强管理人员和班组文明建设。教育职工遵纪守法，提高企业整体管理水平和文明素质。

（3）主动与有关单位配合，积极开展共建文明活动，树立企业良好的社会形象。

三、建设工程施工现场环境保护的要求

建设工程项目必须满足有关环境保护法律法规的要求，在施工过程中注意环境保护对企业发展、员工健康和社会文明的重要意义。

环境保护是按照法律法规、各级主管部门和企业的要求，保护和改善作业现场的环境，控制现场的各种粉尘、废水、废气、固体废弃物、噪声、振动等对环境的污染和危害。环境保护也是文明施工的重要内容之一。

（1）根据《中华人民共和国环境保护法》和《中华人民共和国环境影响评价法》的有关规定，建设工程项目对环境保护的基本要求如下。

① 涉及依法划定的自然保护区、风景名胜区、生活饮用水水源保护区及其他需要特别保护的区域时，应当符合国家有关法律法规及该区域内建设工程项目环境管理的规定，不得建设污染环境的工业生产设施；建设的工程项目设施的污染物排放不得超过规定的排放标准。

② 开发利用自然资源的项目，必须采取措施保护生态环境。

③ 建设工程项目选址、选线、布局应当符合区域、流域规划和城市总体规划。

④ 应满足项目所在区域环境质量、相应环境功能区划和生态功能区划标准或要求。

⑤ 拟采取的污染防治措施应确保污染物排放达到国家和地方规定的排放标准，满足污染物总量控制要求；涉及可能产生放射性污染的，应采取有效预防和控制放射性污染措施。

⑥ 建设工程应当采用节能、节水等有利于环境与资源保护的建筑设计方案、建筑材料、装修材料、建筑构配件及设备。建筑材料和装修材料必须符合国家标准。禁止生产、销售和使用有毒、有害物质超过国家标准的建筑材料和装修材料。

⑦ 尽量减少建设工程施工中所产生的干扰周围生活环境的噪声。

⑧ 应采取生态保护措施，有效预防和控制生态破坏。

⑨ 对环境可能造成重大影响、应当编制环境影响报告书的建设工程项目，可能严重影

响项目所在地居民生活环境质量的建设工程项目，以及存在重大意见分歧的建设工程项目，环保部门可以举行听证会，听取有关单位、专家和公众的意见，并公开听证结果，说明对有关意见采纳或不采纳的理由。

⑩ 建设工程项目中防治污染的设施，必须与主体工程同时设计、同时施工、同时投产使用。防治污染的设施必须经原审批环境影响报告书的环境保护行政主管部门验收合格后，该建设工程项目方可投入生产或者使用。

⑪ 禁止引进不符合我国环境保护规定要求的技术和设备。

⑫ 任何单位不得将产生严重污染的生产设备转移给没有污染防治能力的单位使用。

（2）《中华人民共和国海洋环境保护法》规定：在进行海岸工程建设和海洋石油勘探开发时，必须依照法律的规定，防止对海洋环境的污染损害。

四、建设工程施工现场环境保护的措施

工程建设过程中的污染主要包括对施工场界内的污染和对周围环境的污染。对施工场界内的污染防治属于职业健康安全问题，而对周围环境的污染防治是环境保护的问题。

建设工程环境保护措施主要包括大气污染的防治、水污染的防治、噪声污染的防治、固体废物的处理以及文明施工措施等。

（一）大气污染的防治

1. 大气污染物的分类

大气污染物的种类有数千种，已发现有危害作用的有 100 多种，其中大部分是有机物。大气污染物通常以气体状态和粒子状态存在于空气中。

2. 施工现场空气污染的防治措施

（1）施工现场垃圾渣土要及时清理出现场。

（2）高大建筑物清理施工垃圾时，要使用封闭式的容器或者采取其他措施处理高空废弃物，严禁凌空随意抛撒。

（3）施工现场道路应指定专人定期洒水清扫，形成制度，防止道路扬尘。

（4）对于细颗粒散体材料（如水泥、粉煤灰、白灰等）的运输、储存要注意遮盖、密封，防止和减少飞扬。

（5）车辆开出工地要做到不带泥沙，基本做到不洒土、不扬尘，减少对周围环境污染。

（6）除设有符合规定的装置外，禁止在施工现场焚烧油毡、橡胶、塑料、皮革、树叶、枯草、各种包装物等废弃物品以及其他会产生有毒、有害烟尘和恶臭气体的物质。

（7）机动车都要安装减少尾气排放的装置，确保符合国家标准。

（8）工地茶炉应尽量采用电热水器。若只能使用烧煤茶炉和锅炉时，应选用消烟除尘型茶炉和锅炉，人灶应选用消烟节能回风炉灶，使烟尘降至允许排放范围为止。

（9）大城市市区的建设工程已不容许搅拌混凝土。在容许设置搅拌站的工地，应将搅拌站封闭严密，并在进料仓上方安装除尘装置，采用可靠措施控制工地粉尘污染。

（10）拆除旧建筑物时，应适当洒水，防止扬尘。

（二）水污染的防治

1. 水污染物主要来源

（1）工业污染源：指各种工业废水向自然水体的排放。

（2）生活污染源：主要有食物废渣、食油、粪便、合成洗涤剂、杀虫剂、病原微生物等。

（3）农业污染源：主要有化肥、农药等。

施工现场废水和固体废物随水流流入水体部分，包括泥浆、水泥、油漆、各种油类、混凝土添加剂、重金属、酸碱盐、非金属无机毒物等。

2. 施工过程水污染的防治措施

（1）禁止将有毒有害废弃物作土方回填。

（2）施工现场搅拌站废水、现制水磨石的污水、电石（碳化钙）的污水必须经沉淀池沉淀合格后再排放，最好将沉淀水用于工地洒水降尘或采取措施回收利用。

（3）现场存放油料，必须对库房地面进行防渗处理，如采用防渗混凝土地面、铺油毡等措施。使用时，要采取防止油料跑、冒、滴、漏的措施，以免污染水体。

（4）施工现场100人以上的临时食堂，污水排放时可设置简易有效的隔油池，定期清理，防止污染。

（5）工地临时厕所、化粪池应采取防渗漏措施。中心城市施工现场的临时厕所可采用水冲式厕所，并有防蝇灭蛆措施，防止污染水体和环境。

（6）化学用品、外加剂等要妥善保管，库内存放，防止污染环境。

（三）噪声污染的防治

1. 噪声的分类与危害

按噪声来源可分为交通噪声（如汽车、火车、飞机等）、工业噪声（如鼓风机、汽轮机、冲压设备等）、建筑施工的噪声（如打桩机、推土机、混凝土搅拌机等发出的声音）、社会生活噪声（如高音喇叭、收音机等）。为防止噪声扰民，应控制人为强噪声。

根据国家标准《建筑施工场界环境噪声排放标准》（GB 12523—2011）的要求，建筑施工过程中场界环境噪声不得超过表 8-21 规定的排放限值。

表 8-21　建筑施工场界环境噪声排放限值　　　　　　　　　单位：dB(A)

昼间	夜间
70	55

2. 施工现场噪声的控制措施

噪声控制技术可从声源控制、传播途径控制、接收者防护等方面来考虑。

（1）声源控制

① 声源上降低噪声，这是防止噪声污染的最根本的措施。

② 尽量采用低噪声设备和加工工艺代替高噪声设备与加工工艺，如低噪声振捣器、风机、电动空压机、电锯等。

③ 在声源处安装消声器消声，即在通风机、鼓风机、压缩机、燃气机、内燃机及各类排气放空装置等进出风管的适当位置设置消声器。

（2）传播途径的控制

① 吸声：利用吸声材料（大多由多孔材料制成）或由吸声结构形成的共振结构（金属或木质薄板钻孔制成的空腔体）吸收声能，降低噪声。

② 隔声：应用隔声结构，阻碍噪声向空间传播，将接收者与噪声声源分隔。隔声结构包括隔声室、隔声罩、隔声屏障、隔声墙等。

③ 消声：利用消声器阻止传播。允许气流通过的消声降噪是防治空气动力性噪声的主要装置。如对空气压缩机、内燃机产生的噪声等。

④ 减振降噪：对来自振动引起的噪声，通过降低机械振动减小噪声，如将阻尼材料涂在振动源上，或改变振动源与其他刚性结构的连接方式等。

（3）接收者的防护　让处于噪声环境下的人员使用耳塞、耳罩等防护用品，减少相关人员在噪声环境中的暴露时间，以减轻噪声对人体的危害。

（4）严格控制人为噪声

① 进入施工现场不得高声喊叫、无故甩打模板、乱吹哨，限制高音喇叭的使用，最大限度地减少噪声扰民。

② 凡在人口稠密区进行强噪声作业时，必须严格控制作业时间，一般晚 10 点到次日早 6 点之间停止强噪声作业。确系特殊情况必须昼夜施工时，尽量采取降低噪声措施，并会同建设单位找当地居委会、村委会或当地居民协调，出安民告示，求得群众谅解。

（四）固体废物的处理

1. 建设工程施工工地上常见的固体废物

（1）建筑渣土：包括砖瓦、碎石、渣土、混凝土碎块、废钢铁、碎玻璃、废屑、废弃装饰材料等；

（2）废弃的散装大宗建筑材料：包括水泥、石灰等；

（3）生活垃圾：包括炊厨废物、丢弃食品、废纸、生活用具、玻璃、陶瓷碎片、废电池、废日用品、废塑料制品、煤灰渣、废交通工具等；

（4）设备、材料等的包装材料；

（5）粪便。

2. 固体废物的处理和处置

固体废物处理的基本思想是：采取资源化、减量化和无害化的处理，对固体废物产生的全过程进行控制。固体废物的主要处理方法如下。

（1）回收利用　回收利用是对固体废物进行资源化、减量化的重要手段之一。粉煤灰在建设工程领域的广泛应用就是对固体废弃物进行资源化利用的典型范例。又如发达国家炼钢原料中有 70% 是利用回收的废钢铁，所以，钢材可以看成是可再生利用的建筑材料。

（2）减量化处理　减量化是对已经产生的固体废物进行分选、破碎、压实浓缩、脱水等减少其最终处置量，减低处理成本，减少对环境的污染。在减量化处理的过程中，也包括和其他处理技术相关的工艺方法，如焚烧、热解、堆肥等。

（3）焚烧　焚烧用于不适合再利用且不宜直接予以填埋处置的废物，除有符合规定的装置外，不得在施工现场熔化沥青和焚烧油毡、油漆，亦不得焚烧其他可产生有毒有害和恶臭气体的废弃物。垃圾焚烧处理应使用符合环境要求的处理装置，避免对大气的二次污染。

（4）稳定和固化　利用水泥、沥青等胶结材料，将松散的废物胶结包裹起来，减少有害物质从废物中向外迁移、扩散，使得废物对环境的污染减少。

（5）填埋　填埋是固体废物经过无害化、减量化处理的废物残渣集中到填埋场进行处置。禁止将有毒有害废弃物现场填埋，填埋场应利用天然或人工屏障。尽量使需处置的废物与环境隔离；并注意废物的稳定性和长期安全性。

任务四　职业健康安全与环境管理体系标准

管理体系是用来建立方针和目标，并进而实现这些目标的一系列相互关联的要素的集合。管理体系包括组织结构、策划活动、职责、惯例、程序、过程和资源。

一、《职业健康安全管理体系》的结构、要素和运行模式

《职业健康安全管理体系》是企业总体管理体系的一部分。作为我国推荐性标准的《职业健康安全管理体系》标准，目前被企业普遍采用，用以建立职业健康安全管理体系。该标

准覆盖了国际上的 ISO 45001:2018 体系标准。即:《职业健康安全管理体系 要求及使用指南》(GB/T 45001—2020)。根据《职业健康安全管理体系 要求及使用指南》(GB/T 45001—2020)定义,职业健康安全是指影响工作场所内的员工、临时工作人员、合同方人员、访问者和其他人员健康安全的条件和因素。

1. 职业健康安全管理体系的结构

《职业健康安全管理体系 要求及使用指南》(GB/T 45001—2020)有关职业健康安全管理体系的结构图如表 8-22 所示。从中可以看出,该标准由"范围""规范性引用文件""术语和定义""组织所处的环境""领导作用和工作人员参与""策划""支持""运行""绩效评价"和"改进"十部分组成。

表 8-22 职业健康安全管理体系结构图

1 范围		
2 规范性引用文件		
3 术语和定义		
4 组织所处的环境		
4.1 理解组织及其所处的环境		
4.2 理解工作人员和其他相关方的需求和期望		
4.3 确定职业健康安全管理体系的范围		
4.4 职业健康安全管理体系		
5 领导作用和工作人员参与		
5.1 领导作用与承诺		
5.2 职业健康安全方针		
5.3 组织的角色、职责和权限		
5.4 工作人员的协商和参与		
6 策划		
6.1 应对风险和机遇的措施	6.1.1 总则	
	6.1.2 危险源辨识及风险和机遇评价	
	6.1.3 法律法规要求和其他要求的确定	
	6.1.4 措施的策划	
6.2 职业健康安全目标及其实现的策划		
7 支持		
7.1 资源		
7.2 能力		
7.3 意识		
7.4 沟通		
7.5 文件化信息		
8 运行		
8.1 运行策划和控制	8.1.1 总则	
	8.1.2 消除危险源和降低职业健康安全风险	
	8.1.3 变更管理	
	8.1.4 采购	

续表

8.2	应急准备和响应		
9	绩效评价		
9.1	监视、测量、分析和评价绩效	9.1.1	总则
		9.1.2	合规性评价
9.2	内部审核		
9.3	管理评审		
10	改进		
10.1	总则		
10.2	事件、不符合和纠正措施		
10.3	持续改进		

　　"范围"中指出了管理体系标准中的一般要求，规定了职业健康安全管理体系的要求。其应用程度取决于组织的职业健康安全方针、活动性质、运行的风险与复杂性等因素。本标准针对的是职业健康安全，而非产品和服务安全。

2. 职业健康安全管理体系的要素及其相互关系

　　在职业健康安全管理体系中，共有15个运作要素，这些要素的相互关系、相互作用共同有机地构成了职业健康安全管理体系的一个整体。

　　组织实施职业健康安全管理体系的目的是辨识组织内部存在的危险源，控制其所带来的风险，从而避免或减少事故的发生。风险控制主要通过两个步骤来实现，对于组织不可接受的风险，通过目标、管理方案的实施，来消除或降低其风险；对可接受风险，要通过运行控制使其得到控制。职业健康安全风险是否按要求得到有效控制，还需要通过不断的监视、测量和分析，对其进行检查，从而保证职业健康安全风险控制活动得到有效的实施。因此，职业健康安全管理体系标准的6.1.2危险源辨识及风险和机遇评价，6.2职业健康安全目标及其实现的策划，8.1运行策划和控制，9.1监视、测量、分析和评价绩效，这些要素成为职业健康安全管理体系的一条主线，其他要素围绕这条主线展开，起到支持、指导、控制这条主线的作用。

　　上述职业健康安全管理体系要素间的逻辑关系，可用一个简单的逻辑图表示，如图8-2

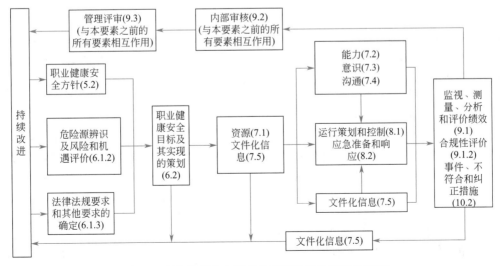

图 8-2　职业健康安全管理体系要素间的逻辑关系图

所示。

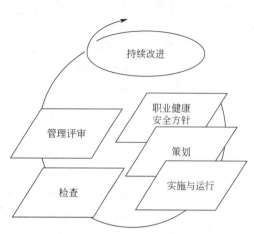

图 8-3　职业健康安全管理体系运行模式

3. 职业健康安全管理体系的运行模式

职业健康安全管理体系适用于任何类型和规模的组织，并与不同的地理、文化和社会条件相适应。为适应现代职业健康安全的需要，《职业健康安全管理体系　要求及使用指南》（GB/T 45001—2020）在确定职业健康安全管理体系模式时，强调按系统理论管理职业健康安全及其相关事务，以达到预防和减少生产事故和劳动疾病的目的。具体采用了系统化的戴明模型，即"策划-实施-检查-改进"，简称 PDCA 循环，这是一个动态循环并螺旋上升的系统化管理模式。职业健康安全管理体系运行模式如图 8-3 所示。

关于 PDCA 的含义，简要说明如下：

P-策划：建立所需的目标和过程，以实现组织的职业健康安全方针所期望的结果。

D-实施：对过程予以实施。

C-检查：依据职业健康安全方针、目标、法律法规和其他要求，对过程进行监视和测量，并报告结果。

A-改进：采取措施以持续改进职业健康安全绩效。

职业健康安全管理体系的成功实施依赖于组织各层次和职能的承诺，特别是最高管理者的承诺。这种体系使组织能够制定其职业健康安全方针，建立实现方针承诺的目标和过程，为改进体系绩效并证实其符合 GB/T 45001 要求而采取必要的措施。

二、《环境管理体系》的结构、要素和运行模式

随着全球经济的发展，人类赖以生存的环境不断恶化，20 世纪 80 年代，联合国组建了世界环境与发展委员会，提出了"可持续发展"的观点。国际标准化制定的 ISO 14000 体系标准，被我国等同采用。即：《环境管理体系　要求及使用指南》（GB/T 24001—2016）；《环境管理体系　通用实施指南》（GB/T 24004—2017）。

根据《环境管理体系　要求及使用指南》（GB/T 24001—2016），环境是指"组织运行活动的外部存在，包括空气、水、土地、自然资源、植物、动物、人，以及它（他）们之间的相互关系"。这个定义是以组织运行活动为主体，其外部存在主要是指人类认识到的、直接或间接影响人类生存的各种自然因素及它（他）们之间的相互关系。从这一意义上，外部存在从组织内延伸到全球系统。

1. 环境管理体系的结构

组织在环境管理中，应建立环境管理的方针和目标，识别与组织运行活动有关的危险源及其危险，通过环境影响评价，对可能产生重大环境影响的环境因素采取措施进行管理和控制。

根据《环境管理体系　要求及使用指南》（GB/T 24001—2016），组织应根据本标准的要求建立环境管理体系，形成文件，实施、保持和持续改进环境管理体系，并确定它将如何实现这些要求。组织应确定环境管理体系覆盖的范围并形成文件。

《环境管理体系　要求及使用指南》（GB/T 24001—2016）的结构图如表 8-23 所示。该标准由"范围""规范性引用文件""术语和定义""组织所处的环境""领导作用""策划""支持""运行""绩效评价"和"改进"十部分组成。

表 8-23　《环境管理体系 要求及使用指南》结构图

1　范围	
2　规范性引用文件	
3　术语和定义	
3.1　与组织和领导作用有关的术语	
3.2　与策划有关的术语	
3.3　与支持和运行有关的术语	
3.4　与绩效评价和改进有关的术语	
4　组织所处的环境	
4.1　理解组织及其所处的环境	
4.2　理解相关方的需求和期望	
4.3　确定环境管理体系的范围	
4.4　环境管理体系	
5　领导作用	
5.1　领导作用与承诺	
5.2　环境方针	
5.3　组织的角色、职责和权限	
6　策划	
6.1　应对风险和机遇的措施	6.1.1　总则
	6.1.2　环境因素
	6.1.3　合规义务
	6.1.4　措施的策划
6.2　环境目标及其实现的策划	6.2.1　环境目标
	6.2.2　实现环境目标措施的策划
7　支持	
7.1　资源	
7.2　能力	
7.3　意识	
7.4　信息交流	7.4.1　总则
	7.4.2　内部信息交流
	7.4.3　外部信息交流
7.5　文件化信息	7.5.1　总则
	7.5.2　创建和更新
	7.5.3　文件化信息控制
8　运行	
8.1　运行策划和控制	
8.2　应急准备和响应	
9　绩效评价	
9.1　监视、测量、分析和评价	9.1.1　总则
	9.1.2　合规性评价

续表

9.2 内部审核	9.2.1 总则	
	9.2.2 内部审核方案	
9.3 管理评审		
10 改进		
10.1 总则		
10.2 不符合和纠正措施		
10.3 持续改进		

2. 环境管理体系的要素及其相互关系

从 18 个要素的内容及其内在关系来看，逻辑关系如图 8-4 所示。从图 8-4 中可以看出，体系中的一部分要素构成主体框架，是体现其基本功能的核心要素，另一部分是对主体框架起支持作用，是实现基本功能，保证辅助性要素的作用。

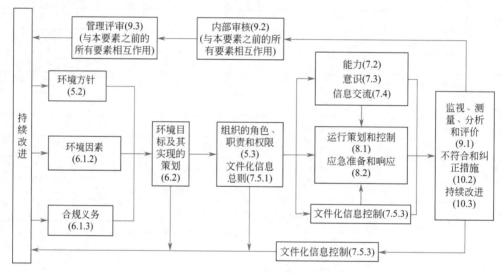

图 8-4 环境管理体系要素间的逻辑关系图

核心要素有 10 个，包括环境方针，环境因素，合规义务，环境目标及其实现的策划，组织的角色、职责和权限，运行策划和控制，监测、测量、分析和评价，合规性评价，内部审核，管理评审。其余要素为辅助性要素。

3. 环境管理体系的运行模式

环境管理体系适用于任何类型与规模的组织，并适用于各种地理、文化和社会条件。其运行模式如图 8-5 所示，该模式为环境管理体系提供了一套系统化的方法，指导其组织合理有效地推行其环境管理工作。该模式是由"策划、实施、检查、改进"构成的动态循环过程，与戴明模型 PDCA 循环模式是一致的。

环境管理体系的成功实施有赖于组织中

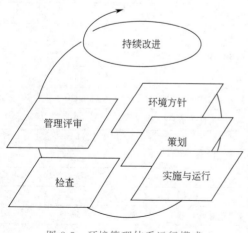

图 8-5 环境管理体系运行模式

各个层次与职能的承诺，特别是最高管理者的承诺。这样一个体系可供组织制定其环境方针，建立实现所承诺的方针的目标和过程，采取必要的措施来改进环境绩效。

三、职业健康安全与环境管理的特点和要求

1. 建设工程职业健康安全与环境管理的特点

依据建设工程产品的特性，建设工程职业健康安全与环境管理有以下特点。

（1）复杂性　建设项目的职业健康安全和环境管理涉及大量的露天作业，受到气候条件、工程地质和水文地质、地理条件和地域资源等不可控因素的影响较大。

（2）多变性　一方面是项目建设现场材料、设备和工具的流动性大；另一方面由于技术进步，项目不断引入新材料、新设备和新工艺，这都加大了相应的管理难度。

（3）协调性　项目建设涉及的工种甚多，包括大量的高空作业、地下作业、用电作业、爆破作业、施工机械、起重作业等较危险的工程，并且各工种经常需要交叉或平行作业。

（4）持续性　项目建设一般具有建设周期长的特点，从设计、实施直至投产阶段，诸多工序环环相扣。前一道工序的隐患，可能在后续的工序中暴露，酿成安全事故。

（5）经济性　产品的时代性、社会性与多样性决定环境管理的经济性。

2. 建设工程职业健康安全与环境管理的要求

（1）建设工程项目决策阶段　建设单位应按照有关建设工程法律法规的规定和强制性标准的要求，办理各种有关安全与环境保护方面的审批手续。对需要进行环境影响评价或安全预评价的建设工程项目，应组织或委托有相应资质的单位进行建设工程项目环境影响评价和安全预评价。

（2）工程设计阶段　设计单位应按照有关建设工程法律法规的规定和强制性标准的要求，进行环境保护设施和安全设施的设计，防止因设计考虑不周而导致生产安全事故的发生或对环境造成不良影响。

在进行工程设计时，设计单位应当考虑施工安全和防护需要，对涉及施工安全的重点部分和环节在设计文件中应进行注明，并对防范生产安全事故提出指导意见。

对于采用新结构、新材料、新工艺的建设工程和特殊结构的建设工程，设计单位应在设计中提出保障施工作业人员安全和预防生产安全事故的措施建议。

在工程总概算中，应明确工程安全环保设施费用、安全施工和环境保护措施费等。

设计单位和注册建筑师等执业人员应当对其设计负责。

（3）工程施工阶段　建设单位在申请领取施工许可证时，应当提供建设工程有关安全施工措施的资料。

对于依法批准开工报告的建设工程，建设单位应当自开工报告批准之日起 15 日内，将保证安全施工的措施报送建设工程所在地的县级以上人民政府建设行政主管部门或者其他有关部门备案。

对于应当拆除的工程，建设单位应当在拆除工程施工 15 日前，将拆除施工单位资质等级证明，拟拆除建筑物、构筑物及可能涉及毗邻建筑的说明，拆除施工组织方案，堆放、清除废弃物的措施的资料报送建设工程所在地的县级以上的地方人民政府主管部门或者其他有关部门备案。

施工企业在其经营生产的活动中必须对本企业的安全生产负全面责任。企业的代表人是安全生产的第一负责人，项目经理是施工项目生产的主要负责人。施工企业应当具备安全生产的资质条件，取得安全生产许可证的施工企业应设立安全机构，配备合格的安全人员，提供必要的资源；要建立健全职业健康安全体系以及有关的安全生产责任制和各项安全生产规

章制度。对项目要编制切合实际的安全生产计划，制定职业健康安全保障措施；实施安全教育培训制度，不断提高员工的安全意识和安全生产素质。

建设工程实行总承包的，由总承包单位对施工现场的安全生产负总责并自行完成工程主体结构的施工。分包单位应当接受总承包单位的安全生产管理，分包合同中应当明确各自的安全生产方面的权利、义务。分包单位不服从管理导致生产安全事故的，由分包单位承担主要责任，总承包和分包单位对分包工程的安全生产承担连带责任。

（4）项目验收试运行阶段　项目竣工后，建设单位应向审批建设工程项目环境影响报告书、环境影响报告或者环境影响登记表的环境保护行政主管部门申请，对环保设施进行竣工验收。环保行政主管部门应在收到申请环保设施竣工验收之日起 30 日内完成验收。验收合格后，才能投入生产和使用。

对于需要试生产的建设工程项目，建设单位应当在项目投入试生产之日起 3 个月内向环保行政主管部门申请对其项目配套的环保设施进行竣工验收。

四、职业健康安全与环境管理体系的建立与运行

1. 职业健康安全与环境管理体系的建立步骤

（1）领导决策　最高管理者亲自决策，以便获得各方面的支持和在体系建立过程中所需的资源保证。

（2）成立工作组　最高管理者或授权管理者代表成立工作小组负责建立体系。工作小组的成员要覆盖组织的主要职能部门，组长最好由管理者代表担任，以保证小组对人力、资金、信息的获取。

（3）人员培训　培训的目的是使有关人员了解建立体系的重要性，了解标准的主要思想和内容。

（4）初始状态评审　初始状态评审是对组织过去和现在的职业健康安全与环境的信息、状态进行收集、调查分析、识别和获取现有的适用的法律法规和其他要求，进行危险源辨识和风险评价、环境因素识别和重要环境因素评价。评审的结果将作为确定职业健康安全与环境方针、制定管理方案、编制体系文件的基础。初始状态评审的内容包括：

① 辨识工作场所中的危险源和环境因素；

② 明确适用的有关职业健康安全与环境法律、法规和其他要求；

③ 评审组织现有的管理制度，并与标准进行对比；

④ 评审过去的事故，进行分析评价，以及检查组织是否建立了处罚和预防措施；

⑤ 了解相关方对组织在职业健康安全与环境管理工作的看法和要求。

（5）制定方针、目标、指标和管理方案　方针是组织对其职业健康安全与环境行为的原则和意图的声明，也是组织自觉承担其责任和义务的承诺。方针不仅为组织确定了总的指导方向和行动准则，而且是评价一切后续活动的依据，并为更加具体的目标和指标提供一个框架。

职业健康安全及环境目标、指标的制定是组织为了实现其在职业健康安全及环境方针中所体现出的管理理念及其对整体绩效的期许与原则，与企业的总目标相一致，目标和指标制定的依据和准则为：

① 依据并符合方针；

② 考虑法律、法规和其他要求；

③ 考虑自身潜在的危险和重要环境因素；

④ 考虑商业机会和竞争机遇；

⑤ 考虑可实施性；

⑥ 考虑监测考评的现实性；

⑦ 考虑相关方的观点。

管理方案是实现目标、指标的行动方案。为保证职业健康安全和环境管理体系目标的实现，需结合年度管理目标和企业客观实际情况，策划制定职业健康安全和环境管理方案，方案中应明确旨在实现目标指标的相关部门的职责、方法、时间表以及资源的要求。

（6）管理体系策划与设计　体系策划与设计是依据制定的方针、目标和指标、管理方案确定组织机构职责和筹划各种运行程序。文件策划的主要工作有：

① 确定文件结构；

② 确定文件编写格式；

③ 确定各层文件名称及编号；

④ 制定文件编写计划；

⑤ 安排文件的审查、审批和发布工作。

（7）体系文件编写　体系文件包括管理手册、程序文件、作业文件三个层次。

1）体系文件编写的原则。职业健康安全与环境管理体系是系统化、结构化、程序化的管理体系，是遵循 PDCA 管理模式并以文件支持的管理制度和管理办法。

体系文件编写应遵循以下原则：标准要求的要写到、文件写到的要做到、做到的要有有效记录。

2）管理手册的编写。管理手册是对组织整个管理体系的整体性描述，它为体系的进一步展开以及后续程序文件的制定提供了框架要求和原则规定，是管理体系的纲领性文件。手册可使组织的各级管理者明确体系概况，了解各部门的职责权限和相互关系，以便统一分工和协调管理。

管理手册除了反映了组织管理体系需要解决的问题所在，也反映出了组织的管理思路和理念。同时也向组织内外部人员提供了查询所需文件和记录的途径，相当于体系文件的索引。

其主要内容包括：

① 方针、目标、指标、管理方案；

② 管理、运行、审核和评审工作人员的主要职责、权限和相互关系；

③ 关于程序文件的说明和查询途径；

④ 关于管理手册的管理、评审和修订工作的规定。

3）程序文件的编写。程序文件的编写应符合以下要求：

① 程序文件要针对需要编制程序文件体系的管理要素。

② 程序文件的内容可按"4W1H"的顺序和内容来编写，即明确程序中管理要素由谁做（who），什么时间做（when），在什么地点做（where），做什么（what），怎么做（how）。

③ 程序文件一般格式可按照目的和适用范围、引用的标准及文件、术语和定义、职责、工作程序、报告和记录的格式以及相关文件等的顺序来编写。

4）作业文件的编制。作业文件是指管理手册、程序文件之外的文件，一般包括作业指导书（操作规程）、管理规定、监测活动准则及程序文件引用的表格。其编写的内容和格式与程序文件的要求基本相同。在编写之前应对原有的作业文件进行清理，摘其有用，删除无关。

（8）文件的审查、审批和发布　文件编写完成后应进行审查，经审查、修改、汇总后进行审批，然后发布。

2. 职业健康安全管理体系与环境管理体系的运行

（1）管理体系的运行　体系运行是指按照已建立体系的要求实施，其实施的重点围绕培训意识和能力，信息交流，文件管理，执行控制程序，监测，不符合、纠正和预防措施，记录等活动推进体系的运行工作。上述运行活动简述如下。

1）培训意识和能力。由主管培训的部门根据体系、体系文件（培训意识和能力程序文件）的要求，制定详细的培训计划，明确培训的组织部门、时间、内容、方法和考核要求。

2）信息交流。信息交流是确保各要素构成一个完整的、动态的、持续改进的体系和基础，应关注信息交流的内容和方式。

3）文件管理

① 对现有有效文件进行整理编号，方便查询索引；

② 对适用的规范、规程等行业标准应及时购买补充，对适用的表格要及时发放；

③ 对在内容上有抵触的文件和过期的文件要及时作废并妥善处理。

4）执行控制程序文件的规定。体系的运行离不开程序文件的指导，程序文件及其相关的作业文件在组织内部都具有法定效力，必须严格执行，才能保证体系正确运行。

5）监测。为保证体系正确有效地运行，必须严格监测体系的运行情况。监测中应明确监测的对象和监测的方法。

6）不符合和纠正措施。体系在运行过程中，不符合的出现是不可避免的，包括事故也难免要发生，关键是相应的纠正与预防措施是否及时有效。

7）文件化信息。在体系运行过程中及时按文件要求进行记录，如实反映体系运行情况。

（2）管理体系的维护

1）内部审核。内部审核是组织对其自身的管理体系进行的审核，是对体系是否正常进行以及是否达到了规定的目标所作的独立的检查和评价，是管理体系自我保证和自我监督的一种机制。

内部审核要明确提出审核的方式方法和步骤，形成审核日程计划，并发至相关部门。

2）管理评审。管理评审是由组织的最高管理者对管理体系的系统评价，判断组织的管理体系面对内部情况的变化和外部环境是否充分适应有效，由此决定是否对管理体系作出调整，包括方针、目标、机构和程序等。

管理评审中应注意以下问题：

① 信息输入的充分性和有效性；

② 评审过程充分严谨，应明确评审的内容和对相关信息的收集、整理，并进行充分的讨论和分析；

③ 评审结论应该清楚明了，表述准确；

④ 评审中提出的问题应认真进行整改，不断持续改进。

3）合规性评价。为了履行对合规性承诺，合规性评价分公司级和项目组级评价两个层次进行。

项目组级评价，由项目经理组织有关人员对施工中应遵守的法律法规和其他要求的执行情况进行一次合规性评价。当某个阶段施工时间超过半年时，合规性评价不少于一次。项目工程结束时应针对整个项目工程进行系统的合规性评价。

公司级评价每年进行一次，制定计划后由管理者代表组织企业相关部门和项目组，对公司应遵守的法律法规和其他要求的执行情况进行合规性评价。

各级合规性评价后，对不能充分满足要求的相关活动或行为，通过管理方案或纠正措施等方式进行逐步改进。上述评价和改进的结果，应形成必要的记录和证据，作为管理评审的输入。

管理评审时，最高管理者应结合上述合规性评价的结果、企业的客观管理实际、相关法律法规和其他要求，系统评价体系运行过程中对适用法律法规和其他要求的遵守执行情况。

并由相关部门或最高管理者提出改进要求。

 单元总结

本单元主要阐述了工程项目安全管理的基本内容，明确了安全管理的方针和目标，辨识施工现场生产过程中存在的重大危险源。针对工程项目需制定施工现场管理安全措施计划，配备相应安全设施和技术措施，严格执行安全检查的内容和制度。文明施工和环境保护是项目管理的重要内容，需建立文明施工的组织措施、管理措施和考核制度，同时开展大气污染防治、水污染防治、噪声污染防治和固体废弃物处理等环境保护措施。职业健康安全与环境管理体系的结构、要素和运行模式，说明其特点和要求，最后对管理体系的建立和运行进行了论述。

 拓展案例-BIM5D 安全施工

常规的工程项目安全教育，由于没有真实体验，无法感受到安全工作的重要性，通过VR 施工安全体验软件，可沉浸式体验误操作导致的安全危害，继而引起大家对安全问题的重视。

在 VR 施工安全体验中，有基坑支护坍塌、机械伤害、高空坠落、触电、火灾等多个模块，每个版块均内置不同的工程事故案例，供大家进行学习。BIM 安全施工 VR 软件操作界面如图 8-6 所示。

图 8-6 BIM 安全施工 VR 软件操作界面

根据近五年发生在建筑行业的安全事故数据分析，高空坠落事故共发生 1238 起，约占全部事故的 53.3% 以上，其发生率最高、危险性极大。高空坠落常见的安全隐患有：①违章指挥、违章操作、违反劳动纪律；②未正确使用安全防护工具，穿高跟鞋或易滑鞋等高处作业；③特种作业人员无证上岗；④"三宝""四口""五临边"未按要求进行防护；⑤作业层未铺满脚手板或存在探头板；⑥气候条件差（如大风、雨、雪、冰冻、高温、严寒）；⑦现场管理混乱，安全交底不清等。引起高空坠落的原因很多，致使高空坠落死亡人数每年平均在 334 人左右-造成直接经济损失数目近 30060 万元，这些血淋淋的数据告诉我们时刻注意安全生产，警钟必须长鸣。

进入 VR 虚拟体验视角后，可模拟真实的高空作业施工，体验不合格施工操作带来的不可逆后果，工程案例 VR 实景如图 8-7 所示。高空作业施工时，首先要确认劳保用品（如安全帽、安全带）是否穿戴好；其次，应先固定安全带，再安装爬梯。

图 8-7　工程案例 VR 实景

模拟工作场景后，系统会引导操作者进行事故案例分析，如图 8-8 所示。如导致本次事故的原因：由于临时搭建的工作平台未有效固定，且材料老化严重；模板滑移断裂导致工人坠落；同时工人未按规定固定安全带，导致伤亡。通过分析导致本次事故的原因，总结经验教训，同时真实感受误操作带来的安全危害，引起操作者对工程项目职业健康安全的重视。

图 8-8　工人未按规定固定安全带，导致伤亡

扫描 VR 体验案例的视频二维码 8.4～二维码 8.8，还可体验高空坠落、机械伤害、基坑支护坍塌、触电、火灾等多个模块安全施工。

8.4　高空坠落　　8.5　机械伤害　　8.6　坍塌　　8.7　触电　　8.8　火灾

1. 简述工程项目安全生产管理的内容。
2. 简述现场施工检查的内容。
3. 现场文明施工的各项管理措施具体都有哪些？
4. 施工现场空气污染的防治措施有哪些？
5. 施工现场水污染的防治、噪声的控制措施、固体废物的主要处理方法分别都有哪些？
6. 职业健康安全管理体系有哪些要素，其运行模式是什么？
7. 环境管理体系有哪些要素，其运行模式是什么？
8. 在建设工程实施的不同阶段，职业健康安全与环境管理的要求具体有哪些？

练习题

【2017 年二级建造师真题】 施工现场文明施工"五牌一图"中，"五牌"是指（　　　）。

8.9　二建真题解析之
文明施工

A. 工程概况牌、管理人员名单和监督电话牌、消防保卫牌、安全生产牌、文明施工牌

B. 工程概况牌、管理人员名单和监督电话牌、现场平面布置牌、安全生产牌、文明施工牌

C. 工程概况牌、现场危险警示牌、现场平面布置牌、安全生产牌、文明施工牌

D. 工程概况牌、现场危险警示牌、消防保卫牌、安全生产牌、文明施工牌

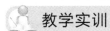

某公司负责承建一座大型公共建筑，结构形式为框剪结构。结构施工完毕进入设备安装阶段，在进行地下一层冷水机组吊装时，发生了设备坠落事件。设备机组重 5t，采用人字桅杆吊运，施工人员将设备运至吊装孔滚杆上，再将设备起升离开滚杆 20cm，将滚杆撤掉。施工人员缓慢向下启动倒链时，倒链的销钉突然断开，致使设备坠落，造成损坏，直接经济损失 32 万元。经过调查，事故发生的原因是施工人员在吊装前没有对吊装索具进行详细检查，没有发现倒链的销钉已被修理过，并不是原装销钉；施工人员没有在滚杆撤掉前进行动态试吊，就进行了正式吊装。

实训任务如下：

1. 本次事故主要是由安全检查不到位引起的。安全检查的方法主要有哪些？如何应用？
2. 安全检查的主要内容有哪些？
3. 施工现场安全检查有哪些主要形式？

学习单元九

工程项目合同

 知识目标

- 了解工程项目合同的类型，总价合同、单价合同以及成本加酬金合同的适用条件；
- 熟悉工程项目合同的主要条款；
- 掌握工程项目合同文件组成和解释顺序，索赔的依据、条件和程序。

9.1　合同管理控制流程

能力目标

- 能叙述总价合同、单价合同、成本加酬金合同的概念及适用条件；
- 能解释建设施工合同文件组成和解释顺序；
- 能根据索赔依据、条件合理处理索赔事件。

案例导航

某建设监理公司承担了一项建设项目，施工过程中由于建设单位原因（10 天），施工单位原因（5 天）以及不可抗力原因（7 天），致使作业时间受到影响，从而使工期由计划工期84 天变为实际工期95 天。建设单位和施工单位由此发生了争议，施工单位要求索赔工期22天，结果建设单位同意了 11 天。试问建设单位的做法合适吗？

案例分析

工程索赔是在签订工程合同的基础上，承包人和发包人保护自身权益和弥补工程损失的有效手段，是一种正当的权利要求。具体的分析和计算，需要熟悉工程项目合同条款，通过合同规定的依据和程序向对方提出补偿要求。那么，工程项目合同有哪些条款、索赔管理有什么要求呢？

知识链接

任务一　工程合同的分类

施工合同按照计价方式的不同分为总价合同、单价合同、成本加酬金合同。

一、总价合同

总价合同是指根据合同规定的工程施工内容和有关条件，业主应付给承包商的款额是一个规定的金额，即明确的总价。总价合同也称作总价包干合同，即根据施工招标时的要求和条件，当施工内容和有关条件不发生变化时，业主付给承包商的价款总额就不发生变化。总价合同又分固定总价合同和变动总价合同两种。

9.2　施工合同
的计价方式

（1）固定总价合同适用于以下情况：

① 工程量小、工期短，估计在施工过程中环境因素变化小，工程条件稳定并合理；

② 工程设计详细，图纸完整、清楚，工程任务和范围明确；

③ 工程结构和技术简单，风险小；

④ 投标期相对宽裕，承包商可以有充足的时间详细考察现场、复核工程量，分析招标文件，拟订施工计划。

（2）变动总价合同又称为可调总价合同，合同价格是以图纸及规定、规范为基础，按照时价进行计算，得到包括全部工程任务和内容的暂定合同价格。它是一种相对固定的价格，在合同执行过程中，由于通货膨胀等原因而使所使用的工、料成本增加时，可以按照合同约定对合同总价进行相应的调整。

二、单价合同

单价合同是指承包商按工程量报价单内分项工作内容填报单价，以实际完成工程量乘以所报单价确定结算价款的合同。承包商所填报的单价应为计及各种摊销费用后的综合单价，而非直接费单价。

单价合同大多用于工期长、技术复杂、实施过程中发生各种不可预见因素较多的大型土建工程，以及业主为了缩短工程建设周期，初步设计完成后就进行施工招标的工程。单价合同的工程量清单内所开列的工程量为估计工程量，而非准确工程量。

三、成本加酬金合同

成本加酬金合同也称为成本补偿合同，工程施工的最终合同价格是按照工程的实际成本再加上一定的酬金计算。在合同签订时，工程实际成本往往不能确定，只能确定酬金的取值比例或者计算原则。

采用这种合同，承包商不承担任何价格变化或工程量变化的风险，这些风险主要由业主承担，对业主的投资控制很不利。成本加酬金合同通常用于如下情况。

① 工程特别复杂，工程技术、结构方案不能预先确定，或者尽管可以确定工程技术和结构方案但是不可能进行竞争性的招标活动以总价合同形式确定承包商，如研究开发性质的工程项目。

② 时间特别紧迫，如抢险、救灾工程，来不及进行详细的计划和商谈。

③ 可以通过分段施工缩短工期，而不必等待所有施工图完成才开始招标和施工。

④ 可以利用承包商的施工技术专家，帮助改进或弥补设计中的不足。

⑤ 也可以通过确定最大保证价格约束工程成本不超过某一限值，从而转移一部分风险。

任务二　工程项目合同的主要条款

一、建设合同示范文本

建设合同的示范文本是住建部、国家工商行政管理总局于 2017 年 10 月 1 日印发的《建设工程施工合同（示范文本）》的内容。它适用于各类公用建筑、民用住宅、工业厂房、交通设施及线路管道的施工和设备安装。

二、施工合同的主要条款

《建设工程施工合同（示范文本）》又由"合同协议书""通用合同条款""专用合同条款"三部分组成，并附有三个附件："承包人承揽项目一览表""发包人供应材料设备一览表""工程质量保修书"。

①"合同协议书"是《建设工程施工合同（示范文本）》中的总纲领性文件。它规定了合同双方最主要的权利和义务，规定组成合同的文件及合同当事人对履行合同义务的承诺，并且合同当事人在这份协议书上签字盖章，表明合同已成立、生效且具有法律效力。

②"通用合同条款"是根据《中华人民共和国合同法》《中华人民共和国建筑法》《建设工程施工合同管理办法》等法律法规，对承发包双方的权利、义务作出的规定。"通用合同条款"由 20 部分 117 条组成，具有很强的通用性，是我国现阶段标准施工合同文本。

③"专用合同条款"是根据承发包人的实际情况，对"通用合同条款"中不适用之处进行修改、补充或删除，使"通用合同条款"和"专用合同条款"成为双方当事人统一的意愿。

④《建设工程施工合同（示范文本）》附件是对合同当事人双方的权利、义务进一步的明确，便于执行和管理。

三、施工合同文件的组成和解释顺序

建设施工合同文件包括：

① 本合同协议书；

② 中标通知书（如果有）；

③ 投标函及其附录（如果有）；

④ 专用合同条款及附件；

⑤ 通用合同条款；

⑥ 技术标准及要求；

⑦ 图纸；

⑧ 已标价工程量清单或预算书；

⑨ 其他合同文件。

上述合同文件应能够互相解释、互相说明。当合同文件中出现内容不一致时，上面的顺序就是合同的优先解释顺序。当合同文件内容出现含糊不清或者当事人有不同理解时，按照合同争议解决的办法处理。

任务三 工程项目索赔管理

一、索赔的概念

索赔是指合同执行过程中，当事人一方因对方违约或其他过错，或虽无过错但因无法防止的外因致使受到损失时，要求对方给予赔偿或补偿的法律行为。

索赔管理是施工合同管理的一部分，广义的索赔管理包括索赔和反索赔。索赔是指在工程承包或者经济贸易中，合同当事人一方因对方违约、其他过错或者虽无过错，但由于无法防止的外因致使本方受到损失时，要求对方给予赔偿或补偿的权力。而反索赔则是为避免对方索赔造成经济损失而实施的合理行为。从合同管理的角度讲，索赔和反索赔属甲方（业主方，下同）和乙方（承包方，下同）双方面的行为，均有可能发生，但在实际工作中因双方所处的地位和条件不同，乙方索赔和甲方反索赔发生的频率分别要高一些。在招标工程建设中，无论是业主还是承包商，合同管理均处于工程建设管理的核心地位，而索赔和反索赔是合同管理的重要组成部分。在目前市场经济条件下索赔与反索赔是合同管理中的必然产物。通过摸索和总结，人们意识到加强合同管理是改革和发展的非常重要的一环。因此，在客观上索赔与反索赔产生的重要意义还在于两者的对立统一，促进了甲、乙双方的业务管理水平。

二、工程索赔的特点

工程索赔是正当权利的要求，是业主、工程师、承包商之间正常的、大量发生的、普遍存在的合同管理业务。工程索赔具有如下特点。

1. 工程索赔要有证据和以合同或法律条文为依据

工程索赔像到法庭打官司一样，需要有利于自己的证据，还要有合同和法律条文作依据，才能提出索赔请求。

2. 只有实际发生了经济损失或权利损害才可以提出索赔

工程索赔需要事实根据，只有已发生的经济损失或权利损害可以作为索赔的依据，不能用估计要发生的事件作索赔依据。

3. 工程索赔是一种等待确认的行为

工程索赔不同于工程签证。施工中的签证是承发包双方就额外增加的费用补偿或工期延长等达成一致的书面证明材料，是一种补充协议，可作为工程价款结算或最终增减工程造价的直接依据。工程索赔是一种等待确认的行为，在未被对方确认前不具有约束力，索赔要求只有等待对方确认后才能实现。

4. 工程索赔工作贯穿于工程项目建设的始终

工程招投标阶段，招投标双方都应仔细研究工程所在地的法律法规及合同条件，以便为将来索赔提供合同、法律依据。合同执行阶段，当事人应密切注视对方履行合同的情况，发现对自己伤害的行为，及时提出索赔。同时，也要求自己严格履行合同，不给对方造成索赔机会。

5. 工程索赔是一门工程技术与法律融合的科学艺术

工程索赔涉及工程施工技术、工程管理、法律法规、财务会计等专业知识，索赔人员要有深厚的工程技术等专业知识和丰富的施工经验，才能提出科学合理、符合工程实际情况的索赔。索赔人员应通晓合同、法律，提出的索赔才有合同、法律依据。索赔谈判是与对方直接交涉，要运用人际交往的知识，要求索赔人员懂得社交艺术，具有一定的公关知识。

三、索赔成立的条件、依据和程序

施工索赔程序指施工索赔事件发生到最终解决全过程所包括的工作内容和工作步骤。施工索赔实质上是承包商与业主对工程风险造成的损失的分担，涉及合同当事人双方的经济利益，是一项烦琐、细致、耗费精力和时间的工作。

施工索赔程序，应按当事人双方签订的施工合同确定。施工索赔程序大致分为以下几个步骤。

1. 发出索赔意向通知

工程施工中，一旦发现或意识到潜在的索赔机会，承包商首先应在合同规定的时间内，将索赔意向书面通知业主或工程师。索赔意向的提出，标志着一项索赔工作的开始。施工索赔的第一个关键环节是抓住索赔机会，及时提出索赔意向。

索赔意向通知，一般包括以下内容：

① 索赔事件发生的时间、原因和情况的简单阐述；

② 索赔理由（依据）；

③ 有关索赔证据资料；

④ 索赔事件影响分析。

2. 准备索赔资料

施工索赔成功与否，在很大程度上取决于承包商对索赔的解释和证据材料的充分程度。证据不足的索赔，不可能得到业主和工程师的认同。承包商在日常管理工作中就应注意档案材料的管理，以备索赔时从中获取证据资料。这类文件资料主要包括：施工日志、来往信函、气象资料、备忘录、会议纪要、工程照片和声像资料、工程进度计划、工程考核资料、工程报告、投标参考资料和现场勘察备忘录、招标文件、投标文件等。

准备索赔资料这一阶段的主要工作有：

1) 跟踪调查干扰事件，搜集资料。

2) 分析干扰事件产生的原因，划清责任，确定责任主体，明确干扰事件是否违反合同规定，损失是否在合同规定的赔偿范围内。

3) 损害调查和计算。通过施工进度、工程成本实际与计划的比较，分析经济损失和权利损害的范围和大小，据此计算工期和费用索赔值。

4) 搜集证据。从干扰事件产生直至结束的全过程，必须保留完整的当时记录，所取得的材料才有强有力的说服力。我国《建设工程施工合同示范文本》要求合同当事人应积累和准备以下资料：

① 业主和工程师指令书、确认书；

② 承包商要求、请求、通知书；

③ 业主提供的水文地质、地下管网资料，施工所需的证件、批件、临时用地占地证明书、坐标控制点资料和图纸；

④ 承包商的年、季、月度施工计划，施工方案，施工组织设计及业主批准书；

⑤ 施工规范、质量验收单、隐蔽工程验收单、验收记录；

⑥ 承包商要求预付款通知，工程量核实确认单；

⑦ 业主、承包商材料供应清单、合格证书；

⑧ 竣工验收资料、竣工图；

⑨ 工程结算书、保修单等。

3. 编写索赔报告

索赔报告是承包商提供给业主和工程师关于索赔的书面文件，全面表达承包商对索赔事件的所有主张、要求和支持索赔的依据。业主通过对索赔报告的分析和评审，做出同意、要求修改、反驳甚至拒绝的决定。索赔报告也是合同当事人进行索赔谈判或调解、仲裁、诉讼的基础资料。编写索赔报告应做到证据充分，损失计算准确，原因分析透彻，内容包括：标题，事实与理由，损失计算和说明干扰事件的资料。

编写索赔报告时应注意以下问题。

（1）索赔报告的内容和形式。索赔报告在内容上应简明扼要，条理清晰，易于理解。索赔报告的形式如下。

① 说明信。简要说明索赔理由、索赔金额或工期和随函所附的报告正文及证明材料清单目录。

② 索赔报告正文。标题，事由介绍和分析，损失计算一览表。

③ 索赔值的详细计算过程和证明材料。

（2）索赔报告的基本要求是实事求是、说服力强、计算准确。

① 实事求是。索赔事件是真实的，索赔依据和款项实事求是，不虚构夸大，更不能无中生有。实事求是让业主觉得索赔要求合情合理，不应拒绝。

② 说服力强。索赔报告中责任分析清楚、准确，引用合同、法律中的相关条款合理，并应证明干扰事件与损失之间的因果关系。

③ 计算准确。作为索赔依据的基本数据资料应准确无误，计算结果应反复验证无误。计算数据上的错误，容易让对方对索赔的可信度产生疑问。

4. 提交索赔文件

索赔报告编制完成后，应立即提交给业主和工程师。FIDIC 合同条件规定，承包商在发出工程索赔意向通知后的 28 天内或经工程师同意的合理时间内，提交一份详细的索赔文件。如果干扰对工程影响的持续时间较长，承包商应按工程师要求的合理间隔期间，提交中间报告，并在干扰事件影响结束后的 28 天内提交最终索赔报告。索赔的关键是"索"，承包商不主动"索取"，业主和工程师不可能主动"赔"。

5. 工程师审核索赔报告

工程师受业主委托对工程项目建设进行监督、控制和协调。工程师按业主授权范围，对承包商的索赔进行审核，判定索赔事件是否成立，判定索赔值计算是否正确合理，并提出初步的处理意见。

6. 索赔处理

在工程师提出的索赔处理的初步意见的基础上，业主和承包商通过谈判协商，取得一致意见解决索赔问题。若初次谈判未达成协议，可商定正式谈判的时间、地点，以便继续讨论并解决索赔问题。如果谈判失败，可邀请中间人调解。调解不成功或当事人不愿调解的，可根据合同规定，将索赔争议提交仲裁机构仲裁，或通过诉讼解决。

工程项目建设中会发生许多索赔事件，当事人各方应争取在最早用最短的时间、在最低的层次、以最大的可能友好协商解决，不要轻易提交仲裁。仲裁和诉讼是复杂的，需花大量人力、物力、财力和时间，对工程建设也会带来不利影响。

实际操作中，影响索赔的因素很多，有时可能事与愿违，产生负面影响。如果大量提交索赔文件，要求经济补偿或延长工期，将使承包商进入业主的黑名单，被列为"喜欢搞索赔"的一类承包商，不良记录在案，结果不仅不利于该项工程建设，其他业主对这样的承包商会多加防范，承包商会为此丧失许多机会。因此索赔前一定要再三权衡利弊。

四、索赔的计算

1. 工期索赔的目的

在工程施工中，常常会发生一些未能预见的干扰事件使施工不能顺利进行，使预定的施工计划受到干扰，结果造成工期延长。工期延长对合同双方都会造成损失：业主因工程不能及时交付使用，投入生产，不能按计划实现投资目的，失去盈利机会，并增加各种管理费的开支；承包商因工期延长增加支付现场工人工资、机械停置费用、工地管理费、其他附加费用支出等，最终还可能要支付合同规定的误期违约金。所以承包商进行工期索赔的目的通常有以下两个。

① 免去或推卸自己对已经产生的工期延长的合同责任，使自己不支付或尽可能少支付工期延长的违约金。

② 进行因工期延长而造成的费用损失的索赔。

2. 工期拖延的原因及其与相关费用索赔的关系

合同工期确定后，不管有没有作过工期和成本的优化，在施工过程中，当干扰事件影响了工程的关键线路活动，或造成整个工程的停工、拖延，则必然引起总工期的拖延。而这种工期拖延都会造成承包商成本的增加。这个成本的增加能否获得业主相应的补偿，由具体情况确定。按照承包合同（例如 FIDIC 和我国的施工合同文本），干扰事件的影响范围、原因、工期补偿和费用补偿之间存在如下关系。

（1）工期顺延同时承包商又有权提出相关费用索赔的情况　这类干扰事件是由业主责任引起的，或合同规定应由业主负责的。例如，FIDIC 合同规定以下几种情况，承包商有权提出工期顺延，同时，还可提出相关费用的索赔。

① （工程师）不能及时地发布图纸和指令；

② 一个有经验的承包商也无法预料的现场气候条件以外的外界障碍或条件；

③ 现场发掘出化石、硬币、有价值的物品或文物、建筑结构等，承包商执行工程师的指令进行保护性的开挖；

④ 工程师指令进行合同未规定的检查，而检查结果证明承包商材料、工程设备及工艺符合合同规定；

⑤ 工程师指令暂停工程；

⑥ 业主未能及时支付工程款，承包商采取放慢施工速度的措施等。

（2）工期顺延，但不允许相关费用索赔的情况　属于这一类情况的是既非业主责任，又非承包商责任的延误。典型的是恶劣的气候条件。在我国，由于部分不可抗力引起的拖延，也属于这类情况。

（3）由于承包商责任的拖延，工期不能顺延，也不能要求费用索赔　在实际工程中，由于引起工期拖延的干扰事件的持续时间可能比较长，所以上述三类性质的干扰事件有时会相继发生，互相重叠。这种重叠给工期索赔和由此引起的费用索赔的解决带来许多困难，容易引起争执。

3. 工期索赔的分析方法

工期索赔的依据主要有：

① 合同规定的总工期计划；

② 合同签订后由承包商提交的并经过工程师同意的详细的进度计划；

③ 合同双方共同认可的对工期的修改文件，如认可信、会谈纪要、来往信件等；

④ 业主、工程师和承包商共同商定的月进度计划及其调整计划；

⑤ 受干扰后实际工程进度，如施工日记、工程进度表、进度报告等；

⑥ 承包商在每个月月底以及在干扰事件发生时都应分析对比上述资料，以发现工期拖延以及拖延原因，提出有说服力的索赔要求。

假设工程施工一直按原网络计划确定的施工顺序和工期进行，现发生了一个或一些干扰事件，使网络中的某个或某些活动受到干扰，如延长持续时间，或活动之间逻辑关系变化，或增加新的活动。将这些影响代入原网络中，重新进行网络分析，得到一新工期。则新工期与原工期之差即为干扰事件对总工期的影响，即为工期索赔值。通常，如果受干扰的活动在关键线路上，则该活动的持续时间的延长即为总工期的延长值。如果该活动在非关键线路上，受干扰后仍在非关键线路上，则这个干扰事件对工期无影响。故不能提出工期索赔。

这种考虑干扰后的网络计划又作为新的实施计划，如果有新的干扰事件发生，则在此基础上可进行新一轮分析，提出新的工期索赔。

这样在工程实施过程中进度计划是动态的，不断地被调整。而干扰事件引起的工期索赔也可以随之同步进行。

4. 分析的步骤

从上述讨论可见，工期索赔值的分析有以下两个主要步骤。

① 确定干扰事件对工程活动的影响。即由于干扰事件发生，使与之相关的工程活动产生变化。

② 由于工程活动的变化，对总工期产生影响。这可以通过新的网络分析得到，总工期所受到的影响即为干扰事件的工期索赔值。

5. 干扰事件对工程活动的影响分析

在进行网络分析前必须确定干扰事件对工程活动的影响。这是很复杂的，因为实际情况千变万化，干扰事件也难以一一描述。下面就几类常见的索赔事件叙述其分析方法。其中所举的一些例子，有特定的合同背景和环境，仅作为参考。

工程变更有如下几种情况。

① 工程量增加超过合同规定的承包商应承担的风险范围，可以进行工期索赔。通常可以按工程量增加的比例同步延长所涉及的网络活动的持续时间。

② 增加新的附加工程，即增加合同中未包括的，但又在合同规定范围内的新的工程分项。这导致网络中新活动的增加，合同双方必须商讨确定新活动的持续时间和新活动与其他活动之间的逻辑关系。

③ 对业主责任造成工程停工、返工、窝工、等待变更指令等事件，可按经工程师签字认可的实际工程记录延长相应网络活动的持续时间。

④ 业主指令变更施工次序会引起网络中活动之间逻辑关系的变更，对此必须调整网络结构。它的实际影响可由新旧两个网络的分析对比得到。

⑤ 在实际工作中，工程变更的实际影响往往远大于上述分析的结果，因为工程变更还涉及等待变更指令，变更的实施准备、材料采购、人员组织、机械设备的准备，以及对其他网络事件的影响。这些因素常常很容易被忽略。在许多索赔中常常因提不出这些影响的得力证据，使索赔要求被对方否定，使承包商受到损失。对它的处理和解决办法应在变更协议中予以规定。在变更前以及在变更过程中，承包商应重视这些影响证据的收集并由工程师签署认可。

6. 工程中断的影响分析

对由于罢工、恶劣气候条件和其他不可抗力因素造成的工程暂时中断，或业主指令停止工程施工，使工期延长，一般其工期索赔值按工程实际停滞时间，即从工程停工到重新开工这段时间计算。但如果干扰事件有后果要处理，还要加上清除后果的时间。如恶劣的气候条件造成工地混乱，需要在开工前清理场地，有时需要重新招雇工人，组织施工，重新安装和检修施工机械设备。在这种情况下，可以按工程师填写或签证的现场实际工程记录为证据。

7. 工期索赔值计算方法

（1）计划比较法

1）网络计划分析法　这种方法是将按照干扰事件发生后编制的网络计划的总工期与原网络计划总工期比较，其差值即为干扰事件对总工期的影响值，也是承包商的工期索赔值。

9.3　工期索赔的计算

2）新旧横道图比较法　这种方法的原理同新旧网络计划比较法。

（2）比较类推法　如果干扰事件仅影响某些分部分项工程、单位工程或单项工程的工期，在确定工期索赔值时，可按工程量或价值量的比例推算。

1）按工程比例类推工期索赔值。即以原工期为基数，按工程量增加的比例确定工期索赔值。

2）按价值量比例类推工期索赔值。即以原工期为基数，按价值量增加的比例类推确定工期索赔值。

3）直接确认法。当干扰事件直接发生在关键工序上或一次性发生在一个项目上，造成总工期延误，可通过施工日志、变更指令等资料记录的延误时间作为工期索赔值。

8. 费用索赔的计算

（1）费用索赔的原因　费用索赔直接关系到承包商施工过程中的回报，即直接影响承包商的收入，是承包商索赔的重点内容。工期索赔很多时候与费用索赔直接相关。产生费用索赔的主要原因如下。

① 业主违约索赔。由于业主未按施工合同规定提供相应的施工条件，致使承包商成本增大。如未按施工合同要求按期提供合格的工地、场外水电等。

② 工程变更令。工程变更令又称为工程变更通知，或变更指示，或变更命令。工程变更令必须是书面指令，当工程师发出口头指令后，应在规定的时间内由工程师或承包商书面证实。承包商对工程师的口头指令应在 7 天内用书面文件证实，若工程师在 14 天内没有反驳承包商的书面证词，则工程变更令得到证实并生效。

③ 业主拖延支付工程款或预付款。业主不按施工合同的规定按时向承包商支付工程款和预付款，承包商为此承担的资金利息损失应由业主赔偿。

④ 工程师指令加速。工程师指令加快施工进度，打乱了承包商原订的施工进度计划，由于赶工增加加班费，新增设备费、材料费、分包商额外成本、现场管理费等，加大了承包商的成本，业主为此要承担承包商的这部分损失。

⑤ 业主或工程师责任造成工期延长，使费用增加。由于业主或工程师的责任，使工期延长，使承包商的设备费、现场管理费、资金利息等增大，损失利润获取的机会。业主对此应承担赔偿责任。

⑥ 工程中断或终止。工程中断是工程暂停施工。如果工程中断是工程师或业主的责任或业主风险造成，业主应负担工程中断使承包商发生的额外费用，例如现场看管费、资金占用利息、机械设备搬迁费等。工程终止是业主要求终止合同的履行。若工程终止是非承包商的原因造成，业主要负担承包商为此发生的额外费用。

⑦ 特殊情况。

⑧ 额外或附加工作。

⑨ 业主指定分包商违约。

⑩ 合同缺陷；政策、法律法令变更等。

（2）索赔事件的费用构成

1）如何确定（核查）索赔数额。核定索赔数额应以事实为根据，所采用的单价、费率、计算过程和最终索赔金额，都应依据监理记录、施工图纸、施工进度计划来确定。索赔应遵守合同原则和市场惯例，采用附加成本的方法计算出合理的索赔数额。

如果索赔事件涉及的是工程量清单中的项目，单价较易确定；若索赔事件涉及的项目无已知的单价和费率，索赔数额的确定就较复杂，需要分析工程项目造价的构成和计算过程，按投标报价的方式确定单价或索赔事件中各细节发生的损失测定。

2）单价的确定。确定单价可按以下顺序进行。

① 索赔事件与工程量清单中的项目相同，可直接采用工程量清单中的单价。

② 若索赔事件在工程量清单中有相同或相似的内容，但其单价不适用，可根据工程量清单中相应项目的单价推算确定合适的单价。

③ 若索赔事件在工程量清单中没有相同或相似的内容，应采用单价分析方法确定单价或单项费用。

④ 费用索赔的计算方法。费用索赔应先计算与索赔事件相关的直接费，然后计算该索赔事件应分担的管理费、其他费用、利润等。费用索赔的计算方法与工程项目投标报价计算基本相同，可分为总费用法和分项法两种。

五、防止和减小索赔的措施

工程项目中索赔事件的发生是随时都可能出现的。那么作为发包人如何针对施工企业可能提出的索赔采取防范措施，尽量避免索赔事件的发生或将索赔的额度降到最低，则是工程项目建设管理中的一项重要任务。

1. 做好建设工程项目的前期准备工作

要尽可能详细地收集施工现场的各种自然条件，如：地下水、地质断层、溶洞、沉陷等各种地质资料以及地下坑井、管网、隧道、人防工程等公共设施或废弃建筑物等。建设项目设计阶段，优化设计是防止建设工程索赔事件发生的重点。

2. 加强合同管理，控制合同变更，减少索赔费用

建筑安装工程承包合同，是发包方和承包方为完成商定的建筑安装工程，明确相互权利、义务关系的协议。为维护签约双方的经济利益，应对索赔制定详细、周密而又具体的规定，对报送索赔事项的时间界限也应提出具体要求，一旦超出时限将无权提出索赔。合同一经签订，则甲乙双方都必须信守，平等诚实，严格按合同条款的规定执行，避免因违反合同规定而发生索赔事件。否则，一旦给对方造成经济损失，都应该予以补偿。

在招标前，要根据招标项目准备工作的实际情况及项目所处的内、外部环境，考虑合同形式。由于建设工程工期长、干扰事件多，合同管理极为复杂烦琐，在承包合同中，要明确合同内容和范围及合同文本界限，资料齐全，文字严密，不可含糊其词，使对方无空子可钻，保证合同顺利履行。在订立合同时，对工程项目造价的变动影响因素，要进行详细而周到的考虑，尽量减少因合同文件缺欠而造成索赔，对投资效益产生不良影响。在合同实施过程中，加强监督、跟踪检查，发现问题，及时纠正，使投资达到预期效果。

3. 认真进行建设项目的工程造价管理，控制工程预算和决算

建设工程造价管理，是建设经济领域中的重要组成部分。随着社会主义市场经济体制改革的不断深化，人们对工程造价管理的认识也在逐步加深。为了适应商品经济和现代化科学管理的发展，在工程项目建设过程中避免索赔事件的发生，必须加强对工程造价的管理，认真细致地编制建设工程施工图预算，做到不漏项，合理地确定和有效地控制工程造价，使有限的资金得到最充分地利用，以尽可能少的投入获得尽可能多的产出，提高投资效益。

4. 严把工程质量和进度关

在工程承包合同中要明确工程质量的评定标准和依据，并在工程建设过程中严格执行。要综合考虑施工组织管理、施工技术、施工企业人员和机具设备等情况，以及各种自然环境、气候条件等因素的影响，制定切实可行的施工工期，并对该工期能够得到顺利实施，订立明确的各种保障条款和奖惩措施。将工程索赔事件和工程进度计划的执行情况等同看待。

 单元总结

本单元主要阐述了施工合同的种类，包括总价合同、单价合同和成本加酬金合同的特点及适用条件。施工合同文件是施工合同管理的基本依据，以《建设工程施工合同（示范文本）》为例，介绍施工合同的主要条款、组成内容及优先顺序。合同执行过程中的索赔管理，包括索赔的特点、索赔的依据和程序、索赔的计算、防止和减小索赔的措施等相关内容。

 拓展案例-BIM5D 工程合同管理

常规工程项目合同管理中需要频繁对比中标价、预算成本与实际成本，过程烦琐且容易出错。BIM5D 可以在三维工程中同时呈现清单三算、资源三算，并进行对比，同时还可形成电子档案，易于保存。

在 BIM5D 分包合同中，项目经理可以新增合同、上传附件、拟分包合同、查看合同费用等，从模板新建合同，选择合同类型，按需规划合约，做到分包合同及分包费用一目了然，如图 9-1、图 9-2 所示。

图 9-1　分包合同维护

9.4　BIM5D 工程合同管理

BIM5D 可将材料进行分类管理，同种材料归并后，将材料中标价、预算成本、实际成本同时显示，直观清晰地实现清单三算对比，如图 9-3 所示。

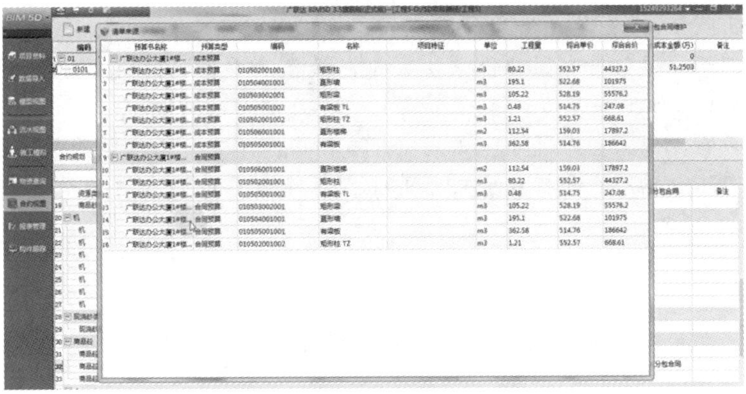

图 9-2 分包合同清单

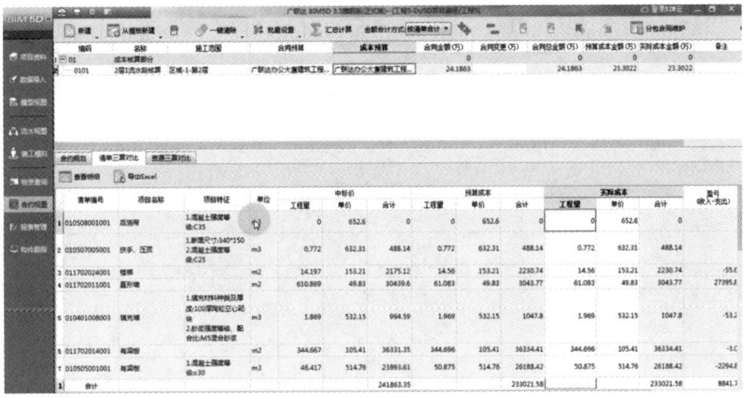

图 9-3 清单三算对比

思考题

1. 总价合同、单价合同、成本加酬金合同的概念和适用范围是什么？
2. 《建设工程施工合同（示范文本）》有哪些组成部分？
3. 索赔概念是什么？索赔的程序有哪些？

练习题

【2018 年二级建造师真题】 对于业主而言，成本加酬金合同的优点是（   ）。

A. 有利于控制投资
B. 可通过分段施工缩短工期
C. 不承担工程量变化的风险
D. 不需介入工程施工和管理

9.5 二建真题解析之
工程合同分类

教学实训

某施工单位 6 月 20 日与建设单位签订了施工合同，修建一复杂地基上的教学楼。由于该工程复杂，工期难以确定，合同双方约定，采用成本加酬金方式合同。建设方按实际发生的成本，付给施工单位 15% 的管理费和利润。合同同时规定，在保证质量和进度前提下，施工单位每降低 1 万元成本，建设方给予额外的 3000 元奖金。施工方在施工过程中，遭遇季节性大雨又转为特大暴雨，由于未能及时采取措施，造成原材料及部分已建工程受损，直接经济损失 3 万元。施工单位就此向建设单位进行了索赔。

　　实训任务如下：

　　1. 工程建设承包按承包合同计价方法分类，除案例中提到的成本加酬金方式外还有哪几种？同时简述成本加酬金合同。

　　2. 按索赔目的，施工索赔可分为哪几类？本例中施工方可以进行哪类索赔？

　　3. 在工程实际过程中，分析产生索赔的原因可能有哪些？本例中产生索赔的主要原因是什么？

模块四

竣工验收

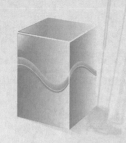

学习单元十

工程项目竣工验收

知识目标

- 了解工程竣工结算的有关规定，工程回访和保修的形式及责任分担；
- 熟悉竣工验收的条件、程序、组织、内容、范围及资料的移交要求；
- 掌握竣工验收不合格的处理，工程竣工结算编制原则及方式，工程保修的范围、期限及保修费用的处理。

能力目标

- 能分析审核工程结算；
- 能叙述竣工验收的标准和条件，工程结算的内容及保修的规定；
- 能应用相关知识及方法进行工程的竣工验收、工程结算及编写工程保修书；
- 能处理竣工验收中常见问题及保修责任划分。

10.1 工程竣工
验收控制流程

案例导航

某房地产开发公司投资兴建写字楼，建筑面积 20000m²，地下 2 层，地上 15 层，框筒结构。工程完工后，施工单位办理了各项委托手续，正等待检测单位出具建筑消防设施技术测试报告。但为了尽早租售回笼资金，项目部负责人提出了消防工程竣工验收申请。试问这种做法合适吗？

案例分析

显然这种做法是不正确的，工程项目竣工验收有国家规定的验收依据、标准和条件，施工单位在收到技术测试报告且合格之前，不得进行验收申请，另外还应掌握竣工验收不合格的处理方法和保修责任划分等问题。那么工程项目竣工验收都有哪些内容呢？

知识链接

任务一　工程项目竣工验收的依据与标准

一、竣工验收的概念和意义

工程项目竣工是指工程项目经过承建单位的准备和实施活动，已完成了项目承包合同规定的全部内容，并符合发包单位的意图、达到了使用的要求，它标志着工程项目建设任务的全面完成。

1. 竣工验收的概念

竣工验收是工程项目建设环节的最后一道程序，是全面检验工程项目是否符合设计要求和工程质量检验标准的重要环节，也是检查工程承包合同执行情况，促进建设项目交付使用的必然途径。工程竣工验收是指建设工程依照国家有关法律、法规及工程建设规范、标准的规定，已经全部完成工程设计要求和合同约定的各项内容，并取得政府有关主管部门（或其委托机构）出具的工程质量、消防、规划、环保、城建档案等验收文件或准许使用文件后，由建设单位组织勘察、设计、施工、监理等单位和其他有关方面的专家进行工程验收，对工程实物及技术资料进行全面检查。

我国《建设工程项目管理规范》（GB/T 50326—2017）对施工项目竣工验收的解释为"施工项目竣工验收是承包人按照施工合同的约定，完成设计文件和施工图纸规定的工程内容，经发包人组织竣工验收及工程移交的过程"。

2. 竣工验收的主体与客体

主体是指签订及履行合同的双方或多方当事人，又称民事权利义务主体；客体是指主体享有的权利和承担义务所共同指向的对象，包括物、行为和智力成果。

工程项目竣工验收的主体有交工主体和验收主体两方面，交工主体是承包人，验收主体是发包人，二者均是竣工验收行为的实施者，是互相依附而存在的。

工程项目竣工验收的客体应是设计文件规定、施工合同约定的特定工程对象，即工程项目本身。在竣工验收过程中，应严格规范竣工验收双方主体的行为，对工程项目实行竣工验收制度是确保我国基本建设项目顺利投入使用的法律要求。

3. 竣工验收的方式

在建设工程项目管理实践中，因承包的工程项目范围不同，交工验收的形式也会有所不同。随着经济发展和施工技术进步，建筑规模较大的单体工程和具有综合使用功能的综合性建筑物比比皆是。有时投资者为追求最大的投资效益，在建设期间，需要将其中一部分提前建成使用。如果一个建设项目分成若干个合同由不同的承包商负责实施，各承包商在完成了合同规定的工程内容后或者按合同的约定承包项目可分步移交的，均可申请交工验收。一般来说，工程交付竣工验收可以按以下三种方式分别进行。

① 单位工程（或专业工程）竣工验收。又叫中间验收，是指承包人以单位工程或某专业工程内容为对象，独立签订建设工程施工合同，达到竣工条件后，承包人可单独进行交工，发包人根据竣工验收的依据和标准，按施工合同约定的工程内容组织竣工验收。

② 单项工程竣工验收。又称交工验收，是指在一个总体建设项目中，一个单项工程已按设计图纸规定的工程内容完成，能满足生产要求或具备使用条件，承包人向监理人提交

"工程竣工报告"和"工程竣工报验单",经签认后应向发包人发出"交付竣工验收通知书",说明工程完工情况、竣工验收准备情况、设备无负荷单机试车情况,具体约定交付竣工验收的有关事宜。

由几个建筑安装企业负责施工的单项工程,当其中某一个企业所负责的部分已按设计完成,也可组织正式验收,办理交工手续,交工时应请总承包单位参加,以免相互耽误时间。例如:自来水厂的进水口工程,其中钢筋混凝土沉箱和水下顶管是基础公司承担施工的,泵房土建则由建筑公司承担,建筑公司是总包单位,基础公司是分包单位,基础公司负责的单体施工完毕后,即可办理竣工验收交接手续,请总承包单位(建筑公司)参加。

对于建成的住宅可分幢进行正式验收。例如:一个住宅基地一部分住宅已按设计要求内容全部建成,另一部分还未建成,可将建成具备居住条件的住宅进行正式验收,以便及早交付使用,提高投资效益。

③ 全部工程的竣工验收。又称动用验收,是指建设项目已按设计规定全部建成、达到竣工验收条件,由发包人组织设计、施工、监理等单位和档案部门进行全部工程的竣工验收。对一个建设项目的全部工程竣工验收而言,大量的竣工验收基础工作已在单位工程或单项工程竣工验收中进行了。对已经交付竣工验收的单位工程(中间交工)或单项工程并已办理了移交手续的,原则上不再重复办理验收手续,但应将单位工程或单项工程竣工验收报告作为全部工程竣工验收的附件加以说明。

4. 竣工验收的作用意义

工程项目竣工验收是工程项目进行的最后环节,也是保证合同任务完成,提高质量水平的最后一个关口。通过竣工验收,全面综合考虑工程质量,保证交工项目符合设计、标准、规范等规定的质量标准要求。

① 全面考核建设成果,检查设计、工程质量是否符合要求,确保项目按设计要求的各项技术经济指标正常使用。

② 通过竣工验收办理固定资产使用手续,可以总结工程建设经验,为提高建设项目的经济效益和管理水平提供重要依据。

③ 建设项目竣工验收是项目施工阶段的最后一个程序,是建设成果转入生产使用的标志,是审查投资使用是否合理的重要环节。通过整理档案资料,既能总结建设过程和施工过程,又能对使用单位提供使用、维护、改造的根据。

④ 建设项目建成投产交付使用后,能否取得良好的宏观效益,需要经过国家权威管理部门按照技术规范、技术标准组织验收确认,因此,竣工验收是建设项目转入投产使用的必要环节。

二、竣工验收的范围和依据

1. 竣工验收的范围

凡列入固定资产计划的建设项目或单项工程,按照批准的设计文件(初步设计、技术设计或扩大初步设计)所规定的内容和施工图纸的要求全部建成,具备投产和使用条件,不论新建、改建、扩建和迁建性质,都要经建设单位及时组织验收,并办理固定资产交付使用的转账手续。

2. 竣工验收的依据

① 上级主管部门对该项目批准的各种文件。包括设计任务书或可行性研究报告,用地、征地、拆迁文件,初步设计文件等。

② 工程设计文件。包括施工图纸及有关说明。

③ 双方签订的施工合同。

④ 设备技术说明书。它是进行设备安装调试、检验、试车、验收和处理设备质量、技术等问题的重要依据。

⑤ 设计变更通知书。它是对施工图纸的修改和补充。

⑥ 国家颁布的各种标准和规范。包括现行的工程施工及验收规范、工程质量检验评定标准等。

⑦ 外资工程应依据我国有关规定提交竣工验收文件。国家规定，凡有引进技术和引进设备的建设项目，要做好引进技术和引进设备的图纸、文件的收集、整理工作，并交档案部门统一管理。

承包人完成工程设计和施工合同以及其他文件约定的各项内容，工程质量经自检合格，各项竣工资料准备齐全，确认具备工程竣工报验的条件，承包人即可填写并递交"工程竣工报告"和"工程竣工报验单"。表格内容要按规定要求填写，自检意见应表述清楚，各参建单位应签字，并加盖企业公章。报验单的附件应齐全，足以证明工程已符合竣工验收要求。

监理人收到承包人递交的"工程竣工报验单"及有关资料后，总监理工程师即可组织专业监理工程师对承包人报送的竣工资料进行审查，并对工程质量进行验收；验收合格后，总监理工程师应签署"工程竣工报验单"，提出工程质量评估报告。承包人依据工程监理机构签署认可的"工程竣工报验单"和质量评估结论，向发包人递交竣工验收的通知，具体约定工程交付验收的时间、会议地点和有关安排。

三、竣工验收的标准和条件

1. 竣工验收的标准

（1）达到合同约定的工程质量标准　《建设工程施工合同（示范文本）》规定："工程质量标准必须符合现行国家有关工程施工质量验收规范和标准的要求。有关工程质量的特殊标准或要求由合同当事人在专用合同条款中约定。因发包人原因造成工程质量未达到合同约定标准的，由发包人承担由此增加的费用和（或）延误的工期，并支付承包人合理的利润。因承包人原因造成工程质量未达到合同约定标准的，发包人有权要求承包人返工直至工程质量达到合同约定的标准为止，并由承包人承担由此增加的费用和（或）延误的工期"。建设工程合同一经签订，即具有法律的效力，对承发包双方都具有约束作用。合同约定的质量标准具有强制性，合同的约束作用规范了承发包双方的质量责任和义务，承包人必须确保工程质量达到双方约定的质量标准，不合格不得交付验收和使用。

（2）符合单位工程质量竣工验收的合格标准　我国国家标准《建筑工程施工质量验收统一标准》（GB 50300—2013）对单位（子单位）工程质量验收合格规定如下：

① 单位（子单位）工程所含分部（子分部）工程的质量均应验收合格；

② 质量控制资料应完整；

③ 单位（子单位）工程所含分部工程有关安全、节能、环境保护和主要使用功能的检测资料应完整；

④ 主要使用功能的抽查结果应符合相关专业验收规范的规定；

⑤ 观感质量验收应符合要求。

涉及安全、节能、环境保护和主要使用功能的分部工程应进行检验资料的复查。不仅要全面检查其完整性（不得有漏检缺项），而且对分部工程验收时补充进行的见证抽样检验报告也要复核。这种强化验收的手段体现了对安全和主要使用功能的重视。

此外，对主要使用功能还须进行抽查。使用功能的检查是对建筑工程和设备安装工程最终质量的综合检验，也是用户最为关心的内容。因此，在分项、分部工程验收合格的基础上，竣工验收时再作全面检查。抽查项目是在检查资料文件的基础上由参加验收的各方人员商定，并用计量、计数的抽样方法确定检查部位。检查要求按有关专业工程施工质量验收标准的要求进行。

（3）单项工程达到使用条件或满足生产要求 建设项目的某个单项工程已按设计要求完成，即每个单位工程都已竣工、相关的配套工程整体收尾已完成，能满足生产要求或具备使用条件，工程质量经检验合格，竣工资料整理符合规定，发包人可组织竣工验收。

（4）建设项目能满足使用或生产要求 建设项目能满足建成投入使用或生产的各项要求，组成建设项目的全部单项工程均已完成，符合交工验收的要求，建设项目能满足使用或生产要求，并应达到以下标准：

① 生产性工程和辅助公用设施，已按设计要求建成，能满足生产使用；

② 主要工艺设备配套，设施经试运行合格形成生产能力，能产出设计文件规定的产品；

③ 必要的设施已按设计要求建成；

④ 生产准备工作能达到投产的需要；

⑤ 其他环保设施、劳动安全卫生、消防系统已按设计要求配套建成。

由于建设工程项目门类很多，要求各异，因此必须有相应竣工验收标准，以资遵循。一般有土建工程、安装工程、人防工程、管道工程、桥梁工程、电气工程及铁路建筑安装工程等的验收标准。

2. 竣工验收的条件

施工单位承建的工程项目，达到下列条件者，可报请竣工验收。

（1）完成建设工程设计和合同约定的各项内容。具体包括：

① 民用建筑工程完工后，承包人按照施工及验收规范和质量检验标准进行自检，不合格品已自行返修或整改，达到验收标准。水、电、暖、设备、智能化、电梯经过试验，符合使用要求。

② 生产性工程、辅助设施及生活设施，按合同约定全部施工完毕，室内工程和室外工程全部完成，建筑物、构筑物周围 2m 以内的场地平整，障碍物已清除，给排水、动力、照明、通信畅通，达到竣工条件。

③ 工业项目的各种管道设备、电气、空调、仪表、通信等专业施工内容已全部安装结束，已做完清洁、试压、吹扫、油漆、保温等，经过试运转，全部符合工业设备安装施工及验收规范和质量标准的要求。

④ 其他专业工程按照合同的规定和施工图规定的工程内容全部施工完毕，已达到相关专业技术标准，质量验收合格，达到了交工的条件。

（2）有完整的技术档案和施工管理资料，符合验收要求。

（3）有工程使用的主要建筑材料、建筑构配件和设备进场的试验报告。

① 现场使用的主要建筑材料（水泥、钢材、砖、砂、沥青等）应有材质合格证，必须有符合国家标准、规范要求的抽样试验报告。

② 混凝土预制构件、钢构件、木构件等应有生产单位的出厂合格证。

③ 混凝土、砂浆等施工试验报告，应按施工及验收规范和设计规定的要求取样。

④ 设备进场必须开箱检验，并有出厂质量合格证，检验完毕要如实做好各种进场设备的检查验收记录。

（4）有勘察、设计、施工、监理等单位分别签署的质量合格文件。工程施工完毕，勘察、设计、施工、监理单位已按各自的质量责任和义务，签署了工程质量合格文件。

（5）建设工程验收合格后，方可交付使用。

四、竣工验收的程序和内容

1. 单位（子单位）工程的验收程序

（1）竣工预验收。当单位工程达到竣工验收条件后，施工单位应在自查、自评工作完成后，填写工程竣工报验单，并将全部竣工资料报送项目监理机构，申请竣工验收。总监理工程师应组织各专业监理工程师对竣工资料及各专业工程的质量情况进行全面检查，对检查出的问题，应督促施工单位及时整改。对需要进行功能试验的项目（包括单机试车和无负荷试车），监理工程师应督促施工单位及时进行试验，并对重要项目进行监督、检查，必要时请建设单位和设计单位参加；监理工程师应认真审查试验报告单并督促施工单位搞好成品保护和现场清理。

经项目监理机构对竣工资料及实物全面检查、验收合格后，由总监理工程师签署工程竣工报验单，并向建设单位提出质量评估报告。

（2）正式验收。建设单位收到工程验收报告后，应由建设单位（项目）负责人组织施工（含分包单位）、设计、监理等单位（项目）负责人进行单位（子单位）工程验收。单位工程由分包单位施工时，分包单位对所承包的工程项目应按规定的程序检查评定，总包单位应派人参加。分包工程完成后，应将工程有关资料交总包单位。建设工程经验收合格的，方可交付使用。

在竣工验收时，对某些剩余工程和缺陷工程，在不影响交付的前提下，经建设单位、设计单位、施工单位和监理单位协商，施工单位应在竣工验收后的限定时间内完成。

2. 整体工程的验收程序

（1）工程竣工验收前，施工单位必须完成试运转及功能检测，建设单位应通知相关单位及质量监督站到场。

（2）合格后由施工单位填写竣工报告，连同施工资料交监理审查。

（3）资料经审查通过后，监理单位加署意见，将资料移交给建设单位。

（4）建设单位整理资料，附上和本工程有关的报建资料，移交城建档案馆分类、整理。

（5）城建档案馆分类、整理完成后，加署资料整理符合要求的意见，建设单位将竣工资料交工程质量监督部门审核。

（6）工程质量监督站在 5 个工作日完成资料审核，符合要求后通知建设单位。

（7）建设单位组织勘察、设计、施工、监理等单位和其他有关方面的专家组成验收组并制定验收方案，在工程竣工验收前将验收时间、地点及验收组名单书面通知监督站。

（8）建设单位以现行的国家有关法律、法规和规范性文件为依据，负责组织实施工程的竣工验收工作。

① 建设、勘察、设计、施工、监理单位分别汇报工程合同履约情况和工程建设各个环节执行法律、法规和工程建设强制性标准的情况。

② 查验工程实体质量。

③ 验收组对工程勘察、设计、施工及设备安装质量和各管理环节等方面做出全面评价，形成工程竣工验收意见，验收人员签字。

（9）在竣工验收过程中发现有不符合施工验收标准的严重问题，质量监督站应责成有关责任单位整改，并宣布本次验收无效，重新确定时间组织竣工验收。在竣工验收过程中发现一般质量问题，验收小组可形成初步验收意见，责任主体整改后，形成文字资料作为工程验收资料之一存档。竣工验收组各方不能形成一致意见时，应报建设行政主管部门或质量监督站进行协调解决。

（10）质量监督站在工程竣工验收通过后 5 个工作日内写出监督报告，建设单位必须在监督报告出具后 15 天内办理工程备案手续。

交付竣工验收通知书的内容格式如下：

交付竣工验收通知书

××××（发包单位名称）：

根据施工合同的约定，由我单位承建的××××工程，已于××××年××月××日竣工，经自检合格，监理单位审查签认，可以正式组织竣工验收。请贵单位接到通知后，尽快洽商，组织有关单位和人员于××××年××月××日前进行竣工验收。

附件：1. 工程竣工报验单（见表 10-1）

2. 工程竣工报告（见表 10-2）

××××（单位公章）

××××年××月××日

表 10-1　工程竣工报验单

工程名称：　　　　　　　　施工合同号：

致×××建设工程监理公司： 　　根据合同和规范要求，我们已完成＿＿＿＿＿＿＿＿＿＿＿＿＿＿＿＿＿＿＿＿＿＿＿＿
并经自检合格，请予以审查和验收 附件：□有，共＿＿＿页；□无   承包单位＿＿＿＿　　签认＿＿＿＿　　日期＿＿＿＿
查验结果：   监理员＿＿＿＿　　日期＿＿＿＿
监理工程师意见：   监理工程师＿＿＿＿　　日期＿＿＿＿
附注：本表一式二份，监理单位、承包单位各一份。

表 10-2　工程竣工报告

工程概况	工程名称		建设面积	
	工程地址		结构类型	
	层数	地上　　层； 地下　　层	总高	
	电梯	台	自动扶梯	台
	开工日期		竣工日期	
	建设单位		施工单位	
	勘察单位		监理单位	
	设计单位		质量监督	
	完成设计与合同约定内容情况			
验收组织形式				
验收组 组成情况	专业			
	建筑工程			
	建筑给排水与采暖工程			
	建筑电气安装工程			
	通风与空调工程			
	电梯安装工程			
	建筑智能化工程			
	工程竣工资料审查			
竣工验收程序				
工程竣工 验收意见	建设单位执行基本建设程序情况：			
	对工程勘察方面的评价：			
	对工程设计方面的评价：			
	对工程施工方面的评价：			
	对工程监理方面的评价：			
建设单位	（单位公章） 项目负责人： <div align="right">年　　月　　日</div>			
勘察单位	（单位公章） 勘察负责人： <div align="right">年　　月　　日</div>			
设计单位	（单位公章） 设计负责人： <div align="right">年　　月　　日</div>			
施工单位	项目经理：（单位公章） 项目负责人： <div align="right">年　　月　　日</div>			
监理单位	（单位公章） 总监理工程师： <div align="right">年　　月　　日</div>			

竣工验收报告附件：

1. 施工许可证；2. 施工图设计文件审查意见；3. 勘察单位对工程勘察文件的质量检查报告；4. 设计单位对工程设计文件的质量检查报告；5. 施工单位对工程施工质量的检查报告，包括竣工资料、分类目录、汇总表；6. 监理单位对工程质量的评估报告；7. 地基与勘察、主体结构分部工程以及单位工程质量验收；8. 有关质量检测和功能性试验资料；9. 建设行政主管部门、质量监督机构责令整改问题的整改结果；10. 验收人员签署的竣工验收原始文件；11. 竣工验收遗留问题处理结果；12. 施工单位签署的工程质量保修书；13. 法律、行政法规、规章规定必须提供的其他文件。

3. 建设项目竣工验收的内容

（1）工程资料验收　包括工程技术资料、工程综合资料和工程财务资料验收。

1）工程技术资料验收内容。工程地质、水文、气象、地形、地貌、建筑物、构筑物及重要设备安装位置、勘察报告、记录；初步设计、技术设计或扩大初步设计、关键的技术试验、总体规划设计；土质试验报告、基础处理；建筑工程施工记录、单位工程质量检验记录；管线强度、密封性试验报告、设备及管线安装施工记录及质量检查、仪表安装施工记录；设备试车、验收运转、维修记录；产品的技术参数、性能、图纸、工艺说明、工艺规程、技术总结、产品检验、包装、工艺图；设备的图纸、说明书；涉外合同、谈判协议、意向书；各单项工程的资料。

2）工程综合资料验收内容。项目建议书及批件，可行性研究报告及批件，项目评估报告，环境影响评估报告书，设计任务书；土地征用申报及批准的文件，承包合同，招投标及合同文件，施工执照，项目竣工验收报告，验收鉴定书。

3）工程财务资料验收内容。历年建设资金供应（拨、贷）情况和应用情况；历年批准的年度财务决算；历年年度投资计划、财务收支计划；建设成本资料；支付使用的财务资料；设计概算、预算资料；竣工决算资料。

（2）工程本身验收　包括建筑工程验收和安装工程验收。

1）建筑工程验收内容。建筑工程验收，主要包括：建筑物的位置、标高、轴线是否符合设计要求；对基础工程中的土石方工程、垫层工程、砌筑工程等资料的审查验收；对结构工程中的砖木结构、砖混结构、内浇外砌结构、钢筋混凝土结构的审查验收；对屋面工程的屋面瓦、保温层、防水层等的审查验收；对门窗工程的审查验收；对装饰工程的审查验收（抹灰、油漆等工程）。

2）安装工程验收内容。安装工程验收，主要包括：建筑设备安装工程、工艺设备安装工程和动力设备安装工程验收。

4. 工程质量评估报告的编写依据及内容

工程监理质量评估经项目监理机构对竣工资料及实物全面检查、验收合格后，由总监理工程师签署工程竣工报验单，并向建设单位提出质量评估报告。

① 工程质量评估报告编写的主要依据是坚持独立、公正、科学的准则；以平时质量验收并经各方签认的质量验收记录为依据；以建设、监理、施工单位竣工预验收汇总整理的资料为依据，这些资料包括单位（子单位）工程质量竣工验收记录、单位（子单位）工程质量控制资料核查记录、单位（子单位）工程安全和功能资料核查及主要功能抽查记录、单位（子单位）工程观感质量检查记录等。

② 工程质量评估报告应包括下列主要内容：工程概况，工程监理基本情况，单位（子单位）工程所包含的分部（子分部）、分项工程，并逐项说明其施工质量验收情况，质量控制资料验收情况，工程所含分部工程有关安全和功能的检测验收情况及检测资料的完整性核查情况。

五、不合格要求的处理

1. 工程质量问题的成因

① 违背建设程序：建设程序是工程项目建设过程及其客观规律的反映，不按建设程序办事。

② 违反法规行为：例如无证设计，无证施工，越级设计，工程招、投标中的不公平竞争，超常的低价中标，非法分包、转包、挂靠、擅自修改设计等行为。

③ 地质勘察失真：例如未认真进行地质勘察或勘探时钻孔深度、间距、范围不符合规定要求，地质勘察报告不详细、不准确、不能全面反映实际的地基情况等，从而使得地下情

况不清，或对基岩起伏、土层分布误判，或未查清地下软土层、墓穴、孔洞等，它们均会导致采用不恰当或错误的基础方案，造成地基不均匀沉降、失稳，使上部结构或墙体开裂、破坏，或引发建筑物倾斜、倒塌等质量问题。

④ 设计差错：例如盲目套用图纸，采用不正确的结构方案，计算简图与实际受力情况不符，荷载取值过小，内力分析有误，沉降缝或变形缝设置不当，悬挑结构未进行抗倾覆验算，以及计算错误等，都是引发质量问题的原因。

⑤ 施工与管理不到位：不按图施工或未经设计单位同意擅自修改设计。施工组织管理紊乱，不熟悉图纸，盲目施工；施工方案考虑不周，施工顺序颠倒；图纸未经会审，仓促施工；技术交底不清，违章作业；疏于检查、验收等，均可能导致质量问题。

⑥ 使用不合格的原材料、制品及设备：例如建筑材料及制品不合格，建筑设备不合格。

⑦ 自然环境因素：例如空气温度、湿度、暴雨、大风、洪水、雷电、日晒和浪潮等均可能成为质量问题的诱因。

⑧ 使用不当：对建筑物或设施使用不当也易造成质量问题。

2. 施工过程质量验收结果不合格的处理

① 在检验批验收时，发现存在严重缺陷的应推倒重做，有一般的缺陷可通过返修或更换器具、设备，消除缺陷后重新进行验收。

② 个别检验批发现某些项目或指标（如试块强度等）不满足要求难以确定是否验收时，应请有资质的法定检测单位检测鉴定，当鉴定结果能够达到设计要求时，应予以验收。

③ 当检测鉴定达不到设计要求，但经原设计单位核算仍能满足结构安全和使用功能的检验批，可予以验收。

④ 严重质量缺陷或超过检验批范围内的缺陷，经法定检测单位检测鉴定以后，认为不能满足最低限度的安全储备和使用功能，则必须进行加固处理，虽然改变外形尺寸，但能满足安全使用要求，可按技术处理方案和协商文件进行验收，责任方应承担经济责任。

⑤ 通过返修或加固处理后仍不能满足安全使用要求的分部工程严禁验收。

3. 竣工验收不合格的处理

① 在竣工验收过程中发现有不符合施工验收标准的严重问题，质量监督站应责成有关责任单位整改，并宣布本次验收无效，重新确定时间组织竣工验收。

② 在竣工验收过程中发现一般质量问题，验收小组可形成初步验收意见，责任主体整改后，形成文字资料作为工程验收资料之一存档。

③ 参与竣工验收各单位不能形成一致意见时，应报建设行政主管部门或质量监督站进行协调解决。

六、竣工验收技术资料移交

1. 工程移交内容要求

工程通过竣工验收，承包人应在发包人对竣工验收报告签认后的规定期限内向发包人递交竣工结算和完整的结算资料，在此基础上承发包双方根据合同约定的有关条款进行工程竣工结算。承包人在收到工程竣工结算款后，应在规定期限内向发包人办理工程竣工移交证书（表10-3）。具体内容如下。

① 按竣工项目一览表在现场移交工程实体。向发包人移交钥匙时，工程项目室内外应清扫干净，达到窗明、地净、灯亮、水通，排污畅通，动力系统可以使用。

② 按竣工资料目录交接工程竣工资料。资料的交接应在规定的时间内，按工程竣工资料清单目录进行逐项交接，办清交验签章手续。

表 10-3　工程竣工移交证书

工程名称：　　　　　　　　施工合同号：

致建设单位/承包单位　　　　　　　　　：
兹证明　　　　号工程竣工报验单所报
工程已按合同完成，并按规定的程序通过验收备案，从　　　　　　　　开始，该工程进入保修阶段。
附注：
总监理工程师（公章）
日期
附注：本表一式三份，建设单位、监理单位、承包单位各一份。

签收栏	单位	建设单位	承包单位		
	签收人				
	日期				

　　③ 按工程质量保修制度签署工程质量保修书。原施工合同中未包括工程质量保修书附件的，在移交竣工工程时应按有关规定签署或补签工程质量保修书。

　　④ 承包人在规定时间内按要求撤出施工现场，解除施工现场全部管理责任。

　　⑤ 工程交接的其他事宜。

2. 工程竣工资料的内容

　　工程竣工资料是工程项目承包人按工程档案管理及竣工验收条件的有关规定，在工程施工过程中按时收集，认真整理，竣工验收后移交发包人汇总归档的技术与管理文件，是记录和反映工程项目实施全过程的工程技术与管理活动的档案。

　　在工程项目的使用过程中，竣工资料有着其他任何资料都无法替代的作用，它是建设单位在使用中对工程项目进行维修、加固、改建、扩建的重要依据，也是对工程项目的建设过程进行复查、对建设投资进行审计的重要依据。因此，从工程建设一开始，承包单位就应设专门的资料员按规定负责及时收集、整理和管理这些档案资料，不得丢失和损坏；在工程项目竣工以后，工程承包单位必须按规定向建设单位正式移交这些工程档案资料。

　　工程竣工资料必须真实记录和反映项目管理全过程的实际，它的内容必须齐全、完整。按照我国《建设工程项目管理规范》（GB/T 50326—2017）的规定，竣工资料的内容应包括工程施工技术资料、工程质量保证资料、工程检验评定资料、竣工图和规定的其他应交资料（表 10-4）。

表 10-4 单位（子单位）工程质量控制资料核查记录

工程名称			施工单位			
序号	项目	资料名称		份数	核查意见	核查人
1	建筑与结构	图纸会审、设计变更、洽商记录				
2		工程定位测量、放线记录				
3		原材料出厂合格证书及进场检(试)验报告				
4		施工试验报告及见证检测报告				
5		隐蔽工程验收表				
6		施工记录				
7		预制构件、预拌混凝土合格证				
8		地基、基础、主体结构检验及抽样检测资料				
9		分项、分部工程质量验收记录				
10		工程质量事故及事故调查处理资料				
11		新材料、新工艺施工记录				
1	给排水与采暖	图纸会审、设计变更、洽商记录				
2		材料、配件出厂合格证书及进场检(试)验报告				
3		管道、设备强度试验、严密性试验记录				
4		隐蔽工程验收表				
5		系统清洗、灌水、通水、通球试验记录				
6		施工记录				
7		分项、分部工程质量验收记录				
1	建筑电气	图纸会审、设计变更、洽商记录				
2		材料、配件出厂合格证书及进场检(试)验报告				
3		设备调试记录				
4		接地、绝缘电阻测试记录				
5		隐蔽工程验收表				
6		施工记录				
7		分项、分部工程质量验收记录				
1	通风与空调	图纸会审、设计变更、洽商记录				
2		材料、配件出厂合格证书及进场检(试)验报告				
3		制冷、空调、水管道强度试验、严密性试验记录				
4		隐蔽工程验收表				
5		制冷设备运行调试记录				
6		通风、空调系统调试记录				
7		施工记录				
8		分项、分部工程质量验收记录				

续表

工程名称				施工单位		
序号	项目	资料名称		份数	核查意见	核查人
1	电梯	土建布置图纸会审、设计变更、洽商记录				
2		材料、设备出厂合格证及技术文件及进场检(试)验报告				
3		隐蔽工程验收表				
4		施工记录				
5		接地、绝缘电阻测试记录				
6		负荷试验、安全装置检查记录				
7		分项、分部工程质量验收记录				
1	建筑智能化	图纸会审、设计变更、洽商记录、竣工图及设计说明				
2		材料、设备出厂合格证及技术文件及进场检(试)验报告				
3		隐蔽工程验收表				
4		系统功能测定及设备调试记录				
5		系统技术、操作和维护手册				
6		系统管理、操作人员培训记录				
7		系统测试报告				
8		分项、分部工程质量验收记录				
结论：						
施工单位项目经理：　　　　　　　　　年　月　日			总监理工程师 （建设单位项目负责人）　　　　　年　月　日			

（1）工程施工技术资料　工程施工技术资料是建设工程施工全过程的真实记录，是在施工全过程的各环节客观产生的工程施工技术文件，它的主要内容有：工程开工报告（包括复工报告）；项目经理部及人员名单、聘任文件；施工组织设计（施工方案）；图纸会审记录（纪要）；技术交底记录；设计变更通知；技术核定单；地质勘察报告；工程定位测量资料及复核记录；基槽开挖测量资料；地基钎探记录和钎探平面布置图；验槽记录和地基处理记录；桩基施工记录；试桩记录和补桩记录；沉降观测记录；防水工程抗渗试验记录；混凝土浇灌令；商品混凝土供应记录；工程复核探测记录；工程质量事故报告；工程质量事故处理记录；施工日志；建设工程施工合同，补充协议；工程竣工报告；工程竣工验收报告；工程质量保修书；工程预（结）算书；竣工项目一览表；施工项目总结。

（2）工程质量保证资料　工程质量保证资料是建设工程施工全过程中全面反映工程质量控制和保证的依据性证明资料，应包括原材料、构配件、器具及设备等的质量证明、合格证明、进场材料试验报告等。

（3）工程检验评定资料　工程检验评定资料是建设工程施工全过程中按照国家现行工程质量检验标准，对工程项目进行单位工程、分部工程、分项工程的划分，再由分项工程、分部工程、单位工程逐级对工程质量做出综合评定的资料。工程检验评定资料的主要内容有：施工现场质量管理检查记录；检验批质量验收记录；分项工程质量验收记录；分部（子分部）工程质量验收记录；单位（子单位）工程质量竣工验收记录；单位（子单位）工程质量控制资料核查记录；单位（子单位）工程安全和功能检验资料核查及主要功能抽查记录；单位（子单位）工程观感质量检查记录等。

（4）竣工图　竣工图是真实地反映建设工程竣工后实际成果的重要技术资料，是建设工程进行竣工验收的备案资料，也是建设工程进行维修、改建、扩建的主要依据。

10.2　单位工程质量竣工验收记录

3. 竣工资料的移交

交付竣工验收的工程项目必须有与竣工资料目录相符的分类组卷档案,工程项目的交工主体即承包人在建设工程竣工验收后,一方面要把完整的工程项目实体移交给发包人,另一方面要把全部应移交的竣工资料交给发包人。单位工程验收资料管理流程如图10-1所示。

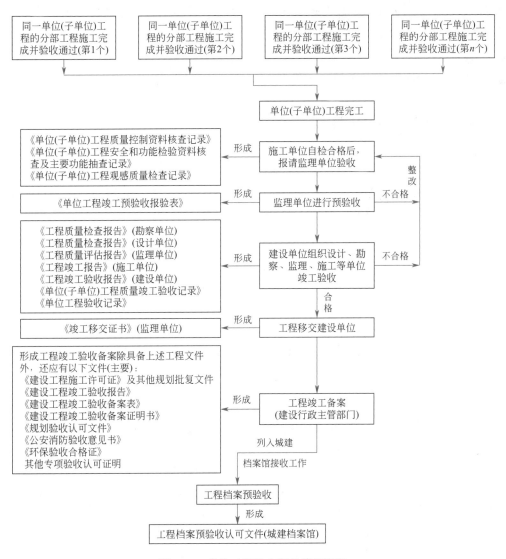

图 10-1 单位工程验收资料管理流程

(1) 竣工资料的归档范围 竣工资料的归档范围应符合《建设工程文件归档规范》(GB/T 50328—2014) 的规定。凡是列入归档范围的竣工资料,承包人都必须按规定将自己责任范围内的竣工资料按分类组卷的要求移交给发包人,发包人对竣工资料验收合格后,将全部竣工资料整理汇总,按规定向档案主管部门移交备案。

(2) 竣工资料的交接要求 总包人必须对竣工资料的质量负全面责任,对各分包人做到"开工前有交底,施工中有检查,竣工时有预检",确保竣工资料达到一次交验合格。总包人根据总分包合同的约定,负责对分包人的竣工资料进行中检和预检,有整改的待整改完成后再进行整理汇总,一并移交发包人。承包人根据建设工程施工合同的约定,在建设工程竣工验收后，按规定和约定的时间，将全部应移交的竣工资料交给发包人，并应符合城建档案管理的要求。

（3）竣工资料的移交验收　竣工资料的移交验收是工程项目交付竣工验收的重要内容。发包人接到竣工资料后，应根据竣工资料移交验收办法和国家及地方有关标准的规定，组织有关单位的项目负责人、技术负责人对资料的质量进行检查，验证手续是否完备，应移交的资料项目是否齐全，所有资料符合要求后，承发包双方按编制的移交清单签字、盖章，按资料归档要求双方交接，竣工资料交接验收完成。

任务二　工程项目竣工结算

一、工程竣工结算的条件

1. 工程竣工结算的概念

工程竣工结算是指施工单位所承包的工程按照合同规定的内容全部竣工并经建设单位和有关部门验收合格后，由施工单位根据施工过程中实际发生的变更情况对原施工图预算或工程合同造价进行增减调整修正，再经建设单位审查，重新确定工程造价并作为施工单位向建设单位办理工程价款清算的技术经济文件。

在工程项目的生命周期中，施工图预算或工程合同价是在开工之前编制或确定的。但是，在施工过程中，工程地质条件的变化，设计考虑不周或设计意图的改变、材料的代换、工程量的增减、施工图的设计变更、施工现场发生的各种签证等多种因素，都会使原施工图预算或工程合同确定的工程造价发生变化，为了如实地反映竣工工程实际造价，在工程项目竣工后，应及时编制竣工结算。

工程竣工结算一般是由施工单位编制，经建设单位审核同意后，按合同规定签章认可。最后，建设单位将工程价款拨付给施工单位，完成双方的合同关系和经济责任。

2. 工程竣工结算的作用

工程结算的目的是施工企业向建设单位索取工程款，以实现"商品销售"。

建筑工程施工周期较长，占用资金额较大，及时办理工程结算对于施工企业具有十分重要的意义。

① 竣工结算是施工单位与建设单位结算工程价款的依据。

② 竣工结算是核定施工企业生产成果，考核工程实际成本的依据。

③ 竣工结算是建设单位编制竣工决算的主要依据。

④ 竣工结算是建设单位、设计单位及施工单位进行技术经济分析和总结工作，以便不断提高设计水平与施工管理水平的依据。

⑤ 竣工结算工作完成以后，标志着施工单位和建设单位双方权利和义务的结束，即双方合同关系的解除。

3. 工程竣工结算的有关规定

① 工程竣工验收报告经发包人认可后的28天内，承包人向发包人递交竣工结算报告及完整的结算资料，双方按照协议书约定的合同价款及专用条款约定的合同价款的调整内容，进行工程竣工结算。

② 发包人收到承包人递交的竣工结算报告及结算资料后，28天内进行核实，给予确认或者提出修改意见。发包人确认竣工结算报告后通知经办银行向承包人支付工程竣工结算价款。承包人收到竣工结算价款后14天内将竣工工程交付发包人。

③ 发包人收到竣工结算报告及结算资料后，28 天内无正当理由不支付工程竣工结算价款，从第 29 天起按承包人同期向银行贷款利率支付拖欠价款的利息，并承担违约责任。

④ 发包人收到竣工结算报告及结算资料后 28 天内不支付工程竣工结算价款，承包人可以催告发包人支付结算价款。发包人在收到竣工结算报告及结算资料后 56 天内仍不支付的，承包人可以与发包人协议将该工程折价，也可以由承包人申请人民法院将该工程依法拍卖，承包人就该工程折价或者拍卖的价款优先受偿。

⑤ 工程竣工验收报告经发包人认可后 28 天内，承包人未能向发包人递交竣工结算报告及完整的结算资料，造成工程竣工结算不能正常进行或工程竣工结算价款不能及时支付，发包人要求交付工程的，承包人应当交付；发包人不要求交付工程的，承包人承担保管责任。

⑥ 发包人、承包人对工程竣工结算价款发生争议时，按关于约定的争议处理。

⑦ 办完竣工结算手续后，承包人和发包人应按国家和当地建设行政主管部门的规定，将竣工结算报告及结算资料按分类管理的要求纳入工程竣工资料汇总。承包人将其作为工程施工技术资料归档，发包人则作为编制工程竣工决算的依据，并按规定及时向有关部门移交进行竣工备案。

4. 工程竣工结算的编制内容

竣工结算是在施工图预算的基础上，根据实际施工中出现的变更、签证等实际情况由施工企业负责编制的。

（1）单位工程竣工结算书　单位工程竣工结算书是工程结算中最基本的内容，如果合同约定的工程项目就是单位工程，则单位工程竣工结算书要求的内容即为工程竣工结算编制的内容，一般包括以下几项。

① 封面。包括工程名称、建设单位、施工单位、建筑面积、结构类型、层数、结算造价、编制时间以及参建各方的签字盖章。

② 编制说明。包括编制依据、结算范围、变更内容、双方协商处理的事项以及其他必须说明的问题。如果是包干性质的工程结算，还应着重说明包干范围以外增加项目的有关问题。

③ 工程结算总值计算表。内容包括各地建设行政主管部门规定的建设工程费用项目。

④ 工程结算表。包括工程量增减计算表、材料价差计算表、补充单价分析表、建设单位供料计算表等内容。

⑤ 工程竣工资料。包括竣工图、各类签证、核定单、工程量增补单、设计变更通知单等。

（2）单项工程综合结算书　多个单位工程构成的施工项目，应将各单位工程竣工结算书汇总，编制单项工程竣工综合结算书。

（3）项目总结算书　由多个单项工程构成的建设项目，将各单项工程综合结算书按规定格式汇总，即为建设项目总结算书。

（4）竣工结算说明书。

二、工程竣工结算的原则及方式

1. 工程竣工结算的编制原则

编制工程竣工结算，应按承发包双方约定的方法进行。一般来说是在原工程预算或合同价的基础上，根据所收集、整理的各种结算资料，如设计变更、技术核定、现场签证、工程量核定单等，先进行工程量的增减调整计算，再进行相应的直接费的增减调整计算，然后按取费标准的规定计算各项费用，最后汇总为单位工程结算造价。根据工程具体情况汇总即可得出单项工程结算或建设项目总结算。

① 具备结算条件的项目，才能编制竣工结算。首先，结算的工程项目必须是已经完成的项目，对于未完成的工程不能办理竣工结算。第二，结算的项目必须是质量合格的项目，也就是说并不是对承包商已完成的工程全部支付，而是支付其中质量合格的部分，对于工程质量不合格的部分应返工，待质量合格后才能结算。返工消耗的工程费用，不能列入工程结算。

② 应实事求是地确定竣工结算。工程竣工结算一般是在施工图预算或工程合同价的基础上，根据施工中所发生更改变动的实际情况，调整、修改预算或合同价进行编制的。所以，在工程结算中要坚持实事求是的原则，施工中发生并经有关人员签认的变更，才可以计算变更的费用，该调增的调增，该调减的调减。施工图预算书等结算资料必须齐全，并严格按竣工结算编制程序进行编制。

③ 严格遵守国家和地区的各项有关规定，严格履行合同条款，工程竣工结算要符合国家或地区的法律、法规及定额、费用的要求，严格禁止在竣工结算中弄虚作假。

2. 竣工结算的编制方式

（1）施工图预算加签证的结算方式　这种方式把经过审定的施工图预算作为结算的依据。凡是在施工过程中发生而施工图预算又未包括的工程项目和费用，经建设单位签证后可以在竣工结算中调整。

（2）施工图预算加包干系数的结算方式　这种结算方式是先由双方共同商定包干范围，编制施工图预算时乘上一个不可预见费的包干系数。如果发生包干范围以外的增加项目，如增加建筑面积、提高原设计标准、改变工程结构等，必须由双方协商同意后方可变更，并及时填写工程变更结算单，经双方签证作为结算工程价款的依据。

（3）平方米造价指标的结算方式　平方米造价指标的结算方式手续简便，计算容易，一般适用于结构简单的民用住宅工程，如果基础部分造价变化大，则可把基础部分单列开来。平方米造价包干的结算方式与按施工图预算加签证的办法比较，手续简便，但适用范围具有一定的局限性，对于可变因素较多的项目不宜采用。

（4）合同价的结算方式　合同价的结算方式一般适用于施工图详细，施工方法相对固定且简单的中小型工程。这种方式可以不编制竣工结算书。合同内规定的因奖罚发生的费用和合同外发生的包干范围以外的增加工程项目可作为补充协议处理，不影响按合同价的结算。

3. 竣工结算的审核

工程竣工结算审核是指对工程建设项目造价最终计算报告和财务划拨款进行的审查核定，在审核时，必须认真遵守国家的有关方针政策，严格执行设计文件和有关法规。竣工结算审核的内容一般包括以下几项。

（1）审核施工合同　主要包括两个方面：首先应核对竣工工程内容是否符合合同条件要求，工程是否竣工验收合格，只有按合同要求完成全部工程并验收合格才能列入竣工结算。其次，应按合同约定的结算方法、计价定额、取费标准、主材价格和优惠条款等等，对工程竣工结算进行审核；若发现合同有漏洞，应请业主与施工单位认真研究，明确结算要求。

（2）审核计价的定额单价和费用标准　竣工结算定额单价应按合同约定或招投标规定的计价定额与计价原则执行，建安工程的取费标准应按合同要求或项目建设期间与计价定额配套使用的建安工程费用定额及有关规定执行，先审核各项费率、价格指数或换算系数是否正确，价差调整计算是否符合要求，后核实特殊费用和计算程序。

（3）审核隐蔽工程验收记录　所有隐蔽工程均需进行验收，但是，只有经验收合格且记录和验收签证齐全，工程量与竣工图一致的隐蔽工程才可进入竣工结算。

（4）审核工程量的数额　竣工结算的工程量应依据竣工图、设计变更单和现场签证等进行核算，并按国家统一规定的计算规则计算工程量。招投标工程按工程量清单发包的，需逐一核对实际完成的工程量，然后对工程量清单以外的部分按合同约定的结算办法与要求进行结算。

（5）审核设计变更签证　设计变更的审核主要是审核变更文件是否有原设计单位出具的设计变更通知单和修改的设计图纸、校审人员签字并加盖的公章，以及是否经业主和监理工程师审查签证；重大设计变更还应经原审批部门审批。

（6）审核数字计算的差错　由于工程结算的计算量大、子目多且一般又有时间要求，所以往往在计算过程中会出现错误。此类错误一般较难查出，所以建议在第一次计算时应认真计算，及时查对。

任务三　工程项目的保修

一、工程项目的保修内容

承包人应当在工程竣工验收之前与发包人签订质量保修书，作为合同附件。质量保修主要包括工程质量保修范围和内容、质量保修期、质量保修责任、保修费用和其他约定五部分内容。房屋建筑工程的保修范围和内容包括地基基础工程、主体结构工程，屋面防水工程、有防水要求的卫生间房间和外墙面的防渗漏，供热与供冷系统，电气管线、给排水管道、设备安装和装修工程，以及双方约定的其他项目。

1. 工程项目产品回访与保修的概念

工程项目竣工验收后，虽然通过了交工前的各种检验，但由于建筑产品的复杂性，仍然可能存在着一些质量问题或者隐患，要到产品的使用过程中才能逐步暴露出来，例如建筑物的不均匀沉降、地下及屋面防水工程的渗漏等问题，都需要在使用中检查和观察才可以确定。为了有效地维护建设工程使用者的合法权益，我国政府已经把工程交工后保修确定为我国的一项基本法律制度。

建设工程质量保修是指建设工程项目在办理竣工验收手续后，在规定的保修期限内，因勘察、设计、施工、材料等原因造成的质量缺陷，应当由施工承包单位负责维修、返工或更换，由责任单位负责赔偿损失。这里质量缺陷是指工程不符合国家或行业现行的有关技术标准、设计文件及合同中对质量的要求等。

回访是一种产品售后服务的方式，工程项目回访广义地来讲是指工程项目的设计、施工、设备及材料供应等单位，在工程竣工验收交付使用后，自签署工程质量保修书起的一定期限内，主动去了解项目的使用情况和设计质量、施工质量、设备运行状态及用户对维修方面的要求，从而发现产品使用中的问题并及时地去处理，使建筑产品能够正常地发挥其使用功能，使建筑工程的质量保修工作真正地落到实处。

2. 工程项目产品回访与保修的意义

建设工程质量保修制度是国家所确定的重要法律制度，建设工程保修制度对于完善建设工程保修制度、促进承包方加强质量管理、保护用户及消费者的合法权益能够起到重要的作用。

① 有利于施工单位加强质量管理。只有加强施工项目的过程控制，增强项目管理层和作业层的责任心，严格按规范和标准进行施工，从防止和消除质量缺陷的目的出发，才能从源头上杜绝工程保修问题的发生。

② 有利于及时听取用户意见，搜集工程质量薄弱环节资料，从而提高工程建设质量；保证建筑工程使用功能的正常发挥，同时也履行了回访保修的承诺。

③ 有利于加强同建设单位和用户的联系沟通，提高社会信誉。

3. 回访保修的一般规定

① 承包人应建立施工项目交工后的回访与保修制度，提高工程质量，听取用户意见，改进服务方式。回访和保修工作计划应形成文件，每次回访结束应填写回访记录，并对质量保修进行验证。回访应关注发包人及其他相关方对竣工项目质量的反馈意见，并及时根据情况实施改进措施。

② 承包人应建立与发包人及用户的服务联系网络，及时取得信息并按计划、实施、验证、报告的程序作好回访与保修。

③ 保修工作必须依据《建设工程质量管理条例》及有关部门规定的相关规定、施工合同的约定和质量保修书中的承诺。回访的方式一般有：季节性回访、技术性的回访、保修期届满前的回访。

④ 回访应纳入发包人工作计划和质量体系文件中。

⑤ 承包人应编制回访保修计划，该计划应包括下列内容：主管回访保修的部门、执行回访保修工作的单位、回访时间及主要内容和方式。

⑥ 回访必须认真，必须解决问题，并应写出回访纪要，每次回访结束，执行单位应填写回访记录，主管部门依据回访记录对回访服务的实施效果进行验证。回访记录应包括以下内容：参加回访的人员、回访发现的质量问题、建设单位的意见、回访单位对发现的质量问题的处理意见、回访主管部门的验收签证。

⑦ 回访可采取电话询问、登门座谈、例行回访等方式。回访应以业主对竣工项目质量的反馈及特殊工程采取的新技术、新材料、新设备、新工艺等的应用情况为重点，并根据需要及时采取改进措施。回访工作方式应根据回访计划的要求，由承包人自主灵活组织。

4. 房屋建筑工程质量保修书的格式内容

房屋建筑工程质量保修书

发包人（全称）：＿＿＿＿＿＿＿＿＿＿＿＿＿＿

承包人（全称）：＿＿＿＿＿＿＿＿＿＿＿＿＿＿

发包人、承包人根据《中华人民共和国建筑法》《建设工程质量管理条例》和《房屋建筑工程质量保修办法》，经协商一致，对＿＿＿＿＿＿＿＿＿＿＿＿＿＿＿（工程全称）签订工程质量保修书。

第一条　工程质量保修范围和内容

承包人在质量保修期内，按照有关法律、法规、规章的管理规定和双方约定，承担本工程质量保修责任。

质量保修范围包括地基基础工程、主体结构工程，屋面防水工程、有防水要求的卫生间、房间和外墙面的防渗漏，供热与供冷系统，电气管线、给排水管道、设备安装和装修工程，以及双方约定的其他项目。具体保修的内容，双方约定如下：

＿＿

＿＿＿＿＿＿＿＿＿＿＿＿＿＿＿＿＿＿＿＿＿＿＿＿＿＿＿＿＿＿＿＿＿＿＿＿＿。

第二条　质量保修期

双方根据《建设工程质量管理条例》及有关规定，约定本工程的质量保修期如下：

1. 地基基础工程和主体结构工程为设计文件规定的该工程合理使用年限；

2. 屋面防水工程、有防水要求的卫生间、房间和外墙面的防渗漏为 _____ 年；

3. 装修工程为 _____ 年；

4. 电气管线、给排水管道、设备安装工程为 _____ 年；

5. 供热与供冷系统为 _____ 个采暖期、供冷期；

6. 住宅小区内的给排水设施、道路等配套工程为 _____ 年；

7. 其他项目保修期限约定如下：_____

_____。

质量保修期自工程竣工验收合格之日起计算。

第三条　质量保修责任

1. 属于保修范围、内容的项目，承包人应当在接到保修通知之日起 7 天内派人保修。承包人不在约定期限内派人保修的，发包人可以委托他人修理。

2. 发生紧急抢修事故的，承包人在接到事故通知后，应当立即到达事故现场抢修。

3. 对于涉及结构安全的质量问题，应当按照《房屋建筑工程质量保修办法》的规定，立即向当地建设行政主管部门报告，采取安全防范措施；由原设计单位或者具有相应资质等级的设计单位提出保修方案，承包人实施保修。

4. 质量保修完成后，由发包人组织验收。

第四条　保修费用

保修费用由造成质量缺陷的责任方承担。

第五条　其他

双方约定的其他工程质量保修事项：_____

_____。

本工程质量保修书，由施工合同发包人、承包人双方在竣工验收前共同签署，作为施工合同附件，其有效期限至保修期满。

发　包　人（公章）：　　　　　　　承　包　人（公章）：

法定代表人（签字）：　　　　　　　法定代表人（签字）：

年　月　日

二、工程项目的保修范围

1. 保修范围

一般来说，各种类型的建筑工程及建筑工程的各个部位都应该实行保修。在《中华人民共和国建筑法》中规定：建筑工程的保修范围应当包括地基基础工程、主体结构工程、屋面防水工程和其他土建工程，以及电气管线、上下水管线的安装工程，供热与供冷系统工程等项目。

2. 保修期的经济责任

《中华人民共和国建筑法》规定，建筑施工企业违反该法规定，不履行保修义务或者拖延履行保修义务的，责令改正，可以处以罚款。并对在保修期间因屋顶、墙面渗漏、开裂等质量缺陷造成的损失承担赔偿责任。

① 由于承包人未严格按照国家标准、规范和设计施工而造成的质量缺陷，由承包单位负责返修并承担经济责任。

② 因设计人造成的质量问题，可由承包人修理，由设计人承担经济责任，其费用数额按合同约定，不足部分由建设单位负责协同有关方解决。

③ 因建筑材料、建筑构配件和设备质量不合格引起的质量缺陷，属于承包单位采购的或经其验收同意的，由承包单位承担经济责任；属于建设单位采购的，由建设单位承担经济责任。

④ 因发包人肢解发包或指定分包人，致使施工中接口处理不好，造成工程质量缺陷，或因竣工后自行改建造成工程质量问题的，应由发包人或使用人自行承担经济责任。

⑤ 因地震、洪水、台风等不可抗拒原因造成的损坏问题，施工单位、设计单位不承担经济责任，由建设单位负责处理。

⑥ 不属于承包人责任，但使用人有意委托施工单位修理、维护时，承包人应为使用人提供修理、维护等服务。

⑦ 工程超过合理使用年限后，使用人需要继续使用的，承包人根据有关法规和鉴定资料，采取加固、维修措施时，应按设计使用年限，约定质量保修期限。

⑧ 发包人与承包人协议根据工程合理使用年限，采用保修保险方式投入并已解决保险费来源的，承包人应按约定的保修承诺履行保修责任和义务。

3. 保修做法

（1）发送保修书　在工程竣工验收的同时，施工单位应向建设单位发送"房屋建筑工程质量保修书"。工程质量保修书属于工程竣工资料的范围，它是承包人对工程质量保修的承诺。其内容主要包括工程质量保修范围和内容、质量保修期、质量保修责任、保修费用等。

（2）填写"工程质量修理通知书"　在保修期内，工程项目出现质量问题影响使用，使用人应填写"工程质量修理通知书"告知承包人，注明质量问题及部位、联系维修方式，要求承包人派人前往检查修理。修理通知书发出日期为约定起始日期，承包人应在 7 天内派出人员执行保修任务。

（3）实施保修服务　承包人接到"工程质量修理通知书"后，必须尽快派人前往检查，并会同有关单位和人员共同做出鉴定，提出修理方案，明确经济责任，组织人力物力进行修理，履行工程质量保修的承诺。

（4）验收　承包人将发生的质量问题处理完毕后，要在保修证书的"保修记录"栏内做好记录，并经建设单位验收签认，以表示修理工作完结。涉及结构安全问题的应当报当地建设行政主管部门备案。涉及经济责任为其他人的，应尽快办理。

4. 保修费的处理

保修费是指对保修期间和保修范围内所发生的维修、返工等各项费用支出。保修费用应按合同和有关规定合理确定和控制。

根据《中华人民共和国建筑法》的规定，在保修费用的处理问题上，必须根据修理项目的性质、内容以及检查修理等多种因素的实际情况，区别保修责任的承担问题，对于保修的经济责任的确定，应当由有关责任方承担。由建设单位和施工单位共同商定经济处理办法。

为了体现施工单位对试投产期间的工程质量仍负有责任，国家有关法规规定采用质量保证金作为保障措施。在办理竣工结算时，业主应将合同工程款总价的 3%～5% 留作质量保证金，并以专门账户存入银行。工程保修期满后 14 天内，双方办理质量保证金结算手续，由业主出具证明，通过银行将剩余保修金和按合同内约定的利率计算的利息一起拨付给承包单位，不足部分由承包单位交付。如果合同内约定承包单位向业主提交履约保函或有其他保证形式时，可不再扣留质量保证金。

三、工程项目的保修时限等

保修期的长短，直接关系到承包人、发包人及使用人的经济责任大小。根据规定：建筑工程保修期为自竣工验收合格之日起计算，在正常使用条件下的最低保修期限。

1. 建设工程的最低保修期限

《建设工程质量管理条例》规定，在正常使用条件下建设工程的最低保修期限为：

① 基础设施工程、房屋建筑的地基基础工程和主体结构工程，为设计文件规定的该工程的合理使用年限；

② 屋面防水工程、有防水要求的卫生间、房间和外墙面的防渗漏，为 5 年；

③ 供热与供冷系统，为 2 个采暖期、供冷期；

④ 电器管线、给排水管道、设备安装和装修工程，为 2 年；

⑤ 其他项目的保修期限由发包方与承包方在"工程质量保修书"中具体约定。

2. 工程缺陷部位的维修程序

① 保修期内工程在试运行条件下发现质量缺陷时，业主应及时向承建单位发出工程质量返修通知书，说明发现的质量问题和工程部位。

② 不论工程保修期内出现质量缺陷的原因属于哪一方责任，承建单位均负有修复工程缺陷的义务，在接到工程质量返修通知书后两周内，应派人到达现场与业主共同确定返修内容，尽快进行修理。

③ 承建单位在收到返修通知书后两周内未能派人到现场修理，业主应再次发出通知，若在接到第二次通知书后一周内仍不能到达时，业主有权在不提高工程标准的前提下，自行修理或委托其他单位修理，修理费用由质量缺陷的责任方承担。如果工程缺陷原因属于承包商责任，在修复工作结束后，业主应书面将返修的项目，返修工程量和费用清单通知承建单位。承建单位由于未能派人到场，对所发生的费用不得提出异议，该项费用业主在保修金内扣除，不足部分由承建单位进一步支付。

④ 承建单位派人到现场后，与业主共同查找质量缺陷原因，确定修复方案。如果修复工作需要部分或全部停产时，双方还应约定返修的期限。

⑤ 承建单位修复缺陷工程时，业主应给予配合，提供必要的方便条件，包括部分或全部停止试运行。

⑥ 缺陷工程修复所需的材料、构配件，由承担修建任务的单位解决，既可能是原承建单位，也可能是业主委托的其他施工单位。

⑦ 返修项目的质量验收，以国家规范、标准和原设计要求为准。

⑧ 返修工程质量验收合格后，业主应出具返修合格证明书，或在工程质量返修通知书内的相应栏目，填写对返修结果的意见。

单元总结

本单元主要阐述了工程项目竣工验收的依据、范围和标准，验收应遵循的验收程序和验收内容，对验收不合格工程需进行处理，验收合格则承发包双方进行技术资料移交。通过竣工验收后，承包人与发包人进行最终竣工结算，围绕合同确定结算方式进行审核，确定工程质量的保修范围、保修时限、保修责任、保修费用等内容。

拓展案例-筑业资料软件

竣工验收，是全面考核建设工作，检查是否符合设计要求和工程质量的重要环节，工程项目的竣工验收是施工全过程的最后一道程序，也是工程项目管理的最后一项工作。它是建设投资成果转入生产或使用的标志，也是全面考核投资效益、检验设计和施工质量的重要环节，对促进建设工程项目及时投产，发挥投资效果，总结建设经验有重要作用。

通过前面知识的讲解，不难发现，工程技术资料是竣工验收是否合格的依据，但是资料繁多，程序复杂，必须依靠现代化信息手段辅助管理，以保证工程资料齐全、准确和真实。目前，工程上应用较为广泛的是由北京筑业志远软件开发有限公司开发的筑业资料软件，筑业软件满足相关施工验收等规范标准及《建筑工程资料管理规程》的要求；具有自动生成流水号、批量更新工程信息、按节点批量打印、自动生成分部分项等实用性较强的功能，大大提高了工程资料的编制及管理工作效率；具有模块化、可扩展、易维护、内置图形平台、自动组卷等特点，在同类软件中具有一定的先进性。以河北版为例，筑业资料软件界面如图10-2所示。操作流程如图10-3所示。

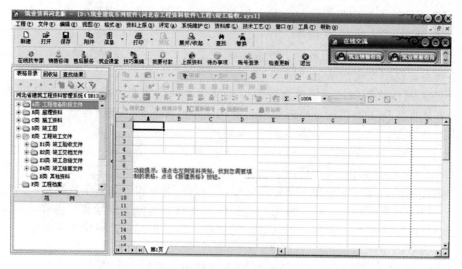

图 10-2　筑业资料软件界面图

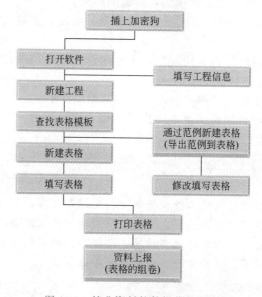

图 10-3　筑业资料软件操作流程图

主要操作步骤如下：

① 规范选择。通过"表格目录"选项卡可选择验收规范，如图10-4所示。

② 模板库。以选择《建筑工程施工质量验收统一标准》（GB 50300—2013）为例，选择规范后，软件可自动切换模板库，如图10-5所示。模板库下包括通用表格，检验批质量验收记录和智能建筑工程质量验收规范三大类。

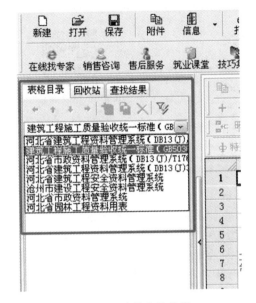

图 10-4　选择验收规范

图 10-5　模板库

③ 样表。通用表格下包括各种常用的样表。选中样表，右键可新建使用表格，并进行编辑。如图 10-6 所示。

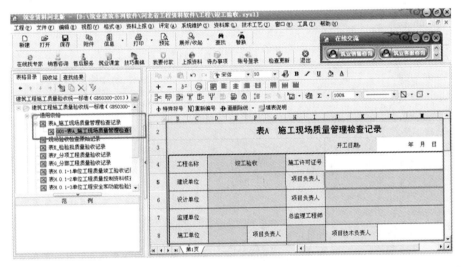

图 10-6　样表

10.3　筑业资料软件

通过使用筑业资料软件，不仅可实现对工程资料的信息化管理，更有利于工程质量的实时跟踪。因此，筑业资料软件已成为工程资料员进行项目资料管理的首选，受到了广大建设单位、施工单位和监理单位的青睐。

更多筑业软件操作视频可扫描二维码 10.3 进行观看。

思考题

1. 何谓工程竣工验收？竣工验收的依据、标准、程序有哪些？

2. 何谓工程竣工结算？竣工结算的编制内容有哪些？

3. 简述工程项目保修的含义、工程项目保修的做法、工程项目保修的期限。

4. 简述工程项目保修书的内容。

 练习题

【**2017 年二级建造师真题**】关于房屋建筑工程在正常使用条件下最低保修期限的说法，正确的是（　　）。

10.4 二建真题解析之
工程项目保修时限

  A. 供热系统为 2 个采暖期

  B. 装修工程为 5 年

  C. 给排水管道为 5 年

  D. 外墙面防渗漏为该工程合理使用年限

 教学实训

  ××市××小区××楼为 5 层混合结构住宅楼，设计采用混凝土小型砌块砌墙，墙体加芯柱，竣工验收合格后，用户入住。但是用户在使用过程中（入住五年后），发现墙体中没有芯柱，只发现了少量钢筋，没有浇筑混凝土，最后经法定检测单位采用红外线照相法进行统计，发现大约有 81% 墙体中未按设计要求加芯柱，只在一层部分墙体中有芯柱，形成了重大的质量隐患。

  实训任务如下：

  1. 该混合结构住宅楼工程质量验收合格应符合什么规定？

  2. 该工程已交付使用五年，施工单位是否需要承担责任？为什么？

参 考 文 献

[1] 张现林，谷洪雁，莫俊明. 建设工程项目管理. 北京：化学工业出版社，2018.
[2] 成虎，陈群. 工程项目管理. 4 版. 北京：中国建筑工业出版社，2015.
[3] 陆惠民. 工程项目管理. 3 版. 南京：东南大学出版社，2015.
[4] 梁世连. 工程项目管理. 2 版. 北京：中国建材工业出版社，2010.
[5] 丛培经. 工程项目管理. 5 版. 北京：中国建筑工业出版社，2017.
[6] 毛桂平，周任. 建筑工程项目管理. 2 版. 北京：清华大学出版社，2015.
[7] 泛华建设集团. 建筑工程项目管理服务指南. 北京：中国建筑工业出版社，2006.
[8] 施家治. 工程建设项目管理基础教程. 北京：中国电力出版社，2008.
[9] 王国诚. 建筑装饰装修工程项目管理. 北京：化学工业出版社，2011.
[10] 刘瑾瑜，吴洁. 建设工程项目施工组织及进度控制. 2 版. 武汉：武汉理工大学出版社，2012.
[11] 肖凯成，杨波. 建筑施工组织与进度控制. 北京：化学工业出版社，2016.
[12] 中国建设监理协会. 建设工程信息管理. 北京：中国建筑工业出版社，2011.
[13] 中国建设监理协会. 建设工程监理概论. 北京：中国建筑工业出版社，2018.
[14] 吴贤国. 工程项目监理. 北京：机械工业出版社，2008.
[15] 中国建设监理协会. 建设工程进度控制. 北京：中国建筑工业出版社，2019.
[16] 全国一级建造师执业资格考试用书编写委员会. 建设工程项目管理. 北京：中国建筑工业出版社，2019.
[17] 建造师执业资格制度暂行规定（人发［2002］111号）.
[18] 建造师执业资格考试实施办法（人发［2004］16号）.
[19] JGJ/T 121—2015 工程网络计划技术规程.
[20] JGJ 59—2011 建筑施工安全检查标准.
[21] GB/T 50319—2013 建设工程监理规范.
[22] GB/T 50326—2017 建设工程项目管理规范.
[23] GB 50300—2013 建筑工程施工质量验收统一标准.
[24] GB/T 24001—2016 环境管理体系 要求及使用指南.
[25] GB/T 24004—2017 环境管理体系 通用实施指南.
[26] GB/T 45001—2020 职业健康安全管理体系 要求及使用指南.